建築人間工学

空間デザインの原点

第2版

岡田光正 著

本書籍は，理工学社から発行されていた『建築人間工学 空間デザインの原点（第2版）』(ISBN978-4-8445-3129-6) を，オーム社から再発行するものです．オーム社からの再発行にあたっては，理工学社の版数，刷数を継承して書籍に記載しています．

本書を発行するにあたって，内容に誤りのないようできる限りの注意を払いましたが，本書の内容を適用した結果生じたこと，また，適用できなかった結果について，著者，出版社とも一切の責任を負いませんのでご了承ください．

本書に掲載されている会社名・製品名は一般に各社の登録商標または商標です．

本書は，「著作権法」によって，著作権等の権利が保護されている著作物です．本書の複製権・翻訳権・上映権・譲渡権・公衆送信権（送信可能化権を含む）は著作権者が保有しています．本書の全部または一部につき，無断で転載，複写複製，電子的装置への入力等をされると，著作権等の権利侵害となる場合があります．また，代行業者等の第三者によるスキャンやデジタル化は，たとえ個人や家庭内での利用であっても著作権法上認められておりませんので，ご注意ください．

本書の無断複写は，著作権法上の制限事項を除き，禁じられています．本書の複写複製を希望される場合は，そのつど事前に下記へ連絡して許諾を得てください．

(社)出版者著作権管理機構
(電話 03-3513-6969，FAX 03-3513-6979，e-mail：info@jcopy.or.jp)

JCOPY <(社)出版者著作権管理機構 委託出版物>

はしがき

　深い精神性の裏付けがなければ，見る者を感動させるような名建築は生まれない．これは本書の資料をまとめた段階での感想である．宗教建築に名建築が多く，たとえ信仰がなくても，人びとに感動を与えるのは，たんにコストがかかっているからということではない．つくる人の思い入れが違うのである．

　世阿彌も「姿をよく見するは心なり」（花鏡）と書いている．そこで本書では，心や精神にかかわることについても，できるだけ取り上げるようにした．

　ところで，新しく開設された建築人間工学の講座を担当することになったのは，1967年のことであった．だが，それまで建築人間工学という言葉は一度も聞いたことがなかった．一般の人にも分かりにくかったようで，「建築人間工学とは何ですか」というようなことを，よくきかれた．

　このネーミングは，当時，人間工学という言葉に新鮮な響きがあったからでもあろう．もともと人間工学とは，人間の能力や特性にあった機械やシステムをつくるための学問で，「人間の特性を知り，これを工学的にアプライすること」などと定義されている．

　しかし，建築に関していえば，有史以前から人間との結びつきが強かった．いまさら人間を持ち出さなくてもよいのであり，むしろ人間工学は建築が本家であるが，このさい，あえて定義するとすれば，「建築人間工学は，人間の特性を知り，それを有効に適用することを目的として，建築と人間，空間と人間とのかかわりに関するすべてのことを扱う」ということになろうか．

　ともかくも，新しい講座ができたからには，同名の講義がなければならない，ということで，以来，定年退官まで約25年間，講義を続けた．本書は，その内容を骨子として取りまとめたものである．したがって，教科書であり，資料集でもあるが，同時に筆者のメモとしての一面を持っている．随所に好きなことを書いたからである．

　ただし，高齢者や障害者の人間工学については，紙数の関係もあり，ほとんど触れることができなかった．この問題は，これだけで一冊の本になるはずであり，実際，優れた専門書も多いので，それを参照していただくことにしたい．

　前著「建築と都市の人間工学」を上梓したのは1977年である．これは「集団の人間工学」というべき内容であった．というのは，建築や都市の設計においては，複数の人間を対象とすることも多いからだが，ここが建築人間工学と一般の人間工学と違うところだと筆者は考えている．

本書でも，後半の群集や人口の部分は集団の問題であり，前著からの引用も多い．また，前著の企画段階では，知覚，心理や寸法など，本書の前半に含まれる内容も検討したので，今回その結果を一部，利用させていただいた．前著の共同執筆者であった吉田勝行，柏原士郎，辻 正矩の3氏に対して心から御礼を申し上げたい．

さらに，吉武泰水先生はじめ，相川 浩，小原二郎，黒田正巳，戸川喜久二ほか，多くの先生がたのご研究の成果や内外の文献，記事，図版などを引用あるいは参考にさせていただき，浅野捷郎，加藤晃規両先生には何かとご教示いただいた．また，日建設計(株)の岡本慶一氏ほかの方からは，資料と写真を拝借することができた．ここに厚く御礼申し上げたいと思う．

なお，大阪大学在職中に筆者の研究室に在籍した多くの卒業生諸氏の調査研究の成果を引用したが，とくに名前をあげなかった方がたにも実測や調査に協力していただいたし，研究室に在職した正国 稔，岡本保彦，北山朱実，中澤博子，山口聖子，正田美智子ほかの各氏には随分とお世話になった．

これらすべての方がたに対し，心から感謝する次第である．

1993年11月

岡田 光正

第2版の刊行にあたって

第1版の発行から約20年を経過し，その間，社会環境も変化してきたので，それに合わせて改訂することにした．

とくに第7章の人口問題については，日本の人口が減少過程にはいり，少子高齢化も社会問題になるなど，さま変わりといえるような状況になったことから，かなりの部分を書きかえた．

そのほか第4章では，四天王寺の西門で古くから行なわれてきた「日想観」の祈りが今でいう「ヴァーチャル・リアリティー（仮想現実）」に当たる画期的な発想であることなどを補足した．20年前には「ヴァーチャル・リアリティー」という言葉は一般的ではなかったからである．また第5章の最後に例示した「ロジスチック曲線」に関しては，このごろ「物流」の意味でよく使われるようになった「ロジスチックス」という言葉との関係などについて説明を加えた．

なお第1版と同様，今回も理工学社編集部の皆さんには格別のお世話になった．ここに改めて御礼を申し上げたいと思う．

2012年8月

著　者

目　　　次

1章　視覚の法則とデザインの手法

1・1　イリュージョンの世界 ― だましの手法 ― ……………1
1・2　視知覚の法則 ― 見えるものと見えないもの ― ………8
　　1．視力 ……………………………………………………8
　　2．視野 ……………………………………………………9
　　3．視線と空間デザイン …………………………………12
　　4．明暗のデザイン ― 光覚と暗順応 ― ………………17
　　5．視認距離 ― 距離による見え方の変化 ― …………18
　　6．タテとヨコの枠組 ……………………………………20
1・3　奥行と立体感の表現
　　　― 遠近感はどうして生まれるか ― ………………21
1・4　錯視の応用 ……………………………………………24
1・5　視覚の相対性と恒常性 ………………………………26
1・6　弁別閾とウェーバーの法則 …………………………28
1・7　色彩計画 ………………………………………………29
　　1．色の名前と表示法 ― 色彩計画のための尺度 ― …29
　　2．色彩の知覚における法則性 …………………………31
　　3．色彩の感情効果とシンボル効果 ……………………32
　　4．色彩感覚は変化する …………………………………34
　　5．色彩計画の手法 ………………………………………35
　　6．色彩計画の手順 ………………………………………36

2章　感性の人間工学

2・1　空間デザインにおける聴覚の応用 …………………39
　　1．音を効果的にデザインする …………………………39
　　2．音はコミュニケーションの手段である
　　　― 音のサイン効果 ― ………………………………42

  3．BGM のメリットとディメリット ……………………………43
  4．騒音被害の実態 ………………………………………………44
  5．騒音を防ぐためにはどうすればよいか ……………………45
  6．フェヒナーの法則と騒音対策 ………………………………46
  7．超低周波と超音波 ……………………………………………47
 2・2 匂いと建築 ― 香りの応用 ― …………………………………48
  1．生活の匂い ……………………………………………………49
  2．コミュニケーションの手段としての匂い
   ― 香りのサイン効果 ― ………………………………………49
  3．マーキング ― 匂い付け行動 ― ……………………………50
  4．匂いの心理的効果 ― 香りを積極的に利用する ― ………50
  5．嗅覚の特性 ― 匂いの性質 ― ………………………………51
  6．よい匂いと悪い匂い ― 悪臭の発生 ― ……………………52
  7．消臭，脱臭の方法 ― 悪臭の防止対策 ― …………………53
 2・3 皮膚感覚その他 …………………………………………………54
 2・4 人の「こころ」と建築 …………………………………………57

3章　設計と寸法の論理

 3・1 寸法の単位 ………………………………………………………63
 3・2 人体寸法 …………………………………………………………65
 3・3 建築空間におけるプロポーションと寸法の論理 ……………68
 3・4 モデュールと寸法 ― 寸法のシステムを構成する ― ………71
 3・5 設計寸法は何で決まるか ………………………………………76
 3・6 各部の寸法 ………………………………………………………77
  1．天井の高さは何で決まるか …………………………………77
  2．タテ方向の寸法 ………………………………………………79
  3．ヨコ方向の寸法 ………………………………………………80
  4．階段の寸法 ……………………………………………………81
  5．スロープの勾配 ………………………………………………82
 3・7 家具や物品の寸法 ………………………………………………83

4章　空間における知覚と行動法則

 4・1 方位と軸線 ― 空間知覚のフレーム ― ………………………85
 4・2 空間知覚の条件 …………………………………………………94

1. わかりやすい空間とわかりにくい空間 94
   2. 相手との距離感 ―「間合い」をどうとらえるか ― 96
   3. パーソナル スペース 96
   4. プライバシーとコミュニケーション
      ― 矛盾する二つの要求 ― 98
   5. 個室主義と大部屋主義 99
   6. コミュニケーションと空間とのかかわり 100
   7. なわばり行動とテリトリー 101
4・3 生活様式と行動パターン 103
   1. 文化としての和風と洋風 103
   2. 高層住宅の居住性 103
4・4 行動圏は何で決まるか ― 行動の空間的法則性 ― 105
4・5 空間的行動のモデル 111
4・6 生活圏のひろがり 115

5章　行動の時間的法則性

5・1 行動のリズムをどうとらえるか 117
   1. 物理的時間と心理的時間 120
   2. 待ち時間の限界 120
5・2 時間の評価と民族性 123
   1. 集団主義と一斉行動の原点 123
   2. 時間の経済学
      ―「タイム イズ マネー」とはどういうことか ― 124
5・3 行動の時間的変動 125
5・4 曜日変動と休日の制度
      ― 7日を周期とするリズム ― 136
5・5 季節変動 139
   1. 季節とは何か 139
   2. 季節変動のパターン 140
   3. 季節変動の原因（要因） 140
   4. 社会的条件による季節変動 141
   5. 法的な条件による季節変動 141
5・6 長期的変動のパターン 143
   1. 一過性のブームと尻上がり現象 143
   2. 長期的変動 ― 経年変化のパターン ― 144

6章　群集の行動法則

- 6・1　群集事故の系譜 …………………………………147
- 6・2　人はなぜ群れるか …………………………………150
- 6・3　群集密度 — 群集の数えかた — …………………151
  1. 群集密度の算定方法 …………………………151
  2. 群集のエレメントと占有面積 …………………151
  3. 群集密度のレベル …………………………152
  4. 込み合いの尺度としての「混雑率」の有効性 ………154
  5. 群集密度の限界 …………………………155
  6. 行列と線密度 …………………………156
- 6・4　集団の圧力 …………………………………156
- 6・5　群集の歩行 …………………………………156
- 6・6　群集の行動パターン …………………………160
- 6・7　群集整理の手法 …………………………………165
- 6・8　群集の輸送 …………………………………168

7章　建築と都市における人口と密度
—ミクロの人口学—

- 7・1　人口をどうとらえるか …………………………169
- 7・2　建物内の人口と密度 …………………………170
- 7・3　地域人口と年齢構造の経年変化 ………………177
- 7・4　都市の人口密度 …………………………………180
  1. 人口密度分布のモデル比 …………………180
  2. 住宅地の形態と人口密度 — 住宅の形式が違えば人口密度も大幅に変化する — ……………181
- 7・5　日本の人口 — その過去と未来 — ………………185
- 7・6　世界の人口 — その過去と未来 — ………………191

索　引

建築人間工学

空間デザインの原点

（第2版）

視覚の法則とデザインの手法 —— 1

1・1 イリュージョンの世界——だましの手法——

1. パースペクティブの応用

　サンピエトロの広場からヴァチカン宮殿に通ずるスカーラ・レッジア*¹の階段は，実際以上に奥行が深くみえる．これは，図1・1のように階段の幅も天井の高さも奥へ行くほど寸法が小さくなっているからだ．そのうえ，消点（または消失点）*² に視線が集中するように，途中の踊り場や突き当たりには，窓や彫像が巧みに配置され，トップライトからは，舞台照明のような光が明暗の強いコントラストをつけて劇的な効果を演出している．設計者ベルニーニ*³ は，さすがにバロックの天才といわれただけあって，サンピエトロと宮殿にはさまれた不利な敷地条件を逆に利用して階段をモニュメンタルな見せ場にし，「全体として華麗な舞台的空間を達成することに成功した」のである*⁴*⁵*⁶．

*¹ Scala Regia は正面階段という意味で，ヴァチカンでは，法王が公式行事に使う階段だという．1663～1666 の建設．イタリア語で scala は「階段」，regia は「王の」とか「主要な」という形容詞．

*² vanishing point，消失点ともいう．

*³ Giovanni Lorenzo Bernini, 1598～1680.

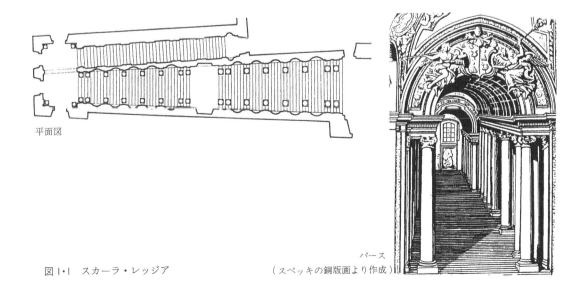

図1・1　スカーラ・レッジア　　　　　　　パース
　平面図　　　　　　　　　（スペッキの銅版画より作成）

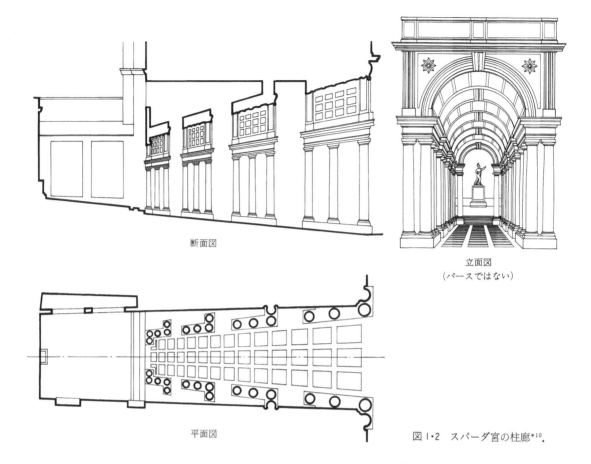

断面図

立面図
(パースではない)

平面図

図1・2 スパーダ宮の柱廊[*10].

*4
B. Fletcher：A History of Architecture, 19ed., 1987.

*5
F. Baumgart 著, 杉本俊多 訳：西洋建築様式史（上），鹿島出版会, 1983.

*6
森田慶一：西洋建築史概説, 彰国社, 1962.

*7
Franncesco Borromini, 1599～1667.

*8
Palazzo Spada, Roma

*9
taper, 先細り

　だが，遠近法を応用してイリュージョンの世界をつくり出したのは，これが初めてではない．こうした視覚的な「幻像を利用する舞台的なデザインはバロック建築の特徴」[*6]の一つであり，スカーラ・レッジアの10年ほど前には，すでにボロミーニ[*7]の設計によるスパーダ宮[*8]のコロネードがあった．これもイリュージョンを利用したデザインの中では傑作の一つとされているが，スカーラ・レッジアは，この柱廊の影響を受けたものではないかといわれている．ボロミーニは，ある時期，ベルニーニと共にサンピエトロの仕事をしていたからだ．

　スパーダ宮のコロネードは，図1・2のように平面，断面とも強いテーパー[*9]がついているので，僅か8mの柱廊が2倍ほどの奥行があるように見える[*10]．消点に置かれた彫像も等身大のように見えるが，実は70cmほどの高さしかない[*11]．まさに「だましの手法」といえるが，トリックが成功するのは人がいないときだけである．というのは，幅も高さも極端な先細りで，中庭への出口は幅，高さとも，入口の半分程度の寸法しかないから，人がいたのでは詭計のタネが割れてしまうからである[*10][*11]．

　このような「騙し絵」[*12]の立体版ともいうべき作品は，とくにイタリアに多く，24か所もあるという[*10]．

1・1 イリュージョンの世界——だましの手法——

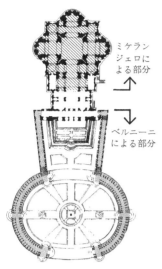

図1・3 サンピエトロの広場.
(加藤晃規:南欧の広場,プロセスアーキテクチュア,1990による)

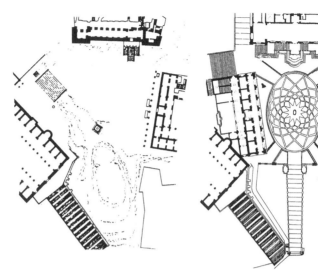

(a) ミケランジェロがデザインする前の広場.

(b) ミケランジェロのデザインによる現在の広場.

図1・4 カンピドリオの広場(出典は図1・3に同じ).

なお,スパーダ宮の設計者ボロミーニは,ベルニーニと並ぶバロックの指導的建築家であった.だが,ベルニーニが社交性も豊かで,国の内外で名声を博し,華やかに活躍したのに対し,頑固で内向的だったボロミーニは,仕事のときにも常に聖職者のように黒衣をまとい,最後は床に立てた剣の上に身を伏して自殺したといわれている[13].

スカーラ・レッジアへの入口はサンピエトロの広場にあるが,この広場もベルニーニのデザインである.広場は横に広い楕円形で,楕円はバロックのモチーフの一つでもあるのだが,そのためか実際以上に広く感ずる.聖堂正面の両側に向かい合う壁は,スカーラ・レッジアとは反対に「末広がり」で奥の方が広い.しかも,かなりの上り坂である.これは「逆遠近法」,つまり遠近法を逆に使って聖堂がより近く,より大きく迫って見えるように周到に計算されたもので,ここにも名匠ベルニーニの才能が発揮されたものと評価されている.

サンピエトロだけでなく,イタリアの広場には両側の壁が平行でないものが多い.しかし,黒田正巳博士によれば2枚の壁が平行に見えるのは4〜5度だけ先広がりになったときだという[14].ミケランジェロがつくったとされるカンピドリオの広場は15度も開いている.これは図1・4に示すように以前からあった建物を利用

[10]
Jeremy Blake: La Falsa Prospettiva in Italian Renaissance Architecture, Measured, Drawn & Presented by J.B. Stockofield 1982.

[11]
福田繁雄:福田繁雄のからくりデザイン,新潮社,1986.

[12]
trompe l'oeil(仏)

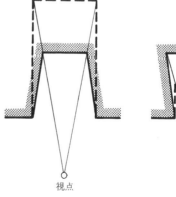

(a) 奥行が深く見える. (b) 実際よりも近く見える.

図1・5 遠近法による「だましの手法」.

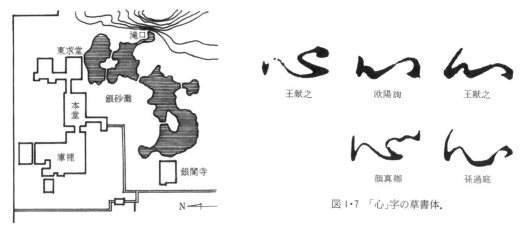

図 1・6　日本庭園における「心」の字の池（銀閣寺）．

図 1・7　「心」字の草書体．

した結果であり，意図されたものではないというが，それによって正面の建物は実際以上に近く見えるのではないだろうか．

2. 見え隠れの手法

「見え隠れ」という用語には，いくつかの意味があるが，ここでいうのはわが国の伝統的造園法の一つで，全体を見せないように一部を「障り」と称する植栽などで隠し，それによって狭い庭でも広く見せ，奥ゆかしく感じさせるという手法である[15]．

池をつくるときには，池の全部が見えないように湾曲させ，凹凸をつくり，岩や植込みで隠して，いわゆる「心字の池」にする．池の中に島を設けると，さらに有効だとされている．

景観を広く見せるということは，造園では最も大事な点で，面積を 2 倍にも 3 倍にも感じさせるようにしなければならない[16][17]．ある視点からは見えないところでも，動いて回れば見えてくるし景観も変化する．これを手法として積極的に取り入れたものが回遊式庭園である．

城や日本旅館などでは，意図的に通路や廊下に折れ曲がりをつくって奥深く見せるという例があり，また日本の城下町には，十字路を嫌って街路を「五の字」のようにしたところがある[18]．必ずしも景観だけを目的とするわけではなく，防衛上からという場合もあるが，いずれも見通しを悪くし，あるいは動線を長くして，距離を遠く感じさせる手法とみなすことができよう．

ルネサンスの巨匠アルベルティも「街路一般については，緩やかに湾曲させる．こうすれば道を長く感じ，町も大きく感じる．また一歩ごとに新しい建物が正面に現われる」[19] といっている．

「兵は詭道なり」ではじまる孫子の兵法（始計第一）には

[13] 長尾重武氏による．SD，1986, 4 月号．

[14] 黒田正巳：透視画，美術出版社，1965 による．

[15] 建築大辞典，彰国社．

[16] 渋谷五郎・長尾勝馬：日本建築・下巻，学芸出版社．

[17] 永嶋正信：庭園の設計，理工図書，1964．

[18] 都市デザイン研究体：日本の都市空間，彰国社，1968．

[19] 相川浩：建築家アルベルティ，p.34，中央公論美術出版社，1988．

図1・8 ロンドンのリーゼント・ストリート．

図1・9 オルビエートの街路．

「近けれども是に遠きを示し，遠けれども是に近きを示し」
とある．孫子にいう「兵」とは「戦い」または「作戦」のことであり，詭道とは「はかりごと」だとされている．もともと「デザイン」という言葉には，企画，立案，設計，図案などのほかに陰謀という意味もある．つまりデザインとは「はかりごと」であり，いうなれば設計者と見る人との「戦い」である．

プレゼンテーションにおける「だましの手法」としては，写真や透視図が使われることが多い．たとえば，広角レンズで室内を撮影すると実際以上に部屋が広く見える．また，営業用の透視図などでは，意図的に人物や家具を小さめに書き込んで建物や部屋を大きく見せることもある．透視図は，もともと3次元の世界を2次元の図形によって表現するというものだから，本来「だましの手法」としての性格をもつものといえよう．

だが，孫子にも

「用うれども是に用いざるを示し」

とある．要するに手の内をさとられてはならないということで，「やってるな」と気づかれないようにしなければならない．

3. カガミの魔術——ミラー効果の応用——

筑波の科学技術博覧会における住友館は不思議な建物であった．巨大な立方体のフレームが空中に浮かんだように見える．平面は135度に開いている．実はこの角度がポイントで，直角または180度つまり直線でもよいが，常識的で面白くない．中途半端な角度ではダメであって，90度プラス45度の135度でなければならないのである．どの位置から見ても，屋上に伸びたフレームとつ

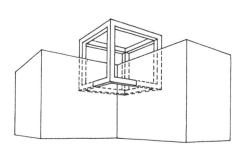

(a) 筑波の科学技術博覧会における住友館.
(設計および写真提供：日建設計，撮影：村井 修)

(b) 住友館の鳥瞰図(日建設計提供).

(c) 壁面が90°に交わる場合.
(破線部はミラーによる虚像)

図 1・10 浮かぶ立方体.

ながって見えるのは不思議だが，できてしまえばコロンブスの卵である．光の反射についての物理的法則と視知覚の法則を巧妙に組み合わせて建築に応用した例として，画期的な発想といえよう．

内部空間におけるカガミの利用は，すでに多くの例がある．図1・11は，ホテルのロビーに応用されたものだが，半円形の天井が円形に見え，壁面に取り付けられた照明器具は天井の中央にあるシャンデリアのように見える．

だが，以上のような効果を計算どおり達成するためには，壁面を完全な平面

1・1 イリュージョンの世界──だましの手法── 7

図 1・11　神戸ポートピアホテルのロビーの天井.
(設計および写真提供：日建設計, 撮影：高橋写真事務所)

に仕上げる必要であり，カーテンウオールやガラスの製作と施工には高度の精度が要求される．

　このほか鏡には，図1・12のように実体の存在を消してしまうという効果もある．しかし，狭い売り場を広く見せるために鏡を乱用するのはよくない．さもしい意図が見えて，いかにもイヤミである．客の空間知覚を混乱させ，火災など非常のさいには危険なこともありうる．多人数の集まる大規模店では使うべきではない．

図 1・12　鏡による存在感の消失．大きな独立柱が3本あるが，ほとんど見えなかった．
　　　　その後，デザインは変更されている（「江坂東急イン」のロビー）．

外壁の材料としてミラーガラスは大流行である．空や周辺環境が映り込んで，実体の存在感がなくなるという効果もある．だが壁面の方位によっては，近隣のビルや住宅から太陽光線の反射がまぶしいという苦情が出るので，注意しなければならない．

1・2 視知覚の法則 —— 見えるものと見えないもの ——

「百聞は一見にしかず」で，眼は耳の千倍も情報収集に役立つというが，人間の目はだまされやすい．見えるものが必ずしも外界の正しい姿ではないし，見えているはずのものが見えていないこともある．

老子にも「これを視れども見えざる，名付けて夷という」(第十四章)とある．誰でも，今まで見えなかったものが見えてくるという経験を持っているだろう．たとえばビルの設計をしてみると，ビルのデザインが見えてくる．現寸図や詳細図を書いてみて，はじめてディテールが見えるようになる．レタリングも自分でやってみるまでは，文字を読むだけで，書体を意識することは多分なかったであろう．われわれは網膜に映るものをすべて認知しているわけではないのである．

人はものをどのように見るか，ものはどのように見えるかという問題は，建築や都市空間の造型にとって基本的に重要である．

1. 視　　　力

視覚は視力，視野，光覚，色覚という四つの要素によって成立する．

まず視力については，日本では 1.2〜1.5 であれば良い方だとされているが，民族や生活によっても違う．たとえば台湾の先住民族では 2.0 がふつうで，3.0 という人も少なくない．また，アフリカの狩猟民族のなかにも，文明人では考えられないほどの視力をもつ人びとがいるという．視力がよくなければ獲物を探すことができず，生き残れなかったのであろう．

視力とは目の解像力のことで，明るさや対象のコントラストに左右される．明るければ視力は向上し，暗ければ視力は低下する．したがって，瞬間的に物を認識しなければならない場合や，細かい仕事をする場合には，充分な明るさがなければならない．

夕暮れどきのことを，昔は「逢魔が時」といった．今でも交通事故が多い．これは，照度の低下によって視力が低くなっているからであろう．

新派の名優，花柳章太郎は，舞台が夕暮れの情景になって照明を暗くしようとすると，「暗くしなくていいよ．舞台を暗くするのは役者の仕事だ」といったという[20]．ところが，最近の劇場では客席を真っ暗にし，舞台もスポットによる部分的な照明しか用いないことが多い．そうでなくても見えにくい後ろの方

[20] NHK TV「花柳章太郎特集」，1991.9.24.

の席からは，役者の表情はまったく見えない．これは演技力の低さをカバーするため，意図的に照明を暗くしているのではないか．照度による視力の低下を無視した演出である．人工照明のない昔は舞台も暗かったが，客席だけが真っ暗ということはなかったはずだ．とくに大劇場では，後部の席から舞台までが遠いので，舞台は充分に明るくなければならない．

2. 視　　　野
（1）「あひるの足」の手法[*21]

「あひるの足」[*22]と名付けられた手法がある．アメリカでは「七面鳥の足」とよぶが，視野に関する技法の一つで，左右の視野によくはいるように，3本の街路を設けることである．図1・13のように，その角度は，実例では左右各20〜30°になっている．「人間の眼は60°を頂点とする円錐が視野である」[*21]といわれているが，これは「あひるの足」の角度に一致する．

（2）静視野と動視野

視野には静視野と動視野がある．また両眼と片目では違う．静視野は眼球を固定した状態で見える範囲であり，動視野とは頭を固定して眼球だけを自由に動かしたとき見える範囲をいう．日常的に自然で無理がないのは，首を動かして見る方法である．「そこで問題は人間が無理なく首を動かせる運動範囲がどれ位かということになる．」[*21] 江山正美氏は，実験の結果などを参考として，

[*21] 江山正美：スケープテクチュア，鹿島出版会，1978．

[*22] duck's foot．イタリアではtridenteともいうが，元来は三つまたのホコ(戈)またはサス(扠)のことである．
加藤晃規：南欧の広場，プロセス・アーキテクチュア，1990による．

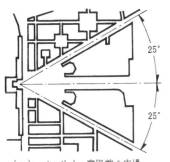
（a）ベルサイユ宮殿前の広場．

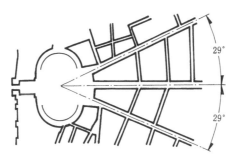
（b）ポポロ広場

（c）あひる

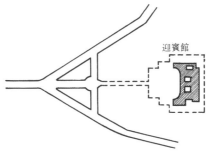
（d）迎賓館正面の街路．

図1・13「あひるの足」

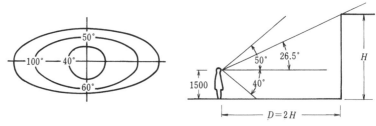

図 1・14 視野の広さ.

「左右各 45°, 計 90°, 上下それぞれ 15°, 30°, 計 45° である」とした. 視野は横に広く, 上下に狭い. とくに下に広いのは, 地面を見て歩くからだという[21].

(3) 美術館における展示室の規模

美術館における展示室の大きさや展示用の壁面の間隔を決めるためには, 観客が絵を, どれくらい離れたところから見るか, つまり視距離の分布を知らねばならない. 絵が大きいほど離れて見ることが多くなるだろうから, やはり視野と関係の深い問題である. 図 1・14 は視距離の分布を調べたもので, 個人差もあるが, 当然のことながら絵の種類や大きさ, 当日の混雑の程度などによって

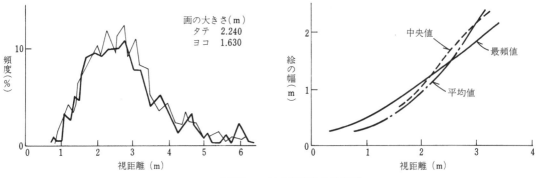

図 1・15 美術館における視距離の分布[23].

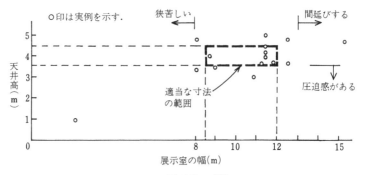

図 1・16 展示室の寸法.
(中田準一:大は小を兼ねるか, 美術館・博物館計画ノート 7, 新建築, 1982 年 7 月号による)

変化する．畳 2 枚敷き程度の大型のものでは，2～3 m 離れて見るのが最も多く，ほぼ絵の寸法に比例すると考えてよい[*23][*24]．

なお，従来から絵画の鑑賞のためには，水平線から上部への視角 27 度以下に作品をおさめるのがよいとされている[*25]．また「展示室での視角は，上下方向 45 度以内で，最良の視角は 27～30 度である」[*26] という説もある．図 1・16 は，展示室の適正寸法を提案した例である．

そのほか，テレビを見るにも画面の大きさに応じて適当な距離があり，映画館におけるスクリーンの寸法や劇場の舞台幅なども視野の問題である．

（4） 広場の寸法

視野は広場のスケールにも関係してくる．ルネサンスの建築家アルベルティは，中央広場の長短 2 辺の比は 2：1 とし，広場を取り巻く建物の軒高は広場短辺の 1/3 または 2/7 以下が適当だといっている[*27]．

[*23] 小木曽定彰，清水健吉，中村 洋：絵画を観賞する距離に関する実験（展示技術に関する研究・V），日本建築学会論文報告集第 103 号，1964．

[*24] 船谷俊二：美術館における展示室の規模に関する研究，大阪大学工学部建築工学科卒業論文，1980．

[*25] 建築設計資料集成 4：p.158，同 3，p.44，丸善．

[*26] 河合正一：博物館・美術館，建築学大系 34，1961．

[*27] 相川 浩：建築家アルベルティ，p.34，中央公論美術出版，1988．

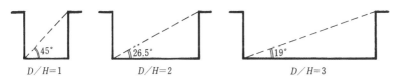

図 1・17　広場の断面．

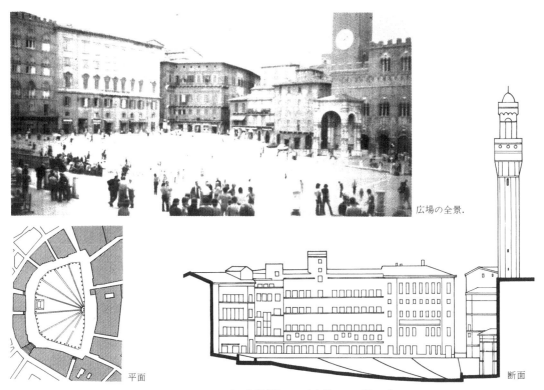

図 1・18　カンポの広場 (Piazza del Campo, Siena)．

一般に広場の寸法は,一方の端から見て水平方向には60度の広がりをもたせ,垂直方向には,奥行寸法(D)と建物の高さ(H)との比率D/Hを,3〜2(角度でいえば18〜27度)とするのがよいとされている.E.ノイフェルトも仰角は27度がよいという.

建物を全体として見るためには,建物の高さの2倍は離れる必要があるというのも,ショーウインドーの陳列がよく見えるようにするには,視線と30度のコーンの中にはいるようにするのがよいというのも同じ問題である.

3. 視線と空間デザイン

視線は,それを通すことが要求される場合と,逆に,遮ることが必要な場合がある.

(1) 劇場の客席における床の勾配

劇場の客席では,舞台がよく見えるように客席の床断面に勾配をつけなければならない.佐藤武夫博士[28]は,前列の人の頭に邪魔されないで舞台が見えるために必要な客席の床勾配を理論的に計算して,脚注†に示すような対数関数を含む式を導いた.これは,E.ノイフェルト[29]が引用したゲリネック[30]の研究結果と同形である.

パラメーターを変えて,この曲線を描くと図1・19に示すようになる.これを見ると,前方の舞台に近い位置から,かなりの勾配が必要なことがわかるであろう.要は,前の人の頭よりも目の位置が高ければよいのである.

[28] 佐藤武夫:観覧席の断面設計に関する研究,建築学会大会論文,1933年4月.

[29] E.Neufert: *Bauentwurfslehre*(吉武泰水・山田稔・池田有隣監訳:建築設計大事典,彰国社,1988より).

[30] P.O.Jellenek

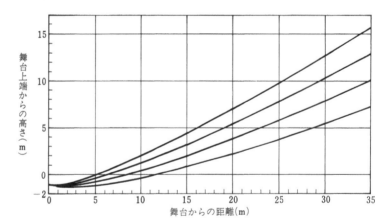

図1・19 劇場における客席の床勾配.

---

† 佐藤武夫博士[28]が導いた劇場の床勾配を示す式は,次のとおりである.

$$Y=\left[\frac{H+h}{L}+2.3\frac{p}{s}\log_{10}\frac{X}{L}\right]X-H$$

ここに,Y,X:客席床面の座標値,p:客の目から頭頂までの高さ(=12 cm),s:座席の前後間隔(=90 cm),H:坐っている客の頭の高さ(=122 cm),h:最前列の客席床面と舞台床面との高さの差,L:最前列の客席と舞台との距離.

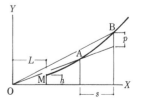

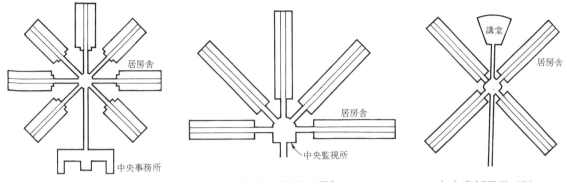

(a) 放射状配置のモデル.　　　(b) 網走刑務所の旧房舎.　　　(c) 府中刑務所の房舎.

〔注〕（a）Easten Pennsylvania Penitentiary の設計原案（高等建築学 Vol. 19 による）.
　　　（b）現在は網走監獄博物館に移築されている（網走監獄博物館案内資料および，妹尾河童：河童が覗いたニッポン，新潮社，1984 による）.
　　　（c）妹尾河童：河童が覗いたニッポン，新潮社，1984 による.

図 1・20　刑務所のプランタイプ.

目の位置から頭頂までは約 12 cm だから，客席の前後方向のピッチを 95 cm とすると 12／95≒1／8 となって，視線が水平だとしても床勾配は約 1／8 になる．実際は後ろに行くほど視線は下向きになるので，客席の後半部では床勾配はさらに強くなり，出演者の足元まで見えるようにするためには，伝統的な階段教室のスタイルに近くなる．しかし，断面計画がむずかしくなるためか，最近は床勾配が不十分で，前方の客席でないと演技者の上半身しか見えない劇場が多い．有名建築家の設計にも，ひどいものがある．

そのうえ，条例によって必要な客席の横通路を水平にとると，そこから後方の客席は，さらに条件が悪くなっている．劇場としての基本的な条件が，これほど無視されても問題にならないのはなぜだろうか．これでは，ロビーなどをいくら豪華に飾っても一流の劇場とはいえない．劇場における人間工学の重要なテーマの一つといえよう．

（2）見張りの手法 —— 放射状のプランタイプ ——

かつて刑務所では，図 1・20 のようなプランタイプが標準的なモデルであった[31]．これは明治 29 年の「監獄建築仮準則」において「獄舎の構造は向かい合い房とし，丁字型，扇型もしくは十字型とする」ことと，中央監視所の設置が定められていたからだ[32]．居住室の環境条件は決してよくないが，中央の監視室から各棟の状況が一目でわかる．これは「監獄則並びに図式」（明治 5 年）にもあるように，「此れ守卒を省減するの法」[32] として最良の平面だったであろう．

（3）アプローチのデザイン

アプローチの取り方や群建築の配置計画についても視線は重要である．ドキシアデス[33] によると，アテネのアクロポリスの神殿は，人間の視点を原点とした極座標によって建物の外形と配置が決定されたものだという．われわれが直

*31
藤田金一郎：刑務所，高等建築学 Vol.19，常磐書房，1933.

*32
明治村「金沢監獄中央看守所・監房」の説明文による．なお，明治村に保存されている看視室は網走刑務所で使われていたものである．

*33
C. A. Doxiadis 著，長島孝一・大野秀敏訳：古代ギリシアのサイトプランニング，鹿島出版会，1978.

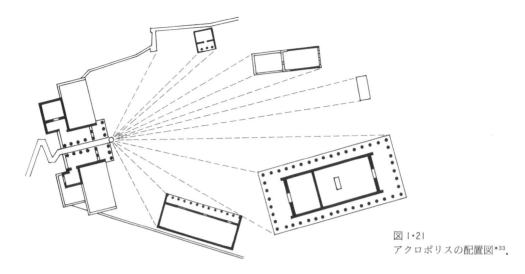

図1・21
アクロポリスの配置図[33].

交座標によるグリッドに拘束されているのは，製図板の上で設計するからであり，製図板を知らなかったギリシア人は，敷地全体が見える入口に立った位置を中心として，そこからどのように見えるかによって建物の位置と角度を決めたのだというのである[33].

(4) ヴィスタ

ヴィスタ(Vista)は，パースペクティブの技法に伴ってルネサンス時代のイタリアに始まり，フランスで大規模に用いられた景観構成の手法であって「見通し線」ともよばれる．典型的な手法としては，館や宮殿の前面に長く帯状の敷地を残し，そこには植栽しないで遠くまで見通しできるようにする．これによって遠近感が強調され，さらにヴィスタの線上だけでなく左右にも庭園が広がっているような錯覚を起こし，実際以上に広い印象を与える．これも「だましの手法」の一種であるといえよう．この手法を壮大なスケールで有効に使っ

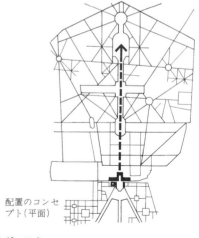

配置のコンセプト(平面)

図1・22 ベルサイユ宮殿の庭園におけるヴィスタ．

1・2 視知覚の法則 —— 見えるものと見えないもの ―――――― 15

図1・23 神宮外苑・絵画館正面の並木道.

たのが，ベルサイユ宮殿の庭園である[34][35][36]．

イタリア・ルネサンスの別荘では，館を高台に置き，その中央からヴィスタを通して，その左右に造園することが多かったが，フランスでは，館を敷地の短辺に置き，そこから長軸方向にヴィスタを通した．ヴィスタを長くとるため，城や宮殿を敷地の中央に配置しないで，あえて敷地の一方に寄せて建てる．ヴィスタの終点には，彫刻や噴水，記念碑，モニュメンタルな建築などを置き，そこに視線を集中するよう効果的に演出するのである．

図1・23は明治神宮外苑の銀杏並木である．樹齢90年に近い146本の見事な銀杏の大木が4列に植栽され，正面に白亜の絵画館を望むモニュメンタルな直線道路は，まれに見る素晴らしい景観といえよう．実は並木道は途中までで，奥の方は広場になっているが，絵画館をアイ ストップとするヴィスタが通っているので，道は真直ぐに絵画館まで続いているように見える．また樹の高さも一定ではなく，手前の青山通りに近いところを高くし，絵画館に向かって順次，低くなるようにしてあるため，実際以上に距離が長く見える．ヴィスタを活用して，遠近感を強調した見事な事例である[37]．

よく整った雄大な樹形と，若葉から秋の黄葉，さらには葉を落した冬の景観に至るまで，四季おりおりの美しさは，当初のデザインと長年にわたる手入れのたまものである．京都府庁前のアクセス道路や横浜の日本大通りなど，ほかにも似たような条件のところはあるが，これほどの事例はない．やはり最初からの思い入れと維持管理の熱意が違うのであろう[37]．

(5) ランドマークとアイ ストップ

ランドマークは特定の地点を象徴するシンボルである．見る人にとっては空間知覚の手掛かりになるものであるから，ランドマークへの視線が阻害されないようにしなければならない．

[34]
岡崎文：ヨーロッパの名園，朝日新聞社，1973．

[35]
永嶋正信：庭園の設計，理工図書，1964．

[36]
建築大辞典，彰国社．

[37]
外苑は，絵画館を中心とする軸線によって構成されている．
銀杏並木は，折下吉延博士(外苑造成時の庭園主任技師，1966年，86歳で没)がデザインして1908年(明治41年)に種を蒔いて育てた1600本の中から成育よく樹姿端正なものを選抜，さらに年々樹形を整え，1923年(大正12年)に植栽したものである．樹高は手前の青山口で最高の24 m，目通りの直径約90 cm，奥の方では高さ17 m，目通りの直径約60 cmとなっている．植栽間隔は9 mと広く，成長するまでは評判が悪かったという．
以上，外苑管理部の資料(1991年)および鴻海寛一部長による．
ほかに田中正夫：日本の公園，鹿島出版会，1974．

図 1・24　額縁効果（カンポの広場）

[*38] 日本の都市空間，彰国社，1968．

富士山は，北斎の「富嶽三十六景」にもあるように，昔はどこからでもよく見えて，方向を知るうえで重要な手掛かりであったという[*38]．

京都では東山とか比叡山，大阪では生駒山が同じ役割を果たしていたと思うが，高層の建物が増えて，ランドマークとしてはあまり役に立たなくなった．神戸では，方向を表わすのに「山側」「浜側」という言葉を使う．神戸は東西に長い街で六甲の山は，どこからでもよく見えるからだ．

なお，このほか，視線に関連したデザイン手法としては，次のようなものがある．

① アイ ストップ……視線を引きつけるような際立ったものをつくるという手法である．日本庭園でも視線の焦点には石灯籠や滝を表わす石などを配することが多い．

② 額縁効果……長屋門とかアーチをくぐるときの効果をねらった手法である．

③ 展望台効果……広く視界が開けて遠くまでよく見えるのは貴重な条件である．高層ホテルの最上階には，たいがい高級レストランがある．ただし，展望効果だけを考えると，建物や展望台が森や稜線から頭を出し，スカイラインを切って景観をそこなうことがあるので注意しなければならない．

④ アトリウム……突然，視界が開けて圧迫感がなくなるという劇的な演出効果をねらうものだが，いささか乱用されすぎている．

(6) 視線をさえぎるための手法

視線をさえぎるためには，衝立，スクリーン，格子，のれん，縄のれんなどが用いられる．オフィス レイアウトでは衝立の高さが問題になる．オフィスではOA機器の導入に伴って 1.0～1.2 m のロー パーティション（低い衝立）が使われることが多くなった．この高さは座れば個室的なスペースになるが，立てば部屋全体が見えるという寸法で，大部屋システムの利点を残しながら個室の良さを取り入れようとしたものであろう．

わが国では昔から，屏風や枕屏風を上手に使いこなしてきた．枕屏風は，寝るとき枕元に立てて視線をさえぎるだけでなく，隙間風を防ぐとともに，脱いだ着物を掛けたりするのに便利だったと思うが，最近は部屋が狭くなったからか，ほとんど見かけなくなった．食堂やレストランでは空間を仕切るのに衝立がよく使われている．

金屏風はホテルの宴会場などでは，場の条件をつくり出すための「室礼（しつらい）」として，なくてはならないものになっている．

また劇場やホテルなどでは，便所の入口を迷路的にして，内部を見えないようにするのが常識である．しかし，公衆便所などでは，あるていど見えるようにしておかないと，犯罪を誘発する危険があるので注意しなければならない．

4. 明暗のデザイン —— 光覚と暗順応 ——

「それでなくても太陽の光線の這入りにくい座敷の外側へ，土庇を出したり縁側を附けたりして一層日光を遠のける．そして室内へは，庭からの反射が障子を透してほの明るく忍び込むやうにする．……此の力のない，わびしい，果敢ない光線が，しんみり落ち着いて座敷の壁へ沁み込むやうに，わざと調子の弱い色の砂壁を塗る．……もし日本座敷を一つの墨絵に喩えるなら，障子は墨色の最も淡い部分であり，床の間は最も濃い部分である．」

これは，谷崎潤一郎が「陰翳禮讃」の中で，日本座敷の美しさは陰翳の濃淡によることを指摘した部分である．これによると，床の間に照明器具を取り付けて明るくするのは，日本間としての本来の姿ではないことがわかる．

適度の，ほの暗さが必要なのは内部空間だけではない．外部空間でも同様である．たとえば，庭園においても「明と暗は陰と陽に対応し，これが巧みに組み合わされた時には，庭に一種のリズムに似た快い変化が醸し出される．明快な庭は古来の名園に比べると何となく感慨が湧かない．これは明暗の変化がないからだ．暗部を意識的に組み込む必要がある．ただし，暗部が勝ち過ぎると陰気になる．薄暗い植え込みの中の苑路から急にパッとひらけた明るい芝生があると，芝本来の明快な感じをさらに新鮮なものにしてくれる．明暗の快い繰り返しが必要である」．（永嶋正信[39]）

要するにメリハリをつけるのがよいのである．しかし，いくら明暗の変化をつけるのがよいといっても，極端なのはよくない．明るいところから暗いところに急にはいると目が慣れないために，つまずいたり，ぶつかったりしやすい．映画館にはいると，しばらくは周囲が見えない．通路が階段になっている場合には踏み外すこともある．暗さに慣れることを「暗順応」[40]というが，その時間はかなり長い．したがって，交通空間には適度の明るさが必要である．

眼科の診察室では，照明を多少暗くしてあることが多い．暗順応を利用して患者の瞳孔を開かせるためであろう．

ものが見えるのは，網膜が光りを感ずるからだ．網膜の細胞には，錐状体（円錐体，錐体）と桿状体（桿体）の2種類がある．このうち錐状体は，明るい状態で働いて色覚を与える．一方，桿状体は，暗いときに働くが，色覚はない．たんに光の存在を感ずるだけである．桿状体は，いわば色盲だから，暗いところで色を見せようとすれば，かなり強い色を使わないと期待したような効果は出ない．

[39] 永嶋正信：庭園の設計，理工図書，1964．

[40] dark adaptation，これに対して，明順応（light adaptation）もある．明順応に要する時間は，暗順応に比べて，はるかに短い．

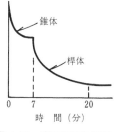

図1・25 暗順応曲線（錐体は約3分，桿体は約10分でかなり順応する）

だが，製図とか病院における手術など，高い照度を要求される場合を除いて，一般には明るすぎないようにしなければならない．オフィスでも最近は，コンピューターの端末などが並ぶようになり，明るすぎると表示画面が見にくいので，かえって具合いが悪い．照明器具のうつり込みや窓の反射も問題になる．住宅の内部でも同様で，空間のデザインとしては適度の暗さが必要である．

5. 視認距離 —— 距離による見え方の変化 ——

かつて，関西の相場師たちは情報伝達をもっぱら「旗振り通信」に頼っていたという．大阪・堂島の米相場を屋根の上や山上に陣取った男たちが手旗信号でリレーすると，京都や神戸まで，わずか2，3分で情報が届いたというから，かなりのスピードで，今の電話とほとんど差がない．ただし，高層ビルやスモッグなど，視界を遮るもののなかった頃の話である．

人でも建物でも距離によって見え方は変化する．建物でも表情の見える距離があり，輪郭とシルエットしか見えない距離もある．「視認距離」とは対象物が識別できる最大の距離であり，対象の大きさや周辺の明るさ，色彩や仕上げなどの条件，さらに屋外では天候や空気の汚れ方などによって異なる．

遠くにいる人間を人として認識できる限界は約1.2 kmだが，表情がわかるのは数10 m以内である[*41]．広場として適当な寸法は30〜135 mだといわれているが，これも視認距離に関係がある数値であろう．

タイルの目地も，ある距離を離れると見えなくなる[*42]．とくに外壁によく使われる5 cm角のモザイクタイルの目地は，少し離れると塗装した壁と同じように見える．

（1） 標識と文字の大きさ

案内標識などの視認性については，第一段階として，かなり遠くから標識の存在が認められること，および第二段階として標識に近づいたとき，適当な距離から文字が読めることが必要である．

[*41] 高橋鷹志ほか：識別尺度に関する研究，日本建築学会支部報告集号外，1966．

[*42] 岡田光正・藤原 一：外部空間における視認距離に関する基礎的研究，日本建築学会近畿支部研究報告集，1979．

(a)　　　　　　　　　　(b)

図 1・26　道路標識と駅の案内表示．

文字の視認距離については，道路関係の資料[43][44]によれば，漢字では$L=400\,h$，アルファベットでは，$L=800\,h$とされている．ここに，Lは「視認距離」，hは「文字の高さ」を表わす．これだと漢字の標識の場合，10 m離れたところから見えるようにするには，高さ2.5 cmの文字でよいことになる．ずいぶん小さいが，これでよいのだろうか．

実は，この大きさは視力でいえば1.2ていどに相当する．日常的には視力検査のときのように意識を集中するわけではないし，目のよい人ばかりではない．したがって標識や案内板などの文字は，この数倍の大きさでないと読めないであろう．

日常的な経験からいえば，視認距離Lと文字の高さhの関係は，できれば$L=100\,h$ていど，最低の基準としても$L=200\,h$ていどは必要ではなかろうか．つまり，10 m離れたところから楽に読むためには，漢字であれば，少なくとも5 cm〜10 cm角の大きさでなければならない．

図1・27　公園の案内標識（大阪府服部緑地）．文字の大きさは10×8 cm程度．

図1・28　地下街の案内標識．
天井吊りでデザインはよいが，標識の文字は小さく，広告に埋没して見えにくい．

国道などの案内標識の文字は，基準[45]によれば設計速度70 km／h以上で30 cm角となっていて，かなり大きい．場所によっては20 cm角，10 cm角も使われるが，それ以下はない．高速道路では30 cm角よりもさらに大きい．

江山正美氏は5 mの距離から見る場合の文字の大きさとして，13 cm，9 cm，6 cmという3段階の標準値を提案している[46]．これは$L=100\,h$よりもさらに大きいが，公園などでは，これくらいのサイズでないと効果がない．図1・26の文字は約10 cm角で，非常に見やすい．

鉄道各社では，駅名や案内板の文字は，ほぼ6 cm角以上で，まったく問題はない．やはり長年の経験によるものであろう．

これに反して地下街には，案内標識がきわめて不完全で文字も小さいところがある．しかも，大きな天井吊りの広告があったりすると，標識が埋れてしまう．このような場合，広告は雑音である．何らかの規制が必要であろう．また，最近は文字の代わりにシンボルやサインなどを用いる傾向があるが，乱用すると，かえって混乱する．

[43] 伊吹山太郎・伊吹山四郎：道路の人間工学，技術書院，1965．

[44] 全国道路標識業協会編：道路標識ハンドブック，p.26，国政社．

[45] たとえば，藤島武監修：道路維持修繕ハンドブック，鹿島出版会，1976．

[46] 駅のホームで時刻表を見る人の距離を観察した牛越平八氏の調査結果による．
江山正美：スケープテクチュア，鹿島出版会，1978．

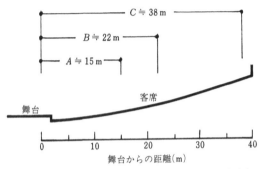

図 1·29 劇場における客席部分の奥行
(日本建築学会編:建築設計資料集成 2,旧版,丸善,1960 より作成).

A: 表情や細かい身振りがわかる限度.寄席,落語,講談,人形劇など.
B: 第一次許容限度.一般演劇,新劇,歌舞伎など.
C: 第二次許容限度.ミュージカル,グランドオペラなど.

火災などの際における避難誘導のためには,文字やサインは平常時に必要なものよりも大きくないと役に立たないであろう.今後の高齢者人口の増加を考えると,案内標識の文字は,できるだけ大きくしておくべきではないか.

(2) 劇場における客席の奥行寸法

劇場では客席の奥行寸法が視認距離に関係する.一般,オペラ,寄席など,演じられるものの種類によって,一応,次のように3段階に分けることができる[47].

*47 建築設計資料集成4,p.123, 丸善.

① 表情や細かな身振りが鑑賞できる限度は 15 m である.
② せりふを主体とする演劇や小規模な演奏用ホールでは 22 m で,これを第1次許容限度とする.
③ オペラや大規模なコンサートホールでは一般的な身振りが見える 38 m が一応の限界と考えられる.第2次許容限度である.

6. タテとヨコの枠組

人間の平衡感覚は建物の垂直線や水平線を視覚的な手掛かりにしているので,水平と垂直の感覚は空間知覚と行動の基本的な枠組である.したがって,長いスロープや階段をデザインするときには,意識的に垂直線や水平線を用いて不安定感を取り除くようにしなければならない.ライトの設計したグーゲンハイム美術館は床がスロープで天井も傾斜しているので,垂直に懸けた壁の絵が傾いて見えることがある.

ところが逆に,水平と垂直の枠組をくずして不安定感をねらったデザインもある.たとえば片流れの天井は,ことさらにアンバランスな感覚をねらったものであり,壁面が内側にオーバーハングした大きな内部空間は,一種の不安感を伴うので,演出効果として成功することがある.

平面の直交性も大切である.直角に曲がった通路はよいが,鋭角や鈍角があると方向感覚を失いやすい.ホテルとか大規模建築では,三角形や六角形のプランは迷いやすいので非常のさいに危険である.

1・3 奥行と立体感の表現 —— 遠近感はどうして生まれるか ——

　視覚的な立体感を成立させる条件は何かという問題である．人類の場合，生理的には両眼視による遠近感が基本であり，左右の像のズレによって奥行感が生ずるものとされている．偏光メガネで見る立体映像はこれを応用したもの．だが，計画案の段階で立体感を表現しようとするとき，この原理を用いることはむずかしい．やはり，二次元の紙の上で立体感を表現することが必要であって，古来そのための手法が，さまざまに工夫されてきた．

1. パースペクティブの原理

　最も強い立体感を与える手法で，透視図（perspective）の骨格を決める消点はルネサンス時代に発見されたという．この消点に平行線が集中することによって立体感が出てくる．

　わが国でも江戸時代の中期から，円山応挙などにより「眼鏡絵」とか「浮絵」と称して遠近法が用いられたが，厳密な透視図法によるものではなかった．

　歌舞伎には「遠見の子役」といって，遠景を表現するために子役を使う演出がある[*48]．小さいものは遠くにあるように見えるからだ．文楽にも同じ手法があるが，この場合は人形だから，さらに容易である．

［*48
たとえば
「恋飛脚大和往来」の
「新口村」の幕切れ．］

　つまり「大きさの差による遠近感」である．網膜像の大きさは，距離を認知する手掛かりになる．物理的に同じ大きさのものは，距離に反比例して網膜像が小さくなることを利用して意図的に対象の大きさを変化させ，それによって遠近感を強調しているのである．

2. 不自然でない透視図を書くにはどうすればよいか

　透視図法による遠近感は西洋画の基本であり，また建築の表現法として重要だが，作図のとき視点[*49]の位置が建物に近すぎると，ゆがんで見えたり，広角レンズで撮影した写真のような不自然さがあらわれる．これを避けるためには，次のことに注意しなければならない．

［*49
point of sight；立点］

　まず第一は，でき上がった透視図を眺めるときの目の位置の問題である．透視図と目の間の距離が作図のときの視点の位置と相対的に等しければ不自然さは生じないはずだ．透視図を壁に掛けて眺めるときには，目の位置はかなり遠くなるから，そのような場合はそれに応じて透視図が大きければよいのであって，視点を近くにとった小さい透視図を離れて見ると余計に不自然に見える．だが，でき上がった透視図はどこから見られるかわからない．

　そこで，第二の問題として，見る位置が不適当な場合にも不自然に見えないためには，少なくとも人間の視野以上に画面が広がることがないようにすれば

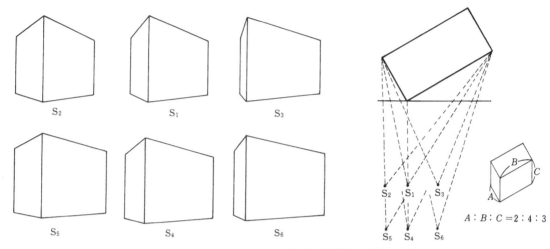

図1・30 視点の位置と透視図の見え方(山田俊紀氏の作図による).

*50
Friedrich W. Capelle 著, 関 龍夫訳:建築家のための透視図法, 丸善, 1975.

*51
増田敬彦:自然な見え方を持つ建築透視図の研究, 大阪大学工学部建築工学科卒業論文, 1988.

*52
黒田正巳:透視図, 美術出版社, 1965. および, 同:空間を描く遠近法, 彰国社, 1992.

*53
球面上の図形を平面に移す手段としては,
① 平面に投影するか
② 円筒または円錐に投影して平面に展開する方法が用いられる. 最も一般的なメルカルト図法は円筒に投影して展開したものだが, 赤道から離れるほど距離も面積も異常に大きく表現されるという欠点がある. コンピューターを使って, 球面透視図を描いても魚眼レンズの写真のように直線はタル型に歪むので, 建築には不適当である.

*54
吉田勝行氏による.

よい. たとえば, 横幅50〜60cmていどの画面を見るとき, 両手に持って腕を伸ばして眺めるとすれば, 目と画面の距離は約50cmで, このときの視角は約50〜60°である.

パースを見る人は, 画面の幅とほぼ等しい距離から眺めるという経験的事実から, 60°のコーンにおさめるのがよいという説もあるが*50, われわれの実験によると, 対象物の形が最も自然に見える画角は, さらに狭く30°から50°の間であった*51. 黒田正巳博士によると, 視角は30°がよいという*52.

なお, 視点が近すぎて画角が大きいと不自然に見えるのは, 眼の網膜が平面ではないからだという説もある. そこで球面透視図法が必要だということになるが, 球面に投影された像を平面に表わすには, 世界地図の場合と同じような問題*53があって, 結局はどこか不自然なところが出てくるので, 実用化されていない*52.

3. アイソメトリックなどによる立体感の表現

投影法には次のような種類がある*54.

① 正投影法*55(直角投影法, 垂直投影法)

② 軸測投影法*56 ─┬─ 等角投影法(等測投影法, アイソメトリック)*57
　　　　　　　　　└─ 不等角投影法*58

③ 斜投影法*59(平行投影法*60)─┬─ ミリタリー投影法*61
　　　　　　　　　　　　　　　└─ カバリエ投影法*62

このうち, 軸測投影法と斜投影法とはプレゼンテーション用の図法として, パースと同様に用いられる方法である.

アイソメトリックはアイソメと略称されるが, 立体の3辺の投影が120°で交

1·3 奥行と立体感の表現 ── 遠近感はどうして生まれるか ── 23

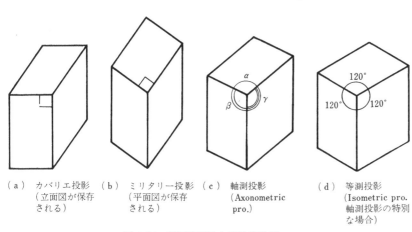

(a) カバリエ投影
（立面図が保存
される）

(b) ミリタリー投影
（平面図が保存
される）

(c) 軸測投影
（Axonometric pro.）

(d) 等測投影
（Isometric pro. 軸測投影の特別な場合）

図 1·31　軸測投影法と斜投影法*54.

*55 orthogonal projection

*56 axonometric projection

*57 isometric projection

*58 anisometric projection

*59 oblique projection

*60 parallel projection

*61 military projection

*62 cavalier projection

わり，しかも同一のスケールになる点に特徴がある．アイソメよりもさらに手軽な手法として最近よく用いられるのがミリタリー投影法である．これは斜投影法の一種で，アクソノメトリック（軸測投影法）の特別の場合にも当たるが，平面図をそのまま立ち上げるだけで，一応，立体を表現することができる．とくに低層の建築についてはわかりやすい．

ただし，高さ方向の寸法を平面と同じ縮尺にとると，実際よりも高く見える．実験によれば，高さ方向には約80％に縮めて寸法をとると，視覚的に高さの印象をほぼ正確に伝えられることがわかった．

斜投影法を平行投影法ともいうのは，画面を平面または立面に平行に置くか

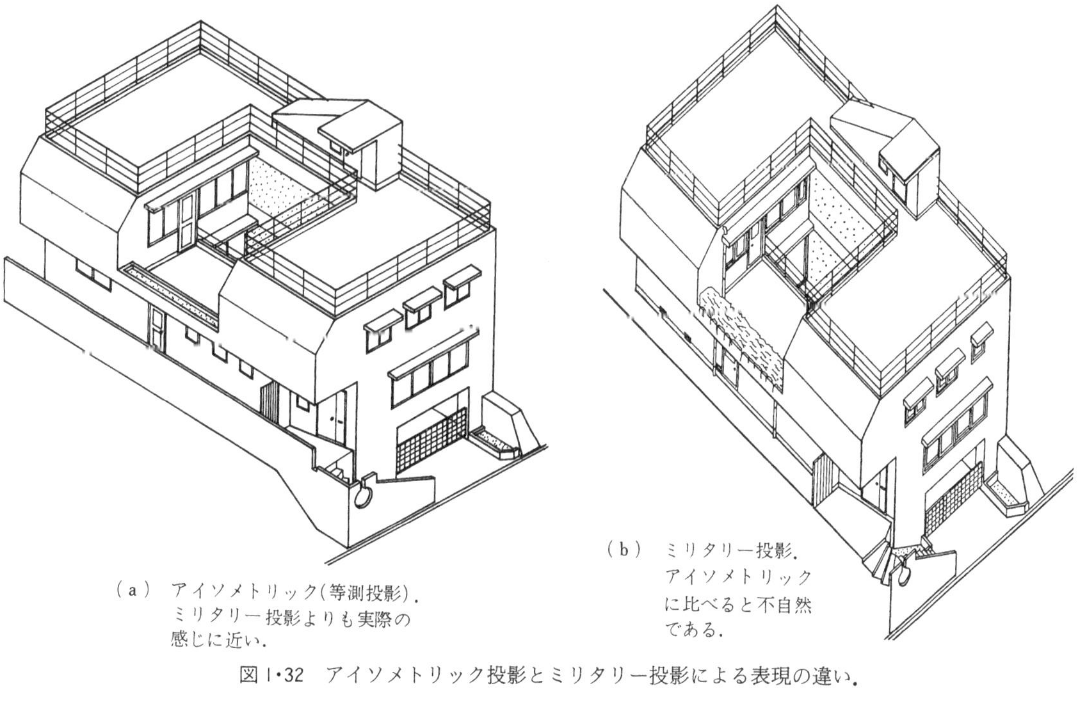

(a) アイソメトリック（等測投影）．ミリタリー投影よりも実際の感じに近い．

(b) ミリタリー投影．アイソメトリックに比べると不自然である．

図 1·32　アイソメトリック投影とミリタリー投影による表現の違い．

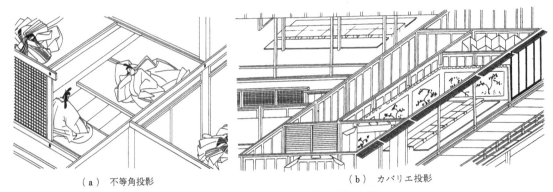

(a) 不等角投影　　　　　　　　(b) カバリエ投影

図1・33　絵巻物における吹抜き屋台の手法.

らで，ミリタリー投影では画面は平面つまり地面に平行であり，カバリエ投影の画面は立面の一つに平行になる．

　日本古来の絵巻物における「吹き抜き屋台」は，カバリエ投影法によるものが多い．有名な洛中洛外図などもこの方式で，碁盤目のような京都の街並みは，すべて平行な水平線と斜線で表現されている．だが長い絵巻物では，これだけでは単調になるので，アクソノメトリックの一種とみられる方式が混用されることもある[*63]．一部には消点が手前にある逆遠近法も用いられ，独特の奥行感を表わしている．

　絵巻物の例でもわかるように，斜投影やアクソノメトリックによる方法は，多少，不自然な点もあるが，作図は簡単であり，パースよりも表現力が大きい場合がある．というのは，奥行方向に縮小がおこらないので全体が把握しやすく，遠くの方まで細部の表現ができるからだ．要するに，アイソメトリックや斜投影などは，パースよりも内部空間のボリュームを表現するのに適した技法であるといえよう．

*63
小松茂美編著：紫式部日記絵詞，日本絵巻大成，第9巻，中央公論社，1978．

4. 陰影による立体感の表現

　立面図や断面図にも陰影をつけると，立体感が強調されて図面効果がよくなる．パースを描くよりは，よほど簡単である．

　なお，大きな建物の外壁にまったく凹凸がないと，間の抜けた大味なものになりやすい．立体感を強調し変化をつけるためには，適度に壁面を出入りさせ，柱や庇（ひさし）やバルコニーなどによって陰影が生ずるようにすればよい．

1・4　錯視の応用

　錯視とは錯覚の一種で，視覚的な錯覚のことである．太陽や月の錯覚は有名で，中天にあるときに比べて日の出や月の出が大きく見えることは誰でも知っている．これに対する説明としては，無意識のうちに地形や地物と比較するか

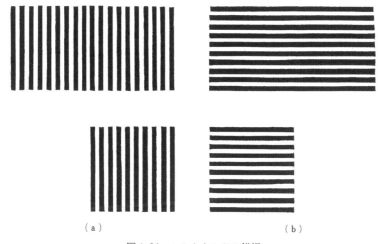

図 1・34 ヘルムホルツの錯視.

らだといわれるが，決定的な論理とはいえない．錯視や錯覚の説明は，生理学的あるいは心理学的にいろいろ試みられているが，各種の錯覚について，すべてうまく説明できるような理論はまだない．

1. タテ縞とヨコ縞

九鬼周造は名著「いきの構造」において，「タテ縞はイキである．タテ縞は上下に走って場面を細長くみせる」が，一方「ヨコ縞は重厚である．ヨコ縞は左右に延びて場面の幅を広く太く見せる」[64]と述べている．つまり，ヨコ縞は安定感があるということだろう．

正方形の枠の中ではヨコ縞はタテ長に見え，タテ縞はヨコ長に見えることは「ヘルムホルツの錯視」として有名である．だが，衣服の場合は，反対にヨコ縞は太って見え，タテ縞はやせて見えると考えられている．

建築の場合，マリオン（方立の一種）で垂直線を強調するか，横長窓で水平線を強調するかは，カーテンウォールのデザインとして問題になる．しかし，寸法やサッシュ割りなどによってさまざまのケースがあり，われわれの実験では，ヘルムホルツの錯視が成立するかどうか明確な結論は得られなかった．

2. 建築のデザインにおける錯視の補正

建築が人間の眼にどのように見えるかということは最も基本的な問題であって，古い建物や伝統的な建築技術の中には，微妙なテクニックで錯視を補正したものがある．

（1） 水平線や水平面の垂れ

長い水平線や水平面は垂れて見える．そこで経験的に中央を少し上げて水平

[64]
九鬼周造：いきの構造，岩波書店，1930．

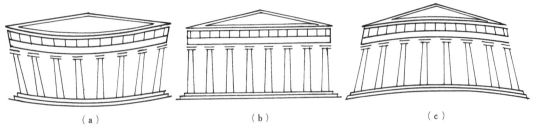

図1・35　パルテノンの神殿における錯視の補正[66].

に見えるようにすることがよく行なわれた．これを「むくり」という．たとえば，天井とか長い橋などは，昔はむくらせることが多かった．日本の伝統的な建築に見られる屋根や鳥居の反りも，水平線のたるみを感じさせないという効果がある．和風建築の技術によれば，天井は$1/200$ていどむくらせると水平に見えるという[65]．

アテネのパルテノン神殿の軒と基壇の線は水平ではなく，中央部にわずかに「むくり」がついているという[66]．これは，外側の柱を少し内側に転ばせ（傾け）てあり，その結果基壇が凹んで見えるので，それを避けるため中央を高くしてあるのだといわれている．

この説は古代ローマの古典「建築に関する十巻の書」の中で，ウィトルーウィウスが，基壇は「中央にむくりがつくられるように，ならされるのが至当である．もし水平につくられるならば，眼には凹んで見えるだろうから」[67]と述べて以来，錯視を巧みに修正した例として，多くの人に引用されてきた．しかし，黒田正巳博士の最近の研究によれば，必ずしも意図的に錯視の修正を目的にしたものかどうか疑わしいという[68]．

（2）エンタシスと内ころび

ギリシア，ローマの神殿においては，柱はエンタシスを持ち，かなりの先細りで，しかも内側に傾いている．エンタシスがないと中央部が細く見えるというが，そのふくらみはわずかで，ほとんど気がつかないていどだから，この説もやや疑わしい．しかし，「先細り」と「内ころび」は力学的な安定感に寄与しているという意見が多い[68]．

1・5　視覚の相対性と恒常性

1. 視覚の相対性

子供の目には道も広場も広く，わが家は大きかったが，大人になってからそこを訪ねると，道は記憶していたよりもはるかに狭く，家は小さい[69][70]．このような経験は誰にでもあるだろう．子供の目と大人になってからの目は違うのである．

[65] 長尾勝馬・渋谷五郎：日本建築・上，学芸出版社，1963.

[66] B.Fletcher：A History of Architecture, 19 ed., 1987.

[67] 森田慶一訳：ウィトルーウィウス建築書，東海大学出版会，1979.

[68] 黒田正巳：ギリシアの修整(Refinement)の視知覚的解析，日本建築学会論文報告集第416号，1990.10. および黒田正巳：空間を描く遠近法，彰国社，1992による．

[69] 戸沼幸市：人間尺度論，彰国社，1978.

[70] 遠藤周作：私の履歴書，1989.6.1. 日経.

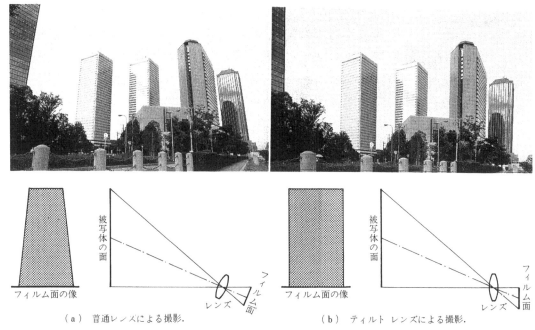

(a) 普通レンズによる撮影.　　　　　(b) ティルトレンズによる撮影.

図 1・36　高層ビルの写真.

イタリアの広場を研究したカミロ・ジッテは，広場のデザインについて，次のことを指摘している[*71].

① 幅を広げた道に面する古い広場は以前のように大きくは見えないし，巨大な広場では壮大な建物も，まったくふつうの大きさに縮んでしまう．

② 広場の最小の大きさは，広場を支配している建物の高さと同じでなければならず，最大の大きさは建物の高さの2倍を超えてはならない．

③ 広場が大き過ぎると周囲の建物に不利な影響を与えるし，何もない大きな広場を歩くのは本当に不快感をおぼえる．

[*71] Camillo Sitte 著，大石敏雄訳：広場の造型，鹿島出版会，1983．

2. 知覚は心の働きである

写真が実際の印象と違うことは，よく経験する．アオリのきかない普通のカメラで建築の写真をとると，わずかな仰角でも垂直線は傾き，上すぼみになって感覚的には不自然に写る．とくに広角レンズを使うと，その傾向が強い．ところが，眼で見るとそうは見えない．網膜に写った像は垂直でなくても，実際に垂直だとわかっている場合には，垂直線として知覚するからである．

したがって，建築写真では「垂直線は垂直に，水平線は水平に」というのは鉄則である．さらに，手前から遠くまで全面的にピントが合っていなければならないというパンフォーカスの原則がある[*72]．そのため，アオリのきく大型カメラを使用し，焦点深度を確保するため，ギリギリまで絞り込んで長い露出時間をかける．

[*72] 高井　潔：建築写真術，学芸出版社，1988．

知覚像は網膜だけで決定されるのではない．対象とする事物そのものの性質によって知覚像が成立する．したがって，網膜に写る刺激条件が変化しても知覚像は，それに応じた変化を示さず恒常性を保つ傾向がある．この現象を恒常現象という．

白壁を夕方，カラーフィルムで撮ると意外に赤味がかって写るが，肉眼では白壁は，やはり白壁に見える．一般にカラー写真に撮ると，光源の色つまり太陽光線か蛍光灯か白熱灯かによってかなり違って写るが，人間の目では，そんなに違わない．色彩の恒常性である．

われわれは網膜に映るとおりに認知しているわけではない．見える世界と認知する世界は違うのである[73]．

「色不異空　空不異色　色即是空　空即是色」
は般若心経の有名な一節で，さまざまな解釈がありうると思うが，一口にいえば，物質的現象には実体がないのであり，また物質的現象がなくても実体はある[74]ということだ．つまり，眼に見えるものが物の本質ではなく，また眼には見えなくても物には本質があるという意味である．

華厳経には「三界は虚妄にして，ただこれ一心の作なり」[75]とある．「簡単にいえば，外界はまぼろしであって，それが存在すると思っているのは心の働きのせいである」[76]ということだ．華厳経によれば，客観的に世界が存在することはないのであって，「この雄大な教説は唯心であることを出発点としている．心がそう思い，そう見ることによって物や事が存在する」（司馬遼太郎）[76]のである．

1・6　弁別閾とウェーバーの法則

ウェーバー[77]は手のひらに重りをのせ，それを，ごくわずか増減したとき，その変化に気づく最小量を測定して，一つの法則を見出した[78]．手のひらの重りは物理的な刺激である．刺激の差がわずかであれば気づかないが，ある限界を超えると気がつく．

刺激 R が，$R+\Delta R$ に変化して，はじめて感覚が異なって感ぜられるとき，この ΔR を弁別閾[79]という．この弁別閾 ΔR は R に比例し

$$\Delta R / R = \text{const.}$$

が成立する．これがウェーバーの法則であって，知覚に関する法則の中でも最も古典的なものの一つである．この法則は，刺激の強さが中等度のとき，明るさや音の強さ，重さの感覚など，各種の感覚について成立する．なお，上式の右辺の値は相対弁別閾またはウェーバー比ともいわれる．

弁別とは，ものを区別して知覚すること，つまり識別すること（見分けること，聴き分けること）であり，閾とは「しきい」のことで，切れ目とか境界を

[73] 麦島文夫：情報の心理学，p.61，講談社，1971．

[74] 中村 元・紀野一義訳註：般若心経・金剛般若経，岩波書店，1960．

[75] 十地品第二十二の四．中村 元，津田真一：華厳経―無尽荘厳の世界―，仏教経典散策，東京書籍，1979．

[76] 司馬遼太郎：街道をゆく．24，朝日新聞社，1988．

[77] Ernst Heinrich Weber, 1795～1878．

[78] 本城市次郎：世界大百科事典 5，平凡社．

[79] differential limen

意味する．

　寸法知覚についての実験によれば，ドア寸法程度の場合，ΔR つまり弁別閾は平均 20 mm 程度であり，相対弁別閾は 0.01〜0.03 程度であった．つまり，ドアの幅で 10〜15 mm，ドアの高さで 20〜30 mm 程度の誤差は，視角的には気がつかないということだ．しかも，これはとくに注意して見た場合だから，ぼんやり見ておれば，この 2 倍くらいまで気づかれないであろう．

　このことは現場における納まりや逃げ，目地割りなどに関して，経験的に知られているが，より積極的には，標準寸法や規格寸法などの上下限の幅や許容範囲とか，モデュール数値の飛び間隔などを決定する場合に応用することができよう．というのは，弁別閾以下の数値の差は視覚的には無視してもよいからである．

　なお，弁別閾は明るさ，色，寸法など視知覚ばかりでなく各種の感覚について存在するが，感受性の高い器官は閾が低く，感受性の低い器官は閾が高い[80]．

[80] たとえば，若林 勳：世界大百科事典 10，平凡社．

1・7　色彩計画

　思春期を過ぎた男性は赤に強く魅かれるという．赤い色を見ると男は男性ホルモンの分泌が盛んになり，女性は薄紫を見ると女性ホルモンの分泌が促されるという説もある．マンションではモデルルームの壁紙の色で売行きが格段に違い，幼稚園では壁の色によって園児の動きが違ってくるという．好みの問題もあるだろうが，人は色彩に対して，さまざまな心理的反応をおこす．

　色彩計画は建築のデザインにおいて最も重要な問題の一つである．

1. 色の名前と表示法 —— 色彩計画のための尺度 ——

　「聚楽」は和風の壁としては代表的なものだが，その名は京都の聚楽第があった場所の土を使ったところからきたものだという．したがって聚楽の色は，要するに土の色である．何色とはっきり記憶に残るような色ではないが，背景色として床の間の掛け軸が最もよく映える色であり，毎日，眺めても飽きることがない．

　歌舞伎には「浅葱の幕」を切って落とすという演出がある．幕が開くと舞台に浅葱幕が下がっている．チョンと杵（拍子木）がはいって，幕が落ちると一瞬の間に美しい舞台が現われるという仕掛けで，はっとするような鮮烈な効果をあげる．この浅葱というのは水色のことで，晴天の明け方の空の色だという[81]．そのためか歌舞伎の世界では，浅葱幕は屋外をあらわすという約束になっている．これを「浅黄幕」と書いたのでは薄い黄色と勘違いしてしまう．

　わが国の伝統的な色の名前には，鳶，鶯などのような鳥の名前や，桜，橙，藤，菫，薔薇，小豆などのように植物の名前から来たものが多い．茜，藍，朱，

[81] たとえば，岩淵悦太郎氏による．

緋，紅などは草木染めや顔料の名前である．また，茶色系統には海老茶，金茶，栗色，狐色などがあり，紫には江戸紫や京紫，鼠色にも，銀鼠，利休鼠などと多くのバリエーションがある．そのほとんどは自然とつながりのある美しい言葉で，中間色の微妙な違いをよく表現するものであった．

今，日本では原色に近い色が氾濫している[82]．色の使い過ぎだが，この背景には爛熟した世紀末の文化があるだろう．われわれの伝統的な色彩感覚は優雅で洗練されたものであった．貴重な文化遺産として伝統的な色名を大事にしなければならない．それによって中間色に対する感覚は鋭くなり，色彩のボキャブラリーも格段に増えると思うからである．

色の名前には，アイボリー，ベージュ，ワインレッド，チャコールグレー，モスグリーンなど西欧から来たものもある．だが日本の伝統色も含めて，このような色名だけでは微妙な色調を正しく指定することはできない．何らかの標準的なモノサシが必要である．

そのために今，最もよく用いられているのがマンセルの表示法[83] である．たとえば，「2.5 YR 6／11」はマンセル記号の例だが，これがどのような色か，事務室の壁に使える色かどうか，カラー見本がないと，まったく見当もつかないというのでは困るだろう．最小限度のことは知っておかねばならない．

[82] たとえば，納谷嘉信・児島修二・栗岡 豊：都市環境と色彩，人間工学，Vol.20, No.3, 1984.

[83] Munsell notation

（1） 色の3要素とマンセルのカラーシステム

色彩は hue（色相，赤や青などの色の種類），value（明度，明るさの程度），chroma（彩度，色のあざやかさ）という三つの要素によって構成される．

色立体は上記の3要素を組み合わせて3次元に表現したものである．この3要素を記号や数字で表わすと，色彩計画のための色のモノサシになる．マンセルのカラーシステムでは，次のような原則によってすべての色彩を表現する．

色相は，主色をR (red), Y (yellow), G (green), B (blue), P (purple)

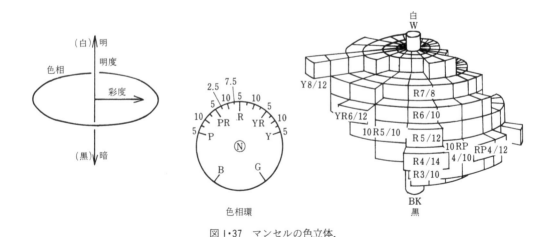

図 1・37 マンセルの色立体．

とし，中間の色として YR, GY, BG, PB, RP の5色を設定，あわせて10色を図のように円周上に配置する．直径の両端には補色関係にある色が来るようになっている．これを色相環[*84]という．

[*84] hue circle

明度は最も明るい色すなわち完全な白を10，最も暗い色つまり完全な黒を0として，その間を10等分する．立体の頂上は白，いちばん下は黒である．

彩度は中心の軸から遠ざかるに従って，1，2，3，……と高くなり，純色を最大とする．したがって，立体の外側は最も鮮やかな色で包まれることになる．

上記の「2.5 YR 6／11」では，2.5 YR はリング上に配列された色相を示し，6は明度を表わす数字である．オフィスビルなどの室内の壁は，明るいグレーを基調とすることが多いので，明度は10に近い数値になる．

末尾の11は彩度であるから，この色は相当，鮮やかなオレンジ色で，とてもふつうの室内の壁に使える色ではない．アクセント色を除き，大面積の場合には，この数字はできるだけ小さい方がよい．

(2) 3原色と五色の変

ヤング率に名を残した Th. ヤング[*85] は幼時から天才といわれ，14歳にして7か国語に通じ，物理学だけではなく医学や生理学の分野でも大きな業績をあげたが，視覚に関しては，目の解剖的研究から，網膜に赤・緑・紫の光を感ずる3種類の神経繊維があることによって色彩感覚が生ずるという仮説を提唱した．しかし，3原色からすべての色が生まれるというこの画期的な説も，彼の生存中には認められず，ようやく1852年，ヘルムホルツによって証明されたという．

[*85] Thomas Young, 1773〜1829.

孫子の兵法（兵勢第五）には

「色は五に過ぎざれども，五色の変は，あげて観るべからざるなり」

とある．この意味は「原色は五つしかないが自然界の色は千差万別である」ということであって，この「五色」というのは，赤，青，黄，白，黒の5色のことである．いまでも建築の現場で色を出すときは，黒，白，赤(赤錆)，黄，青の5種類のペイントを調合してすべての色をつくり出す．この5色から白と黒を除けば，いわゆる3原色になる．

2. 色彩の知覚における法則性

(1) 色彩の面積効果

設計上とくに注意しなければならないのは，色彩の面積効果である．同じ色でも面積が大きくなると，明度や彩度が高くなって鮮やかに見えるため，色見本で決めた色をそのまま大きな壁に塗ると失敗することが多い．したがって，色見本で決定するときは注意が必要で，見本の板はできるだけ大きなサイズのものがよい．さらに，照明による演色性のことも考えておかねばならない．

面積効果の要点は次のとおりである．
① 面積の大きいものほど彩度が高く見える．
② 面積の大きいものは彩度を低くする．

（2） 対比効果

二つの色彩が相互に影響し，その相違が強調されて見える現象を色対比[*86]という．これには同時対比と継時対比がある．

① 同時対比[*87]　二つの色彩を同時に見るときに起こる対比を同時対比という．周囲にある色の影響を受けて，それと並んだ色は周囲の色と反対の性質を帯びて感じられる．そのため，補色つまり反対の色を並べると，お互いにより鮮やかに見える．つまり，同時対比による色の見え方の変化は，互いに離れる方向に変化する．最も効果が大きいのは明度である．

② 継時対比[*88]　時間的に前後して見るときに起こる対比である．Ａの色を見てからＢという別の色を見ると，ＢはＡの影響を受けて，色相，明度，彩度ともＡと反対の性質を帯びて感じられる．

（3） 順序効果

順序効果とは，同じ色が二つ続くと初めに見る色の方が印象が強いという現象であって，色彩にかぎらず，匂いや形についても存在する．

（4） 照度効果

これは，明るいところでは明度は高く，彩度も強いように感ずる現象である．このため照度の高いところは，明度，彩度とも，いくらか低くするのがよい．

（5） 色覚の恒常現象と色順応

カラーフィルムは正直だ．夕方や電灯の光の下で撮影すると，赤っぽく写ったり，緑色がかったりする．昼間と夜間，蛍光灯と白熱灯では，まるで違う色に写る．ところが，肉眼ではそう違わない．さきに述べた恒常現象によるものだが，慣れてしまうという意味で，色順応[*89]といわれることもある．そのため，カラーフィルムには昼光用，電灯用などの種類がある．

3. 色彩の感情効果とシンボル効果

（1） 感情効果（心理的効果）

むかし，ある工場で黒塗りの箱を運ぶとき，重くて背骨が折れそうだというので淡い緑色に塗り替えると，今度の箱は軽いといって喜ばれたという．また，テムズ川に身投げで有名な橋があり，対策として黒い鉄の欄干を薄緑色に塗り替えたところ，投身自殺する人の数が3分の1に減ったという[*90]．

暖色と寒色の区別はよく知られている．赤系統の色は，暖かいとか暑いとか刺激的といった感じを与える．反対に青色系は，涼しいとか寒いといった感じがある．

[*86] colour contrast
[*87] simultaneous contrast
[*88] successive contrast
[*89] adaptation
[*90] 小木曽定彰氏による．

牛は色盲であって，闘牛士が赤い布を振るのは観客を興奮させるためだという．赤系統の色を大きな面積に使うと血圧が上がるという説もある．これを利用したのが色彩治療つまり治療手段として色彩を用いる試みで，たとえば青系統の壁は興奮状態を抑える効果があるといわれている[91]．

また，前進色と後退色があり，暖色は前進性，寒色は後退性を示す．また冒頭にあげた工場の例のように，明るい色は軽く感じ，暗い色は重く感ずる．

さらに，大きく見える色と小さく見える色がある．明るい色は拡大して見え，暗い色は小さく見える傾向をもっている．自動車ではよくわかるが，建物でも同じである．また暖色と寒色を比べると，暖色の方が大きく見える．

このような色彩の感情効果はシンボル効果やサイン効果につながる．

（2） 色彩のシンボル効果とサイン効果

ほとんどの民族において，礼服は黒か白を原則とする．結婚式における花嫁の衣装は，洋の東西を問わず白である．国家元首の乗るクルマは黒が多い．黒と白はフォーマルな色であり，他の色にはない特別のイメージがある．一種のシンボル効果である．

このように色彩にはシンボル性（象徴性）があり，連想による観念的効果もある．ただし，ある色が主観的に，どのような観念または感情をひきおこすかは，社会的，歴史的先入観によって変化する．

たとえば，紫は古来，高貴な色とされた．西欧では貝紫[92]といって，その染料1グラムを得るためには2千個の特殊な巻貝を必要とし，染料としては最も高価で貴重だったからである．そのため，古代ローマでは庶民の使用は禁止され，皇帝だけが専有する色とされた．

わが国でも，禁色の制度により，紫は最も官位の高い人にのみ許された色であった．歌舞伎十八番の助六は「江戸紫」の鉢巻をして現われるが，これは「やまい鉢巻」で病気中であることを表わす．女形が口上や後見に出るとき頭に着ける紫の布は，女形のシンボルでもある．

このように紫は，あでやかで，なまめかしく，独特の色気があるが，一方，紫は性的な感情につながる色だという説もあり，「古代ギリシアでは，詩人ホメロスが悲しみや死を表わすための象徴として紫を用いた」[93]というから，注意しなければならない．好みにもよるが，建築では，あまり使わない方がよいのであって，広い面積に紫色のじゅうたんを敷きつめたホテルのロビーは，異様な感じで快適な雰囲気ではなかった．

ところで，常識的なイメージの例としては次のようなものがある．

　赤……活力，情熱，革命，消防（火災報知器や消火栓），停止（信号）
　黄……危険，注意（信号）
　緑……平和，安全，進行（信号）

[91] ジェフリー・フォリー：病院の色を考える，安藤薬業ニュース．

[92] ティル紫, tyrian purple

[93] 岩井 寛：色と形の深層心理，日本放送出版協会，1986．

最近，わが国では，明るいブルーが企業や団体のシンボルカラーとして人気がある．だが，色彩の感情効果やシンボル効果は，時代により，民族によって変化するので，注意しなければならない．

色彩にはサイン効果もある．これには，色彩のもつシンボル性や連想を利用したものと，たんなる取り決めによるものとがある．鉄道では路線別や種類別に電車を色分けし，駅の案内標識も電車の色とセットになっている．

4. 色彩感覚は変化する

（1） 色彩の流行現象

建築における色彩の好みにも流行があり，仕上げ材料と結びついていることが多い．たとえば，タイルの色は中間色からレンガ色に移り，さらに白っぽい金属的な色が多くなってきた．外装のガラスについても，ふつうの透明から，ブルーペーン，グレーペーン，ブロンズペーンと変わって，今はミラーガラスの全盛だが，そのミラーガラスにも微妙な色の違いによる流行がある．

（2） 色彩感覚の国民性

インドのサリーは南に下がるほど派手になるという．メキシコでは原色が幅を利かす．カサブランカは「白い家」という意味で，地中海地方では家は白く塗るのを原則とし，ほかの色は用いない．また民族により風土によって色素や顔料に差があるため，同じ青や赤といっても，ずいぶん違う．

（3） 子供の色彩感覚

子供の感覚には，次のような特徴があるといわれている[94]．

① 赤ん坊は赤い色に目ざとい．子供は派手な色，とくに女の子は赤やピンクを好む．オモチャや人形に赤系統が多いのは，そのためだ．
② 小学生の好きな色は，3年生から男女別になって，4年生では男子が青，女子は赤系統になる．
③ 小学生のいちばん嫌いな色は黒である．

幼児の色彩の認識は原色からスタートし，成長するにつれて微妙な色彩を区別することができるようになる．したがって，幼稚園や保育所では次のようにするのがよい[94]．

淡いパステルカラーは，赤ん坊にはほとんど無色に見えるので，必要なところには赤，青，黄，緑などの原色を使う．赤いワゴンを置いたり，子供の目の高さに合わせ，壁の下の方だけ楽しくデザインするのも一つの方法だろう．病院の小児科では子供を怖がらせないために，人気のあるマンガの主人公などを使うのもよい．

（4） 高齢者の色彩感覚[95][96]

加齢により目の水晶体は黄色味を帯び，白と黄色の区別ができなくなる．ま

[94] 山本晴雄氏による．

[95] 吉田あこ・橋本公克：高齢者の色彩誤認の実態調査，その1，その2，日本建築学会大会学術講演梗概集，1992．

[96] ジェフリー・フォリー：病院の色を考える，安藤薬業ニュース．

た，青と緑など寒色系の見分けもつきにくいので，階段の段鼻や出入口の表示などは，はっきりと色を変えるべきである．照明も明るくする必要があるが，まぶしいと目が疲れるので，反射率の低い艶消しにするのがよい．無難すぎる色は，かえって心理的老化を早めるので，ドアの枠や幅木などには，コントラストのはっきりした色を使うのも一つの方法である．一般の病院でも老人の多い病棟などでは，こうしたことに留意しなければならない．

5. 色彩計画の手法
（1） 色彩調節の効果

色彩調節[*97]はデュポン社の宣伝用語だったのが一般化したもので，その目的は色彩の生理的，心理的効果を積極的に応用して，環境の安全性や快適性を向上させることである．第二次大戦のとき，アメリカの軍需工場に導入されて効果をあげたことから本格的に普及し，工場だけでなく病院，学校，事務室などにも適用されるようになった．わが国でも一時はもてはやされたが，最近はあまり使われていない．これは裏づけとなるデータがなく，理論も不完全で日本の風土や歴史に合わないところがあるからだといわれている[*98]．

[*97] colour conditioning

[*98] 乾 正雄：色彩計画, p.222, 建築学便覧, 丸善, 1980.

ただし，配管の識別表示などは JIS にも規定されており，危険防止やメンテナンスの上から有効であろう．警戒色は目立たせるための色で，安全性や事故防止を目的とする．黄色と黒の組み合わせは最も目立つ色であり，迷彩は逆に目立たなくする方法である．

（2） 感情効果の応用

色彩の感情効果の応用として，一般に次のようなことがいわれている．

① 日当たりの悪さや寒い感じを和らげるためには暖色を用い，逆の場合は寒色にすることが考えられる．ただし，色彩調節における「南側の部屋には寒色を，北側の部屋には暖色をという理論は，一般的に間違いであるとはいえないが，その強引さによって室内の美しさをしばしば破壊した」[*99]という意見もあるので，あまり一律に考えない方がよい．

② 活動的な楽しい雰囲気のほしいところは明るい暖色とし，気分を静めたいところは寒色がよいという説がある．一応もっともらしいが，これも常識論である．

[*99] 乾 正雄：建築家のみた心理学―建築のための心理学―, 彰国社, 1969.

表1·1 JIS による識別表示の例．

色 名	マンセルによる表示記号（参考値）	識別物質の種類
暗い赤	7.5R 3/6	蒸 気
うすい黄赤	2.5YR 7/6	電 気
茶 色	7.5YR 5/6	油
うすい黄色	2.5Y 8/6	ガ ス
青	2.5PB 5/8	水

③ 壁は刺激の少ない柔らかい感じにする．一般に彩度の低い明るい中間色がよい．真っ白はだめで，団地や病院の白い壁は評判が悪い．白は光の反射率が高く，目に対する刺激が強い．四方が白壁の部屋に長時間いると，憂うつになり疲れるという．

④ 色の重量感を考えて，天井，壁，腰壁，幅木，床という順に上の方ほど明るく，下にいくほど暗くすれば安定感が得られる．これを逆にすれば動的で異常な感じになる．

⑤ 標識や注目させたいところには強い色を用いる．アクセント カラーという使い方もある．コルビュジェはコンクリートのグレーを基調として，ほとんどを黒と白でまとめ，アクセントとして，赤，青，黄の3原色をうまく使った．

⑥ 視認性を考える．視認性とは存在が目にとまりやすいかどうかということで，たとえば黒い背景の場合には，黄，橙などが視認性が高い．また，文字の読みやすさを可読性というが，これも視認性に似て明度差に支配される．白地に黒字よりは黒地に白字の方が読みやすい．さらに，黒地よりもブルーの地に白字の方がさわやかで見やすいことから，道路標識にも使われ，学会の発表でもブルー スライドが好まれる．

色彩の使い方として，上の例は標準的な手法だが，意外性や劇的な変化を期待する場合には，意識的にこれをこわしていくこともある．

一般の住宅やオフィスでは毎日，同じ色を見続けるわけだから，商業建築のような刺激的な色は避けた方がよい．とくに美術館の壁や天井は，背景色として，どんな絵にも合うような色でなければならない．

なお，照明による演色性にも気をつけなければならない．白熱灯と蛍光灯では，まるで違う色に見えることがある．また表面のテクスチュアによって，同じ色でも違って見える．

なお病院では，手術室の壁や床は術者が目を上げたときの残像を消すため，血液の色の補色として緑系統の色がよいとされている．実際には，緑がかったグレーを用いることが多い．

6. 色彩計画の手順

建築やインテリアにおける色彩計画の手順をまとめると，次のとおりである．

（1） 基調色を決める

基調色[100]とは，その色が占める面積も大きくて全体のイメージを支配するような色のことである．外壁のタイルやパネルの色とかオフィスの内壁の色などが基調色になることが多いが，建築にとっていい色というのは，鮮かな色ではない[101]ので，基調色は彩度の低い色でなければならない．

[100] 主調色ともいう．dominant colour

[101] 伊吹 弘：ある街並みの色彩について，人間工学，Vol.20, No.3, 1984.

また，基調色はデザインの早い段階からイメージされていなければならない．

(2) 色見本や材料見本などを準備する

設計用の標準色票，塗装見本帳，材料見本などを準備する．建築用の色見本帳は色数が少ない．大きな設計組織では標準色を決めているところが多いが，10数色から多いところで30数色にすぎない．そのうえ，暖色，高明度，低彩度に偏っている．一般の色見本帳と違うところだ．一種の禁欲主義といえよう．

(3) 各部の色を決める

手順は次のとおりである．

① 基調色との調和を考えながら，各室，各部の色を決める．各部の色彩を細かく検討しなくても，骨組さえしっかりしておれば自然に決まり，しかも調和のとれたものになる．原則的には基調色と同じ系統の色でまとめるのが無難である．

② 主要な室とか，大きな面積を占めるところから順次，決めていく．

③ 色数を抑え，仕上げ材料の種類も少なくする．その方が間違いや混乱も少なくなり，仕上がりもすっきりする．3種類以上は避ける方がよい．少なくとも，同時に目にはいる色が3種類以下になるようにすると失敗が少ない．材料を変え，色を変えたい欲望を禁欲的に切り捨てていかねばならない[101]．

④ 塗装による色は，できるだけ使わないようにして，建築材料本来の色を用いるのがよい．色彩計画は設計当初からイメージしておくべきである．

⑤ 面積効果を考え，冴えた強い色はできるだけ小面積にとどめ，大面積の部分は彩度を落として，くすんだ色にするのがよい．アクセントとして強い色を用いる場合には，大きな面積にならないようにする．

⑥ 同じく面積効果を考えると，カーペットやカーテンの色を小さな見本で決めるのは危ない．

⑦ 色の耐久性つまり褪色を考慮する．紫外線による褪色は顔料や染料の問題であり，当然のことながら窓に近い場所ほど影響が大きい．褪色すると最終的には褐色になることが多い．花も緑の葉も，最後には枯葉色になる．

⑧ 汚れについても考えておく．白っぽい色が汚れやすいのは当然だが，黒も意外とホコリなどが目立つ．とくに床に黒い石やタイルを張ると，靴の泥がつき，それが乾くと白い汚れになって非常に見苦しい．

　　むかしSL(蒸気機関車)が活躍していた頃，わが国では機関車と貨車の色は黒に決まっていた．煤煙による汚れを考えると黒が一番よかったのである．電車は栗色が多かったが，これもレールの錆が飛び散って汚れるからであろう．

都市のデザインとしても色彩は重要で，それにはまず建築の色がよくなけれ

ばならない．メンテナンスや街並みの景観を考えると，建築にとって良い色というのは特別な場合を除いて，くすんだ素材の色であり，鮮やかな色ではないのである[*101]．

（4） カラー リストをつくる

内部と外部の仕上表を照合して，カラー リスト（色彩計画表）を作成する．

（5） 塗装見本や材料見本をつくる

色彩計画表にもとづき，できるだけ大きな塗装見本や材料見本を用意する．そのさい，それぞれの色についてわずかに変化させたものを何種類か作成し，採光，照明，見え方などを考えて，現場で微妙な調整を行なった上で決定する．この作業を「色出し」とか「色合わせ」と呼ぶこともある．

こうして最終的に決まった結果により，色彩計画表を訂正して見本とともに保管し，現場での実施と設計変更などに備える．

感性の人間工学 2

2・1 空間デザインにおける聴覚の応用

「カテドラルというものは，カテドラルらしく見えるだけでなく，
カテドラルらしく聞こえなくてはいけない．」[*1]

これはエドワード・ホールが引用したバジル卿の言葉である．カテドラルらしく聞こえるというのは，おそらく壁も床も天井も石で造られていることからくる残響時間の長さによるものであろう．それはまた，グレゴリオ聖歌などの教会音楽が発達するための場としても必要な条件であった．聴覚もまた，空間デザインの道具として重要な意味をもつのである．

[*1] エドワード・ホール著，日高敏隆・佐藤信行訳：かくれた次元，みすず書房，1970．

1. 音を効果的にデザインする

（1） エコーを利用する

ロンドンのセントポール大聖堂にある「ささやきの回廊（嘆きの回廊）」では，ささやいた声が 30 m 離れた反対側でも聴き取れるという．これはロングパス・エコーによるもので，固い壁を反射しながら伝わっていく現象である[*2]．

エコーには，もう一つ，フラッターエコーがあり「鳴き竜」は，その例である．これは向かい合った平行な壁や天井と床のあいだで拍手すると，竜の鳴声のような特有の残響を生ずる現象で，日光の東照宮輪王寺薬師堂のものが有名である．ここでは天井に竜の絵があって，その下で手を叩くと，竜が鳴いているように聞こえることから「鳴き竜」の言葉が生まれたという．当初から意図的につくられたものかどうかわからないが，天井には約 9 cm という，かなり大きな「むくり」があるので，振動エネルギーは減衰することなく音が往復する．しかも，特定の周波数の音だけが

[*2] 岩倉志郎：こだまを科学する，e.s.t.a.p., No.16, 1990年10月，フジタ工業．

図 2・1 「鳴き竜」の原理[*2]．
（岩倉志郎：こだまを科学する，e. s. t. a. p., No. 16, 1990）

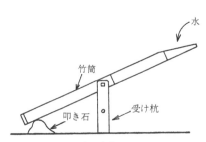

図2・2 そうず(添水,僧都)の原理(写真は京都・詩仙堂の例).

長く残って,鳴き竜現象が起きやすい形になっているという[*2].床が少し凹んでおれば,さらに有効であろう.

ただし,オーディトリアムでは鳴き竜は禁物だ.エコーは,いっさい起こらないようにしなければならない.

(2) 音による静けさの演出

芭蕉の「閑(しずか)さや岩にしみ入る蟬の声」という句は有名である.実際は蟬の鳴き声で静かではないはずだが,蟬の声しか聞こえないということで,逆に静かさを表現したものだという.

「そうず」[*3]もまた,この例である.別名「ししおどし」ともいい,本来は音による案山子(かかし)の一種で,谷川の水や湧水を竹筒に溜めて間欠的に鋭い音を響かせ,鳥や猪を追うためのものだったのが,日本庭園に趣向を添えるものとして使われるようになった.間合いをとって音を出すことによって,音がとぎれたときの静かさを感じさせようという演出である.

[*3] 添水または僧都と書く.

(3) 能舞台における床下の仕掛け

能舞台では,足拍子がよく響くように,束立て床としないで3間四方の舞台幅一杯の長い大引きまたは根太で床を支え,地面を深く掘り込んで床下の空間を十分に大きく取り,さらにカメ(甕)を埋めるという伝統的な手法がある.いつ頃からか不明だが,桃山時代の遺構「国宝・西本願寺北能舞台」でも,すでに床下は掘り下げられ,カメが置いてあるという[*4].

十倉 毅氏によれば,床下は水道橋能楽堂のように2.6mと深いものもある.床下の空間が大きいと,カメがなくても音響的には評判がよいことが多い.ただし,その場合は例外なく,床下の内部はコンクリートで固められている[*4][*5].カメの置き方は,たんに埋め込むだけでなく,杭で固定するとか,根太や大引きから吊るすなどの方法がある.その据付けは古来,足拍子を踏んで決めるものとされ,大きさや配置の仕方は一定ではない.図2・4に示すように,時代によっても変化している.

[*4] 十倉 毅:能舞台における音響効果に関する研究,学位論文,1989.

[*5] 松浦邦男・十倉 毅・水橋健三・三宅哲生:能楽堂の音響性状について(その1〜4),日本建築学会大会学術講演梗概集,1970,1971.

[*6] 能における主役をいう.

カメの効果についてのアンケート調査によれば,演能者とくにシテ[*6]は,床

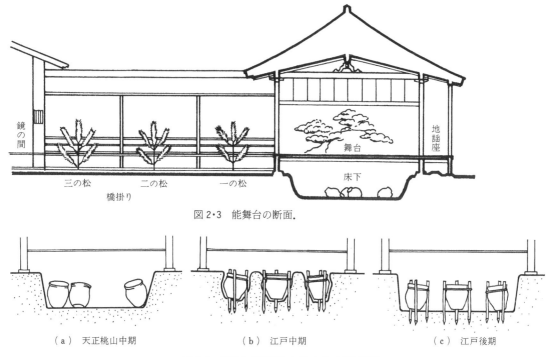

図2・3 能舞台の断面.

(a) 天正桃山中期　　(b) 江戸中期　　(c) 江戸後期

図2・4 能舞台の床下におけるカメの配置[4].

下のカメによって「足拍子の音が変化する」と答えた人が多く，その主観的表現は，「余韻が残る」「音に丸みが出る」「響きが柔らかく，ふっくらとなる」などで，音の変化は観客よりも演能者がよく感じるという[4].

このように舞台の床下に空間があるのは能舞台だけではない．歌舞伎劇場には古くから舞台の床下に「奈落」という空間があった．いうまでもなく，回り舞台やセリを設けるために必要な空間であって，足拍子の音を響かせるためのものではない．

だが，大言海[7]によれば「奈落」は梵語のナラキャ（邢洛迦）より来たもので，本来は「地獄」を意味する言葉である．能舞台には，誰にも見えない秘密の仕掛けとして，古くから奈落つまり地獄が設けられていた．これには何か別の意味もあるのではなかろうか．

というのは，能には「怨霊を鎮めるための儀式」という一面がある．能は総じて，神霊，死者の霊，鬼などを主人公とするが[8]，とくに，名作として繰り返し上演される能[9]においては，シテの多くは，この世に恨みを残し，あるいは心をのこして死んだ亡霊である．梅原猛氏によれば，「すべて悲劇の主人公であって，幸福に死んだ権力者は一人もいない」[10]のである．

能舞台の床下に「奈落」があるのは，たんに音響効果のためだけであろうか．

（4）足音を効果的に利用する

足音を利用する仕掛けとしては「鶯張り」の廊下がある．再び大言海[7]によ

[7] 大槻文彦著，富山房．

[8] 吉村卓司：日本の空間，SD選書，鹿島出版会，1982．

[9] たとえば「井筒」「葵上」「敦盛」「安宅」「道成寺」など．

[10] 梅原猛：日本学事始，集英社，1985．

れば，これは「釘ヲ打タズシテ，張リ合セ作ルモノ」で，「人コレヲ踏メバ，板ト板トハ軋リテ鳴リ，室ニ居ル者，人ノ来ルヲ知ル」とある．泥棒よけ，忍者よけのためともいわれ，知恩院のものが有名だが，実は他の寺院などにも多い．かならずしも意図的につくられたものではなく，床板を取り付けるための金物が古くなって根太と擦れ合い，自然に音が出るようになったという説もある．

三遊亭円朝の怪談「牡丹灯籠」におけるカランコロンという下駄の音は，印象的な演出である．幽霊が下駄をはくのは，おかしいかも知れないが，足音を効果的に使った例といえよう．

一方，足音がない方がよい場合もある．たとえば，ホテルなどの廊下や階段に絨毯（絨毯）を敷くのは，足音を消して静かな環境を保つのに役立つ．社長室や重役室の分厚い絨毯は，ステイタス シンボルでもある．

2. 音はコミュニケーションの手段である —— 音のサイン効果 ——

むかし，神戸に住んでいたころ，港に出入りする船の汽笛は，朝夕とくに印象的であった．「船は岸壁を離れるとき，大きく汽笛を鳴らす．大きな客船は曳き船に引かれて出港するが，曳き船の仕事が終って自力航行に移るときには，あらためて汽笛を三つ鳴らす．"ありがとう"の意味である．曳き船の方も汽笛を三つ鳴らして，"無事な航海を祈る．お元気で" と合図して別れる」（柳原良平）[11]．

都市の適正人口は演説が聞こえる範囲だとするのはプラトンの説だという．これは5000人くらいであろうか．要するに，コミュニケーションの限界が都市の限界だということである．中世のヨーロッパでも教会の鐘の聞こえる範囲が都市のまとまりの範囲であった[12]．有名な「ミレーの晩鐘」には，遠くから鐘の音が聞こえてくる情景が描かれている．日本でも，「夕焼け小焼け」の歌には，鐘の音がコミュニケーションの手段として読み込まれている．むかしは，ほとんどの集落に寺院があったからであろう．

むかしも今も，音は人間にとって重要なコミュニケーションの手段である．したがって，外界の音を完全に遮断することが，室内環境として，もっとも好ましいかどうかわからない．小鳥の声で目を覚まし，夕立の音で洗濯物を取り込む生活を捨ててしまう必要はない．こうした音は，時刻や季節の移り変わりを知らせ，生活のリズムを表わすからである．

しかし音がほんとうに役に立つのは，このような日常生活の場よりも，むしろ非常のさいである．たとえば火災が発生したとき，自動火災報知設備があっても，役に立たないことが意外に多い．そのようなとき，音で出火に気づいたというケースがかなりある．

たとえば「ボッ」というガスに火が付いたような音[13]，「パチッ」という音[14]，

[11] 柳原良平：船のあいさつ，海の男たちは華麗に意志を伝える，ε.s.t.a.p.，フジタ工業，No.6，1988，春季号．

[12] ホイジンガーによる．

[13] 仙台まるしんマーケットの火災（1966），以下，火災事故のさいの音を示す．

[14] 中部ユニー（1972）．

「パリパリ」[15]とか「ビシーン，ビシーン」[16]という音，「雨の降るような音」[17]というのは，ガラスが割れたり建材がはじけたりする音だろうか．「騒がしい物音」[18]というように表現されることもあるが，これは一般的な燃焼音に人の騒ぐ気配が混じったものであろう．

以上のほか，次のような場合，音は情報源として重要である．

① 特定の時刻を示す……目覚し時計，タイマー，学校のベル，駅における発車の合図などがある．
② 呼びかけや情報を示す……櫓太鼓，火の用心の拍子木，ゴミ集めや廃品回収の合図，物売りの声や交差点における視覚障害者のための「通りゃんせ」などの曲がこれにあたる．
③ 聴覚による避難誘導……要するに非常放送のことで，積極的に避難行動を細かく指示することができる．たとえば，目隠し鬼ごっこの例でもわかるように，音には方向性があり，また大きさや高低の変化を利用することも可能で，たとえば音が大きくなる方向に誘導することなどを工夫すれば，煙の充満した状況でも有効に使えるのではないか．
④ 注意をうながす……サイレン，救急車，自動車の警笛および非常ベルや非常放送がある．

このうち特に，わが国の非常ベルには問題がある[19]．というのは，わが国の自動火災報知設備（以下，自火報と略す）の警報ベルは，1m以内で90デシベル（db）以上という音圧が法令で定められている．だが，けたたましく鳴り響くだけで，何が起こったのか，出火点はどこか，などについての情報は何もわからない．しかも，火災ではないのに作動する「非火災報」つまり誤報が非常に多いので，百貨店やホテルや病院などでは，混乱を避けるため，やむをえずベルを止め，それが時には大きな火災事故につながる原因にもなっている．

ところが森本 宏氏[19]によれば，アメリカでは自火報の警報は，リンリンリン……というオルゴールのような音でコードを打つ．それが4回繰り返されると自動的に止まるが，そのコードによって出火場所などがわかるようになっており，管理者がまず，その場所に行って確認した上で，必要ならば非常放送を行なう．こうすれば自火報のベルを停止することなど，ありえないであろう．

わが国では，非火災報対策としてベル停止は半ば公然のことになっている．早急に警報ベルの規格を改めるべきではなかろうか．

3. BGM のメリットとディメリット[20]

BGM の効用は，一つは「音のマスキング効果」を応用した騒音対策であり，いま一つは「疲労やイライラを少なくして仕事の能率を上げる」ものとして普及した．ある有線放送会社は320チャンネルを用意し，その中には「お経」，「せ

[15] 千日デパート（1972）．

[16] イトーヨーカドー（1969）．

[17] 池乃坊満月城（1968）．

[18] 寿司由楼（1971）など．
以上いずれも拙著：火災安全学入門，学芸出版社，1985 による．

[19] 森本 宏：続・防災パラダイムの矛盾を黙視してよいか，近代消防，1989.1.

[20] 街よ静かに，朝日新聞1985.1.3.より連載による．

せらぎの音」から「羊の数をかぞえる声」まであるという．パチンコ店の音楽は騒音のマスキングだけでなく，気分を高揚させるにも大いに役立っている．喫茶店の音楽には，会話のプライバシーをまもるという意味もある．

　新築の大学図書館で閲覧室にBGMを流したが，邪魔になるということで中止したことがあった．どんな名曲でも必ず嫌いな人がいる．時と場所に応じたジャンルと曲を選ぶのはむずかしい．音量のレベルも適切に設定しなければならない．

　屋外でもひどい例が多い．「自然豊かな観光地で大音量の演歌が流れるのは，ぶち壊しですよ」（団伊久磨）といいたくなるのは音楽家だけではない．みんな情けなく腹立たしいと思いながら，そんなところには長居しないで，早やばやと立ち去ってしまう．客寄せのつもりだろうが，逆効果になっていることに気がつかないのだろうか．

4. 騒音被害の実態

　ある団地で，46歳の男が少女二人とその両親を包丁で刺し殺すという事件があった[21]．階下で少女の弾くピアノの音に耐えかねた結果である．1年余りの後，死刑の判決があった．しかし，「加害者は，わが家の出す音が周囲に迷惑をかけぬよう，妻がテレビを見るときにはイヤホーンを使わせるなど，細かい気配りをしていた．被害者の宅にも，ピアノを弾く時間について申し入れもした．ピアノが鳴り始めると図書館に出かける努力もしていた」（上野淳一郎）のである．

　集合住宅では，騒音は最も大きな問題の一つである．西欧では，夜は水洗の水を流さないように，自主規制している例もあるという．

　「壁に釘一本打つにも長屋の隣に一声かける，といった過密生活の知恵を日本人は本来持っていたが，戦後は個人は何をしてもいい，と考えるようになった」（宮本忠雄）からだろう．

　公団住宅における調査によれば，騒音に対する苦情は，上階の「便所や浴室の給排水音」が最も多い．ときには上の階で洋風便器を使うと，その音が下の階の少し離れた寝室にも響きわたる．反対に上階の便所で，下の階の話が聞き取れることもある．給排水管や壁が伝達経路になって音は上下左右に伝わる．集合住宅では，不満の第1位が「遮音性や断熱性」で，主婦の半数以上が「騒音に悩まされている」[22]．自宅から外へ音が漏れることを気にしている主婦も多い．マンションの空調機は，取付け方によってはRCの壁を伝わって「ゴー」と家全体がモーターで動いているような感じになるが，発生源の家では，ほとんど気がついていない．

　「欧米では，静寂の度合いがデパートなりホテルなりの格の高さを物語る」[23]

[21] 神奈川県平塚市の県営団地 (1974.8.28)．

[22] 旭硝子の調査による．

[23] 深田祐介氏による．産経新聞，1979.6.14．

という。確かに欧米の駅やデパートでは，ひっきりなしのアナウンスなどはない。一方，わが国は世界有数の騒音大国で，とくに都市の住民は商店街の宣伝放送，犬の鳴き声，工事現場の音，自動車のエンジン音などの「近隣騒音」に日夜，取り囲まれている。学校の校内放送や運動会などにも苦情が増えている。音量が小さく指向性の強い「ささやき型のスピーカー」もあるというが，あまり普及していないようだ。

騒音については感覚量と物理量は対応しない。昼間は気にならない音も夜は大きく感ずるし，同じ大きさの音でも，外で聞くよりも室内で聞く方がうるさい[24]。

文化会館などでは，大小の多目的ホールを併設するところが多いが，相互の遮音が不十分でクレームの出ることがある。とくにロックバンドなどは，耳を聾するばかりの大音量を発生させるが，これを建築的に処理して，ほかの部屋に影響を与えないようにするのは容易ではない。

[24] 紀谷文樹他編著：建築環境設備学，彰国社，1988.

5. 騒音を防ぐためにはどうすればよいか

ホテルの客室は，ピストルを使った密室殺人事件が起こっても誰も気がつかないというのが理想である。ここまでは無理だとしても，どんなに大声を出しても隣室には聞こえない程度の遮音性能がなければならない。わが国にも，図2・5のようなドアが二重になっているホテル[25]があるが，よほどの高級ホテルは別として，並みのクラスでは隣室のイビキや廊下の話し声に悩まされることも少なくない。なかには，ドアの下には大きな隙間があって，そこから新聞を差し入れるのがサービスだと思われている場合もあるから，廊下の音は筒抜けだ。これでは密室殺人などできるはずがない。

[25] 彰国社編：建築計画チェックリスト，宿泊施設，1986，ほか．

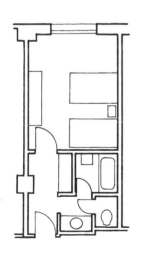 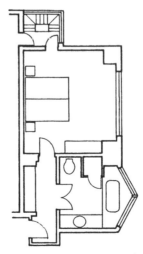

（a）オークラホテル新潟[25]　　（b）ホテル阪急インターナショナル

図2・5　ドアが二重になっているホテルの客室．

ホテルでは宴会場や結婚式場でも遮音が重要である．厳粛なセレモニーの最中に，笑い声やカラオケの歌声が聞こえてきたのでは，どうにもならない．宴会場を分割するために使う可動間仕切りには遮音性能が不十分なものが多い．あるホテルでは，大宴会室を三つに仕切ることもあるが，その場合，中央の部屋は使わないという．もちろん遮音のためで，可動間仕切りも二重にすれば，実用上ほとんど問題はなくなる．

同様の目的でアコーディオン カーテンが使われることもあるが，隣室の騒音が二重になった内部の空洞部分に共鳴して，かえって増幅されることが多いので，会議室の間仕切りには使わない方がよい．

一般に騒音防止対策としては，次のような方法がある．

① 音を閉じこめる……遮音，吸音，振動エネルギーの吸収．共鳴をなくす．
② 音から遠ざかる……距離による減衰を利用する．
③ マスキング…………さきに述べたBGMも，この方法の一つである．
④ その他，騒音と反対の位相をもつ音を発生して打ち消す方法もある．

マンションでは，上階の子供が走り回る音，家具や椅子の音などの床衝撃音がよく聞こえる．想像をめぐらせば，いま何をしているかを推察できることもあろう．したがって集合住宅では，とくに床の遮音性は重要である．

RCスラブの上に直接，カーペットを敷いただけでは不十分で，床スラブを厚くし，さらに軟質のゴムやロックウールなどの緩衝材をサンドイッチして床を浮かせるような工法が望ましい．

6. フェヒナーの法則と騒音対策

フェヒナー[*26]は，1859年，ウェーバーの法則から次のようにして刺激と感覚の関係に関する有名な法則を導いた．

まず，1・6節で述べたウェーバーの法則における弁別閾 ΔR に対応する最小の感覚量 ΔS を仮定する．この ΔS を感覚量 S の単位とすれば，ΔS は刺激の変化量 ΔR と刺激の強さ R との比に比例するとみなすことができるから，次式が成立する．

$$\Delta S = k \cdot \Delta R / R \quad (k は比例定数) \qquad (1)$$

上式の両辺を積分し，さらに刺激 R が閾値に等しいとき，感覚量 $S=0$ となるように定めるものとすれば

$$S = k \cdot \log R \qquad (2)$$

が得られる．すなわち，感覚は刺激の強さの対数に比例するのである．これをフェヒナーの法則またはウェーバー・フェヒナーの法則というが，あくまで近似法則であって，厳密には狭い範囲の刺激強度にしか適用されない[*27]．

この法則から次のことがわかる．

[*26] G. T. Fechner, 1801～1887.

[*27] たとえば，佐藤 驍：世界大百科事典，平凡社，19ほか.

① 感覚が等差級数的に変化するためには，刺激を等比級数的に変化させなければならない．
② 感覚量を2分の1に減らすためには刺激の物理的な強さを10分の1にする必要がある．
③ 刺激の物理量が2分の1になっても，感覚的にはわずかの差にしかならない．

騒音については，ウェバー・フェヒナーの法則が成立すると考えられている．したがって感覚量を2分の1にするには，音の物理的なレベルを約10分の1にしなければならないので，中途半端な対策では，満足できるような効果をあげることはできない．

図2・6[*28]は道路騒音の距離による減衰の状況を調査した例である．平坦構造の道路では，周波数の低い音ほど距離減衰が少なく，100ヘルツでは100m離れてやっと10デシベル下がり，感覚的には約2分の1になるが，高架構造では距離による減衰は，ほとんど期待できないことがわかる．

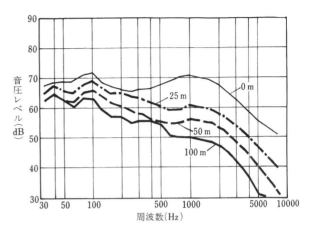

図2・6 高速道路の騒音（名神高速道路の実測値）[*28]（図中の数字は道路からの距離を示す）．

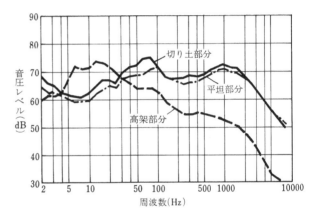

図2・7 道路騒音の周波数分析[*28]（名神高速道路の実測値）．

[*28] 吹田市：公害白書，平成元年度版による．

7. 超低周波と超音波

ふつう，人間が感ずる音は，一般に20ヘルツから2万ヘルツまでとされている．ピアノのいちばん低い音は27.5ヘルツ，高い音は約4200ヘルツである．この「聞こえる音」よりも高い周波数の音を超音波，低い周波数の音を超低周波とよぶ．だが，この聴き取れる音の範囲には個人差がある．若いときほどこの周波数範囲は広く，しだいに狭まっていって，40歳代後半ともなると，高い方の音はせいぜい1万3千ヘルツ程度までしか聞こえなくなるという．

図2・7[*28]に示すように，高速道路や幹線道路の騒音は超低周波を含んでいる．超音波や超低周波は聞こえないから，ないのと同じかというと，そう簡単ではない．大型のボイラーやコンプレッサーを使う工場，新幹線のトンネルの出入口，高架の高速道路の近くでは，超低周波は新しい騒音公害として問題になっている[*29]．

[*29] 日経，1984.4.4.夕刊による．

周波数5ヘルツから10ヘルツ，強さは120デシベルの超低周波で実験した結果によると，圧迫感，息苦しさなどの不快感があり，呼吸が速くなるなどの症状が出るという．20～30ヘルツの低周波は，エアコンの室外機や屋上のクーリングタワーから発生することが多いが，これも長時間続くと，胸苦しくなったり気分が悪くなったりするという苦情が増えている．とくに深夜営業のコンビニエンスストアは，高密度の市街地において連続して冷凍機を運転するので問題が多い．

2・2　匂いと建築 ── 香りの応用 ──

「この『蘭奢待』を思うまま，内兜に焚きしめ着るならば，鬢の髪に香を留めて，名香薫る首とりしというものあらば，義貞が最後と思し召されよ」

これは，浄瑠璃の名作「仮名手本忠臣蔵」の冒頭の一節である．新田義貞が討死したとき「蘭奢待」を焚きしめた兜を着用していたという設定だが，もとよりフィクションである．

図2・8　蘭奢待
正倉院展目録(奈良国立博物館，1982年10月)より作成．

「蘭奢待」は古来，名高い名香であって，正倉院に納められている．長さ1.5mあまりの大きな香木で，聖武天皇のとき唐から運ばれ，その後，東大寺に寄贈されたという．そのためか蘭奢待という名称の中には「東大寺」の文字が隠されている．これを後世の権力者たちがねらったが，封印されているため勅命がなければ扉を開けることができなかった．足利義政と織田信長が願って一部を切り取り，明治天皇も奈良に行幸されたとき切り取らせたという記録が残っているが，このほかにも切ったあとがある．

蘭奢待は「沈香」の一種である．沈香はジンチョウゲ科の倒木や枯木が土中に埋没して長い年月を経た樹脂分の多い物質で，その名は，重くて水中に沈むことに由来する[30][31]．沈香を加熱すると，えもいわれぬ特有の佳香を放ち，その幽玄な香気は，たとえば，

「木に非ず．空に非ず．火に非ず．何処より来たりて何処へ去るを知らず．
香気寂念として鼻中に入る．神明に達し，祖霊を尊び，祥雲めぐる」[30]

と表現されている．

沈香の中で高級なものを伽羅という．香をたき，不浄をはらい，神をまつる

[30] 中村祥二氏が引用した山田憲太郎博士の言葉．
中村祥二：香りの世界をさぐる，朝日新聞社，1989による．

[31] 高砂香料工業相談役 諸江辰男氏，日経，1984.11.20．

1. 生活の匂い

　もし人間に鋭い嗅覚が残っていたらどうなるであろうか．何かの出来事が起こると，それが終わっても，匂いはあとに残るという特徴がある．これは視覚や聴覚とは基本的に違うところで，不安やストレスも高くなるだろう．

　「誰が家を訪れたか，そこで何が起こったかが匂いとして記録されるので，離婚率は桁違いに高まるかもしれない」[*33] また，嗅覚が鋭敏すぎると，満員電車など臭くて乗れなくなるだろう．人間が過密化に耐えられるようになったのは，嗅覚が衰えたからだといってもよい．

　犬の嗅覚は人間の数千倍だという．人類を含む霊長類は他の動物に比べて嗅覚がにぶい．視覚や聴覚の発達している動物は嗅覚の発達が悪いからで，これは逆も真である．だが，われわれの生活から匂いをまったく除くことはできないし，またそれは適当ではない．

　生活の匂いとして，味噌汁や炊きたてのご飯の匂い，パンの匂い，カレーの匂い，魚を焼く匂いなど食事に関する匂いが多いが，新築の和室では木の香りや青畳の匂いも重要である．モクセイの花の匂い，新緑の匂いなど，季節感にかかわる匂いも，生活を豊かにするために役立っている．

2. コミュニケーションの手段としての匂い —— 香りのサイン効果 ——

　旧約聖書には，子羊や雄牛などを犠牲として祭壇に供え，

　　「これを主に捧げて火祭とし香ばしいかおりとしなければならない」[*34]

というような記述が，何度も何度も繰り返し出てくる．むかしのユダヤ人は，「石をつんだ壇の上に薪を高く積み，その上に子羊を殺して丸ごと横たえ，火をつける．そしてその『香ばしい煙を天に送る』という儀式を行なった」[*35] という．

　日本でも，山伏は「台つきの大きなおわんのようなものに，炊きたてのご飯を山盛りにしたが，それはこの湯気を八百万の神々に送る」[*35] ためであった．いずれも，天上の神に対するコミュニケーションの手段として「香り」が用いられたのである．

　嗅覚は化学的コミュニケーションの手段であって，動物では食べ物を探したり，外敵を探知したり，仲間を認知したりするのに重要な役割を果たしている．人間の場合も，コミュニケーションの手段や空間のサインとして匂いを積極的に利用することができる．

　たとえば，コーヒーの香りは，喫茶店の強力なサインになる．スーパーマーケットのパン売り場は，たいがい入口の近くにあるし，焼鳥屋は煙とともに匂

[*32] 三條西公正・福原信和：香，世界大百科事典，平凡社．

[*33] E.T.ホールが引用したペジル・スペンス卿の言葉．エドワード・ホール著，日高敏隆・佐藤信行訳：かくれた次元，みすず書房による．

[*34] 旧約聖書レビ記，23章．

[*35] イザヤ・ベンダサン：日本人とユダヤ人，山本書店，1970．

いを路上に拡散させることによって客を引き寄せる．この場合，縄のれんはとくに効果的だ．このほか，匂いに誘引効果がある食べ物としては，トウモロコシ，焼きイカ，蒲焼き，カレーなどがあり，何れも野外ではとくに効果的で，匂いのないバーベキューなど，魅力が半減するだろう．

権利変換方式による駅前再開発ビルなどでは，以前から営業していたということで，こうした食べ物屋が入居することも多く，強烈な匂いが，換気の悪い中廊下に立ちこめて，ときにはビル全体に拡がる場合もある．地下街でも同じようなことがあるので注意しなければならない．地上の街路では問題にならないことが問題になるから気をつけなければならない．

都市ガスやLPガスには，わざわざ特有の匂いをつけて，ガス漏れに早く気がつくようにしてある．つまり，人間の嗅覚をセンサーとして利用しているのである．また，火災事故のさいにも「キナくさい匂い」とか「ゴムやビニールの焼けるような匂い」で出火に気づいたという例は多い[36]．

*36 岡田光正：火災安全学入門，学芸出版社，1985．

3．マーキング —— 匂い付け行動 ——

飼い主に引かれて散歩する犬は，毎日かならず同じ電柱に片足をあげてマーキングする．これは「なわばり行動」の一種で，雄犬に特有の行動であり，成熟した雌犬には，このような行動パターンはない．雄猫は室内でも同じような行動をするので，飼い主にいやがられる．だが，マーキング行動は無用の争いを避けるための「なわばり宣言」であり，異性の誘引や自分のための目印などの意味をもっている．

個室やクルマをマスコットやポスターなどで飾るのは，やはり一種の匂い付け行動，つまりマーキングだという解釈もある．

4．匂いの心理的効果 —— 香りを積極的に利用する ——

「ラベンダーなどには緊張を和らげる鎮静効果があり，ジャスミンなどには気分を高揚させる興奮効果がある．鎮静効果のある香りは，森林のそれに類似し，興奮効果のある香りは，性ホルモンのそれに似ている．これは人類が森で生活していたころの感覚が大脳に組み込まれているからだ．」（鳥居鎮夫）[37]

*37 東邦大学 鳥居鎮夫教授による．日経，1987.12.5．

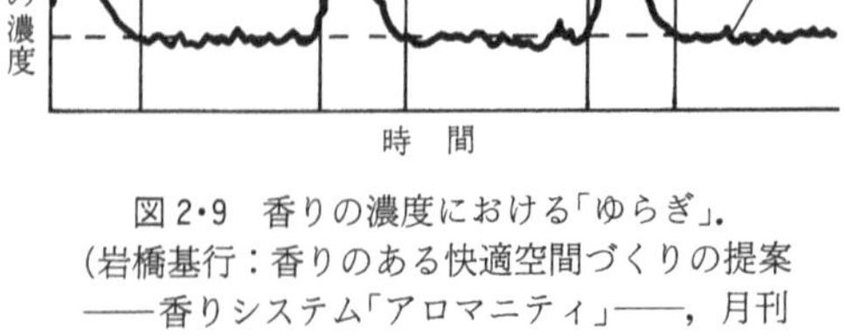

最近，空調のシステムを利用して，オフィスビルなどに香りを発散させる試みが進んでいる．たとえば，出勤直後の時間帯には，さわやかなカンキツ系の香り，業務中は落ち着いた花の香り，昼休みや退社時にはリラックスさせるような木の香りというように，時間帯によって香りを変えるの

図2・9 香りの濃度における「ゆらぎ」．
（岩橋基行：香りのある快適空間づくりの提案 —— 香りシステム「アロマニティ」—— ，月刊建築仕上技術，1991，9月号による）

がよいという*38.

　吹抜けのアトリウムでは香りの濃度を強くし，休養室には鎮静効果のあるもの，会議室には覚醒効果のあるラベンダーやレモン系の香りというように，部屋によって種類や濃度を変えることも試みられている*39*40．覚せい効果のある香りを上手に使うと，仕事のミス率が大幅に減るという実験の結果もある*41*42．また，ある銀行の現金自動支払機コーナーでは，待ち時間によるイライラを，レモンと花の香りによって和らげている．

　ただし，香りが強すぎると邪魔だと感じる人が出てくるので，ふつうの人がかすかに感じる程度の濃度にする．さらに，図2・9のように，5分ないし10分ていどの周期で濃度を変化させる方がよいという*41．

5. 嗅覚の特性 —— 匂いの性質 ——

嗅覚には，いくつかの特性がある*38*43*44*45．

① 対数圧縮効果……匂いを感じる強さの度合いは，空気中に存在する匂いの分子の濃度と単純に比例するのではない．経験的には，匂いの強さを半分にするには，匂いの分子の量つまり濃度を100分の3程度にしなければならない．匂いが弱まったと感じるのは，強さが10分の1になった場合で，それには濃度を1000分の1〜2にする必要がある．なお，匂いの強さと濃度の間にウェーバー・フェヒナーの法則が成立するかどうかは立証されていない．嗅覚については，刺激の強さを数値化する方法が発見されていないからである*44．

② 疲労現象……同じ種類の匂いを長く嗅いでいると，その匂いを感じなくなる．このため，どんなによい匂いでも，時間がたてば効果がなくなる．

③ 濃度効果……濃度によって同一の物質でも感じ方が異なる場合がある．たとえば「麝香(じゃこう)，ムスク」はヒマラヤの山麓に棲息する麝香鹿の雄から取り出したもので，そのままでは糞の匂いに近いが，高級香料には欠かせない重要なエレメントになっている．中国の楊貴妃は，この香りを愛用したという．

　麝香猫からも同じような性質の「シベット」が得られる．これも濃い状態ではムスクよりも耐えがたいほどの糞臭だが，薄めると非常にセクシーな匂いになる．かの女王クレオパトラは，このシベットを用いてシーザーやアントニオを恋の「とりこ」にしたといわれている．

　このほか，ある種のサルファイドは，濃度の濃いときには悪臭の部類に属するが，非常に薄い状態では焼きノリのような懐かしい匂いになる．硫化水素も悪臭の一つだが，薄めていくと温泉の香りとなり，さらにゆで卵の香りになる．

*38 重田芳廣：居住・事務所空間の香りのメカニズム，空気調和・衛生工学，Vol.61，No.8，1987．

*39 高砂香料工業，川崎通昭氏による．

*40 橋本修左・山口範洋・川崎通昭：居住空間における「香り」の効果に関する研究(1)，ストレス発生型居室空間，日本建築学会学術講演梗概集，1988，10．
橋本修左・堀山剛・鈴木良延：環境芳香の人間に及ぼす効果に関する研究，空気調和・衛生工学会学術講演会論文集，1989，10．

*41 岩橋基行：香りのある快適空間づくりの提案—香りシステム「アロマニティ」—，建築仕上技術，1991，9月号．

*42 泉匡亮氏の話による．

*43 甲斐荘正泰・浅野三千秋：におい—快適な水まわり空間を求めて—，東陶通信，1975.1．

*44 平山潔：香りのメカニズム，空気調和・衛生工学，Vol.61，No.8，1987．

*45 九州芸工大 佐藤方彦教授ほかによる．

④ 順序効果……最初に嗅いだ匂いほど印象が強い．したがって，香水を選ぶときには，初めに嗅いだものが，いちばんよいように思ってしまう．

⑤ 匂いの感じ方は人種や民族によって差がある……E.T.ホール[33]によれば，アラブ人の生活では嗅覚が重要な位置を占めているという．それはスペーシング，つまり距離をとるためのメカニズムの一つであって，話しているとき，たえず相手に息を吹き掛ける．アラブ人にとって，よい匂いは快いものであり，互いに接触し合う手段の一つだからである．そのため匂いを消そうとはせず，発散させて人間関係をつくろうとする．仲人は娘の匂いを嗅いでくるように頼まれることがあり，「香ばしく」ないと破談になる．これに対してアメリカ人は，他人に息をかけてはならないと教えられている．他人の嗅覚的範囲にはいってしまうと平静ではいられないのである．

日本人は欧米人のチーズくさいワキガに敏感である．一方，欧米人にとっては，漬物や海草の匂い，味噌，しょう油のような発酵臭は慣れるまでは我慢できないという．食べ物が違うと皮膚の分泌物の匂いが違うから，体臭も匂いに対する嗜好も違ってくるのであろう．このように匂いの好き嫌いには民族差があり，一般に日本人は海辺に漂う磯の香りを，欧米人は花や果物の香りを好むとされている[45]．

⑥ 嗅覚は個人差が大きい……嗅覚は食欲や性欲とも深く関連し，一般に女性の方が男性よりもすぐれている．男の部屋と女の部屋では匂いが違い，同性だけの集団生活を続けると異性の匂いに誘われる[45]．また，からだの調子によっても違い，テンプラやフライなどのような油っこい匂いは，日頃はよい匂いでも，胃の具合いが悪いときには耐えられない悪臭となる[45]．

6. よい匂いと悪い匂い —— 悪臭の発生 ——

第二次世界大戦の前にやってきて桂離宮などの美しさを世界に紹介したドイツの建築家ブルーノ・タウトは「日本では便所がどこにあるか知らなくても，また言葉は通じなくても，鼻さえ動かせば目的を達することができる」といった．汲取り式だったからである．

最近のオフィスビルでは，テナントとしてクリニックがはいることも多いが，その場合，レイアウトや空調設備に気をつけないと，エレベーターホールや廊下などに消毒液の匂いが立ちこめることになる．また最近は，汚水処理場，焼却場などの立地が問題になるが，その原因は主として悪臭である．

悪臭を発生的にみると2種類に分かれる．その一つは人間を含む生物が排泄し，あるいは腐敗して出るものであり，いま一つは，工場や工業製品から発生

するものである．いわゆる悪臭公害は，このうちの第二のものが多い．

便所で強い刺激を感じさせるアンモニアは，たまっている尿の中の尿素が細菌によって二次的に分解されたものだ．日本酒を飲んだ後の匂いや，ニンニクを食べたあとの匂いも強烈なもので，これはすべて窒素や硫黄を含む化合物が原因である．

7. 消臭，脱臭の方法[*38*42*47] ── 悪臭の防止対策 ──

われわれが，匂いを感ずるのは，まず，匂いの分子が空気中に飛散し，それが鼻の粘膜に溶けて嗅覚神経を刺激するからである．したがって，この条件のどれか一つを取り除いてしまえば，匂いを感じなくなる．これが悪臭除去の原理であるが，具体的には次のような方法が用いられている．

（1）排出法

排出法は，かつては悪臭対策として最高の手段であった．汲取り便所のベンチレーターや工場の排気ダクトはこの方法の例である．しかし便所については換気ファンを天井か壁の上部に取り付けることが多く，これでは悪臭が鼻にはいるので，図2・10のように天井から吸気して壁の下の方から排気するのがよい[*47]．最近は，便器の内部から直接排気する防臭型の便器も開発されている．

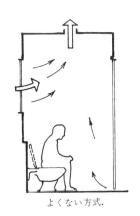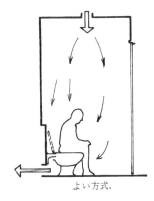

よくない方式．　　　　よい方式．

図2・10　便所の換気方式[*47]．

[*47] 高橋紀行：臭気を考慮したトイレ換気設計法，空気調和・衛生工学，Vol.65, No.3, 1991.

廊下やロビーから便所の方に空気が流れるように，便所内の気圧をマイナスにしておき，常時，排気すれば，匂いが廊下の方に漏れてくることはない．

（2）拡散法

煙突を高くすれば，広い範囲に拡散して匂いも薄くなる．

（3）脱臭法

物理的脱臭法，化学的脱臭法および生物的脱臭法がある．物理的脱臭法というのは，活性炭などの多孔性の物質に吸着させるとか，水や塩水で洗浄する方法であり，化学的脱臭法は化学的反応を利用する方法である．オゾンを発生させて臭気のもとになる物質を分解する方法もあり，便器の脱臭に用いられている．高熱で悪臭を完全に燃やしてしまう燃焼法も有効である．約650℃で熱すると悪臭はなくなるという．生物的脱臭法は，酵素や微生物によって分解する方法で，バイオ技術として今後多くなるであろう[*38*48]．

（4）マスキング法

ベルサイユ宮殿には便所がなかったという．平安朝の貴族の住宅にも便所は

[*48] 石黒辰吉：都市における香りのメカニズム，空気調和・衛生工学，Vol.61, No.8, 1987.

なかったらしい．香水や匂い袋が発達したのは，マスキング効果を利用して悪臭を消そうとしたものだという見方もある．

仏教で線香が使われるのは，たぶん遺体の臭いを消すためだったと思うが，一説には，原始仏教のころ，狭い洞窟に集まってお祈りをするとき，信者たちの体臭で大変な匂いになるので，それを消して精神統一するために用いられたものだという．

要するにマスキング法は，他の香りによるマスキング効果を用い悪臭が感知

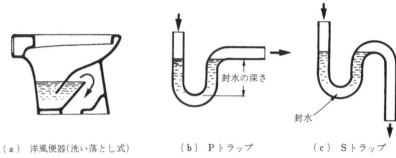

(a) 洋風便器(洗い落とし式)　　(b) Pトラップ　　(c) Sトラップ

図2・11　トラップの構造．

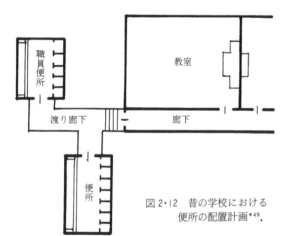

図2・12　昔の学校における便所の配置計画[*49]．

*49
旧制佐世保中学校の例．
鈴木博之・初田 享編：図面で見る都市建築の明治, 柏書房, 1990 より作成．

されることを防ぎ，あるいは弱めることをねらったものである．その起源は古く，帝王の遺体をミイラとして保存し，その不浄な臭いを抑えるために，紀元前数千年のむかしから用いられてきた．

(5) 密封法

排水ドレーンに用いられるトラップ(封水)は，この例である．和風大便器は水深が浅いために匂いの発散が多いので，水深の深い洋風便器がよい．

(6) 隔離法

これは，汲取り便所は母屋から離して設けるというような方法である．むかしの住宅や学校のプランをみると，便所はできるだけ離れたところに配置し，しかも外気を介して接続するように考えられていたことがわかる．

2・3　皮膚感覚その他

1. 触れて感ずる温度感覚

洋風便器が嫌いな人の言い分として，冷たい感触がいやだということがある．では，誰かが使った直後は暖まっているからよいかというと，前の人の「ぬくもり」が残っていることは，さらに不愉快だという．同じことを椅子に座るとき感ずる人もあるだろう．これは空間の占有欲とも関係があると思われるが，

その人が接触（contact）型か非接触（noncontact）型かに，かかわるものであろう．接触型の人にとっては，他人の体温を感ずることは必ずしも不快なことではないことかもしれない．

触れて感ずる温度感覚は，主として材料の熱伝導率に左右される．木や畳が暖かく，金属は冷たく感ずるのはこのためで，皮膚に触れる部分の材料は，熱伝導率の小さいものの方が望ましい．これはテクスチュアの問題になる．

2. テクスチュアと材質感の表現

「テクスチュア」という用語は，本来，織り地，きめ，気質などの意味をもつが，建築用語としては，材質感，質感，さわってみた感じなどを表わすことが多い．要するに「はだざわり」のことだが，表面のあらさや滑らかさ，硬さや柔らかさだけでなく，重いものと軽いもの，暖かいものと冷たいものというような温度感覚も関係する．テクスチュアが違えば，同じ色でも違って見える．艶ありか艶消しかでも，かなり色が違う．

図2・13　石のテクスチュア
フィレンツェのパラッツォ・メディチ．石の仕上げは，下部は重く，あらあらしいが，上部にいくほど滑らかになり，軽く感ずる．

デザインでは材質感を生かし，テクスチュアの調和を図ることが大切である．伝統的な和風住宅では，畳や襖や土壁など，どちらかといえば柔らかい自然な材料が多い．日本人は伝統的，体質的に柔らかいテクスチュアに適応しているといえよう．したがって，われわれは石や煉瓦に囲まれた固い部屋に長期間，住み続けることはできないであろう．

そのため熟練した建築家は，RCの住宅でも対比的に毛足の長い絨毯などを用いて，硬すぎる感じを中和するように工夫する．これはテクスチュアの対比効果をねらったことにもなり，デザイン上も有効な手法である．ただし，色の使い方と同じように，テクスチュアも多用すると混乱を招くことになる．できるだけ少ない種類で統一するのが材料選択の原理であり，これは都市的スケールにおいても成立する．

3. 触覚について

触覚といえば手のことだと思うかもしれないが，人が建築に触れる頻度の最も高い部分は足の裏であろう．床の点字ブロックや凸凹パターンは，足の触覚を情報伝達の手段として利用したもので，視覚障害者のために，すでに広く採用されている．歩道に埋め込まれた凸凹タイルの上に自転車を置いたりすることのないようにしなければならない．

床の仕上げ材料は，直接，体に触れるものとして，その選択は重要である．硬い床は疲れるが，そうかといって柔らかいほどよいとはいえない．砂丘を歩くのは大変に疲れる．この点から，ゴムタイル，畳，じゅうたん，フローリングなどは，すぐれた材料だといえよう．床材料は，硬さだけでなく，履物，上足か下足か，耐水性が必要かどうか，交通量，勾配などを考慮して選ぶべきである．

安全性の面からは滑りやすさが重要である．滑りやすいと転倒の原因になるだけでなく，歩きにくい．とくに浴室や屋外階段の床材は水に濡れたとき滑らないものでなければならない．

暗いところや煙の中では，触覚による避難誘導の方法として，廊下の手すりや壁に凸凹や矢印をつけておくことなども考えられる．

4. 振動感覚

超高層ビルは柔構造だから，揺れるときは，ゆっくり揺れる．最近では「ビル酔い」という言葉もある．原因は「船酔い」とか「クルマ酔い」のような「乗物酔い」と同じで，最近では「宇宙酔い」などというものも出てきた．

図2・14は振動に対する恕限度を表わすグラフだが，これによると，0.15ヘルツから0.3ヘルツの振動がよくない．不快感が最も強いのは0.2ヘルツ，周期でいえば5秒，つまり5秒間に1回の揺れである．これは超高層ビルの固有振動とほぼ同じレベルだ．したがって，超高層のビルやマンションは，強い地震や

*50
日本建築学会：建築物の耐震設計資料，丸善，第10章人体感覚より．

*51
日本建築学会：建築物の振動障害防止に関する設計規準値(案)，建築雑誌，Vol. 74, No. 870, 1959.5. より．図中の破線はMeisterの振動感覚曲線，実線は居室における振動の許容限界を示す．

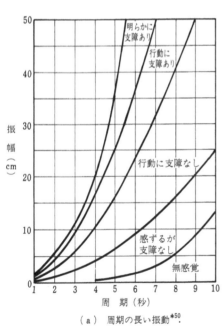

（a）周期の長い振動*50．

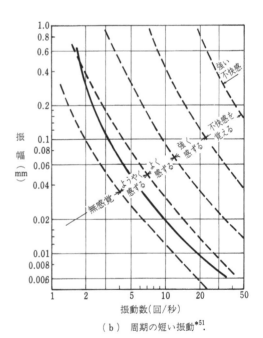

（b）周期の短い振動*51．

図2・14 振動に対する許容限界．

台風のときには，周期は数秒，振幅は数10センチという，ゆっくりだが大きく揺れるので，居住性の面から問題になる．

秒速35mの風で振幅30cmの揺れがあったという例もある．地震の揺れは長くは続かないが，台風の場合は30分から1時間以上揺れることもあるので，浴槽の水はあふれ，船酔いと同じような症状を起こす人もあるだろう．本格的な地震や台風を経験しないうちにマンションの高層化が進むのは，この点からも問題である．

また，鉄骨造（鋼構造）の階段は，歩く度にかなりの振動を感じて不愉快なことが少なくない．日頃は使わない非常階段ならばともかく，日常的に使う階段が振動したのでは困る．鋼構造の小学校では，2階の床の振動がひどくて失敗した例もある．鋼構造の設計にあたっては，必ず振動をチェックしなければならない．

2・4 人の「こころ」と建築

1. 流行の発生 ―― 流行はなぜおこるか ――

建築のデザインにも流行がある．流行という現象がどうして発生するかについては性格との関係で説明される．つまり，性格的に2種類の人がいるから流行がおこるのである．

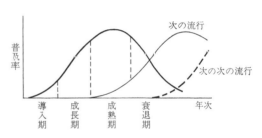

図2・15 流行の発生と衰退．

まず，少数の自己顕示型の人，目立ちたいという人がいて，流行のリーダーシップをとる．このタイプの人は派手好みで，タレントや芸能人に多い．

一方，他人と同じことをしたいという欲求による同調行動があって，これによって流行は普遍化する．受動的性格の人は流行に乗りやすい．つまり一つの流行が，ある程度，世間に評価されると，大勢順応型，受動型の人がこれに同調して流行は普遍化する．

流行には「一過性の流行」と「サイクル型の流行」があるが，いずれにしても，ナダレ現象の一種であって，導入期，成長期，成熟期，衰退期がある．一つの流行がクライマックスに達したときには，次の流行がすぐに芽生えていると考えなければならない．

いま流行しているデザインを採用するかどうかは，建築の設計においては重要である．そのためには流行の寿命を知っていなければならない．

流行の寿命については，次のような法則性がある．

① 合理性のある流行は長く続くが，合理性のない流行は寿命が短い．
② 建築のデザインにもサイクル型の流行はありうるが，その周期は非常に長い．

③ ある流行が長期にわたって続く場合は，それは技術の変化，情勢の変化であり，もはや流行ではなく，新しい様式とみなすべきである．

建物の社会的耐用年数を考えると，流行のリバイバルをあてにするのは適当ではない．建築の設計に際しては，はやっているからといって，流行のクライマックスにあるデザインを安易に採用すると，数年のうちに流行が変わって，気の利かない陳腐なデザインが，いつまでも残ることになってしまう．とくに，合理性のないデザインは寿命が短いから気をつけなければいけない．

2. 建築における「こころ」の問題

建築の設計者には次のようなタイプがある[52]．

① **機能重視型**……機能や依頼者の要求を重視し，動線や各室の規模，連絡，空間配置などに細かく気を配る．

② **技術者型**……構造や設備の技術的な条件を優先的に考え，仕上げ材料の使い方や防水のおさまりなどにも，ソツがないが，面白みもない．

③ **規格設計型**……プレハブではなくても標準的な設計を探してそれを下敷きとし，規格をうまく利用して，手際よく図面をつくるタイプである．

④ **図面請負型**……クライアントの出した基本計画の案を，いわれるとおり機械的にそのまま図面にしてしまうもので，下請け的であり，問題が多い．

⑤ **芸術家型**……何よりも独創的なデザインを実現させようとするから，施主の要求などほとんど問題にされないこともある．施主自身が，その作家の作風を気に入っているとか，奇抜なデザインを求めているときでなければ，トラブルになることもある．

まず自分のタイプを知らねばならない．また，設計や施工にさいしては，クライアントをはじめ，さまざまな立場や身分や業種の人びとと交渉する必要があるが，そのとき，相手の心理や性格のことを知っているのと知らないのとでは，大きな差が出てくる．組織やチームをうまくまとめて，よい仕事をするためにも，人の心を知らなければならない．

「彼を知らず己を知らざれば，戦う毎に必ず敗る」[53] からである．

3. 気質と性格の類型

「わしは肥った者ばかりをそばに置きたい．……あそこにいるカシヤスなぞは，痩せて，ひもじそうな顔をしている．考えてばかりいる．あゝいう男は危険だ」[54]

これは，ドイツの精神病学者クレッチュマー[55] が，名著「体格と性格」の冒頭に引用したセリフで，躁鬱気質と肥満型の体格，分裂気質と細長型の体格との関係を示唆したものとして有名である[56]．だが，このように，体格と性格を

[52] 岡田光正・藤本尚久・曽根陽子：住宅の計画学，鹿島出版会，1993．

[53] 孫子，謀攻第三より．

[54] シェークスピア：ジュリアス・シーザー，第一幕第二場，坪内逍遙訳，中央公論社，1934．

[55] E.Kretschmer，1888〜1962

[56] 西川好夫：生活の心理学，日本放送出版協会，1970．

関係づける考え方には批判もあり，日本人には当てはまらない例が多いともいわれている．

なお，シーザーが予感したとおり，カシヤスは首謀者の一人としてシーザーの暗殺に加担したが，結局はアントニオに殺されたということになっている．

気質[*57]は遺伝的，生物学的な感情特質であって，これに環境的影響が加わって性格[*58]が形成されると考えてよい．気質や性格については，古来さまざまな分類法が提案されている．

古代ギリシヤでは，ヒポクラテスなどの説に従って
① 多血質……快活，多感，軽率．
② 粘液質……冷静，忍耐．
③ 胆汁質……客観的，精力旺盛，行動迅速，怒りっぽい．
④ 黒胆汁質……主観的，憂うつ，感傷的．

という4種類の気質があると考えられていた．

このように性格を類型化する試みは，今世紀以降，性格類型学として発達した．だが，性格の分類法は研究者の数だけあるといわれる[*59]．人の性格は十人十色だから，性格類型も多い方がよいかもしれないが，すべて理論モデルは単純なほど美しく明快である．その意味からいえば，二元論が最もわかりやすい．たとえば，スイスの心理学者ユング[*60]は人の一般的態度を「内向型」と「外向型」の二つに分類した[*61]．

二元論的なタイプ分けとしては，これ以外にも「男性型」と「女性型」，「アポロ型」と「デュオニソス型」，「縄文型」と「弥生型」，「思考先行型」と「行動先行型」など，数え切れないほどである．

ここでは健康者の気質については，クレッチュマーの「分裂気質」，「躁鬱気質」，「粘着気質」の三つに「神経質」と「自己顕示型性格」を加えて五つに類型化することにし，さらに誤解を避けるため，白石浩一氏ほかにならって，分裂気質を「内閉性気質」，躁鬱気質を「同調性気質」とよぶことにする[*62][*63]．それぞれの気質の特徴はクレッチュマーの説によるものとし，また気質やタイプと建築とのかかわりについては，多湖 輝氏の所論[*65][*66]を紹介することにしたい．

(1) 内閉性気質の特性と行動
① 非社交的，もの静かで生真面目，ユーモアがなく，変わり者，偏屈というのが，この気質の一般的な特徴で，人づき合いが悪く，ギスギスした感じがある．
② 内気，臆病，恥ずかしがり，デリケートで傷つきやすく，自然や書物を友とし，空想的で詩や文学を愛好する傾向がある．
③ おとなしく無口で孤独を愛する．これは鈍感さを示すもので，周囲の人

*57
temperament

*58
character, personality

*59
たとえば，木下冨雄：あいまい刺激に対する人間の反応，繊維製品消費科学，Vol.29, No.11．

*60
C.G.Jung, 1875〜1961．スイスの心理学者．

*61
河合隼雄：ユング心理学入門，培風館，1967 ほか．

*62
白石浩一：役に立つ性格学，社会思想社，1989．

*63
相場 均：性格—素質とのたたかい—，中央公論社，1963．

*64
託摩武俊・依田 明：性格，大日本図書，1968．

*65
多湖 輝：建築家と性格—建築のための心理学—，彰国社，1969．

*66
多湖 輝：人間理解のテクニック，建築技術，1966.7．

や出来事に無関心であり，エゴイズムが強く，仲間からつまはじきされる．

このタイプの人は，人間関係で摩擦を生じやすく，ユングのいう内向型に近いが，長所として，難局に強く，孤独を恐れない，現実離れができる，理念をもっている，物事をどこまでも深く探究することなどから，人類の発展には重要な役割を果たしたのであって，たとえば学者ではカント，ヘーゲル，ニュートンなどは，このタイプである．

建築に関しては，プライバシーの保持にこだわる傾向があり，ワンルーム型の開放的な住宅や通抜け型のプランには適応しにくい[*67]．そのため，壁で囲まれた完全な個室を要求することが多い．

[*67] 多湖 輝：建築家と性格―建築のための心理学―，彰国社，1969．

（2） 同調性気質の特性と行動

① 社交的，善良，親切，温かみがある．これが，この気質の基本的な特性であり，開放的で温かな心の持ち主である．誰とでもつき合い，怒っても根にもつことはなく，どんな社会にも適応して楽しくやっていける．考え方も現実的だが，ムラ気で粘り強さに欠ける．

② 明朗，活発でユーモアがあるが，せっかちで激しやすい．これは躁鬱病でいうところの躁型の状態である．

③ もの静かで，おだやかであり，気が重く活発でない．これは鬱型の状態にあたる．

正反対の二つの状態が，ゆるやかに循環的にあらわれるのが，この気質のもう一つの特徴である．躁型の場合は陽気で冗談や酒落を連発し，アイデアをどんどん出してバリバリ仕事をするが，鬱型の場合には，おとなしく控え目でスランプの状態になる．ひどいときにはベッドから起きられないこともある．

建築に関しては内閉性気質と反対と考えてよい．典型的な同調型の人たちは，家族が多くても，ドアの少ないワンルーム型の住宅を上手に住みこなすことができるし，あまり細部にこだわらないなど，建築を設計し，つくる側としては，どちらかといえば対応しやすいタイプである．

軽い躁状態は会社経営などには向いていると思うが，ひどくなるとアイデアや行動が次から次へと発展していくので，周囲の人は振り回され，ついて行けなくなる．本人は精力的に仕事をしているつもりだが，締めくくりができないので，建築の企画や設計のさい，クライアントがこのようなタイプの場合には気をつけなければならない．相手のいうことを不用意に真に受けると，ひどい目に合うことがある．

この気質の人が鬱状態のときには，自殺のおそれがある．鬱病はストレスによっても起こるというが，建築に関しては，住宅を新築して引越しをしたとたんに発病する「引越し鬱病」といわれる病気があるので，注意しなければならない．

(3) 粘着性気質の特性と行動

① 几帳面できれい好き，常に秩序を重んじ，何事によらずキチンとしたことを好む．これが，この気質の一般的な特徴である．

② 粘り強く，やりかけた仕事を投げ出すことはない．物腰も慇懃で丁寧である．この特性が粘着性といわれるゆえんで，真面目人間であり，落ち着いた物堅い人物という印象を与えるが，まわりくどいところがある．

③ 爆発的に興奮し，前後を忘れて怒ることがある．これは発作的にあらわれる状態で，自分の正当性をかたくなに主張して，相手を非難攻撃することがある．

このタイプの人は，机の上も引出しの中も常によく整理されている．同調性気質の人のように，書類やお金を紛失して大騒ぎするようなことはない．仕事についても，書類の整理などは抜群であり，とくにナンバー ツーとしては便利で，重宝がられることが多い．会計や経理や図書の係などには最適である．

建築の設計者としては，細かいところまで注意が行き届いて間違いがない．ただし，面白いデザインを期待するのは無理である．積算などにも向いていると考えてよい．

この気質の人が住宅を計画する場合は，何をどこに収納するかを最初から決めて，細かいものまで寸法を合わせて戸棚などを設け，その通りに整理することができる．

ただし，クライアントが，この気質の人の場合に注意すべきことは，約束を守ることである．契約の内容，打合わせや会議の日付，時間などは絶対に守らねばならない．設計や工事のスケジュールにも余裕をもたせておき，遅れが出ないようにすることが必要だ[*67]．打合わせに際しても，前回と違うことをいったりすると信用を失う．

(4) 神経質の特性と行動

このタイプの特徴は神経症的な行動と不完全感情である．身体のことをひどく気にし，病気への関心が高く，弱気で前途を暗く考え，すべて悪い方に解釈して思い悩む．旅行のさいは，いろいろの場合を考えて余計な物まで持っていくから，いつも荷物が大きくなる．

不完全感情が強くて，何事によらず十分にやれたという感じがしない．つまらぬことが頭から離れない．考えまいとすればするほど，ますますそこに意識が集中する．寝ようとしても，あれこれとその日のことなどを考えて眠れないというタイプである．何かしようとしても，迷って決心がつきにくい．気分の転換が下手で自意識過剰である．劣等感のとりこにもなりやすい．

建築に関しては，内閉性気質（分裂気質）の人に似たところがあり，音の遮断などについてうるさい．細かいことを気にして，すべての点に迷いをもち，

他人の批評などにも敏感で，ひどく気にする傾向がある[*67]．

（5） 自己顕示型の特性と行動

このタイプの特徴は，自己中心的で，虚栄心と被暗示性が強いことである．陽気で，わがままで，周囲のものからチヤホヤされていれば上機嫌だが，少し疎外されると，たちまち不機嫌になる．人目を引くことを好み，流行に対してもきわめて敏感であり，常に時代の先端をいこうとする．自分を実際以上に見せようとするためか，時には有名人とコネがある話などをするが，根拠のない場合が多いので気をつけなければならない．一方，他人の言葉に暗示されやすく，人にいわれると，すぐその気になりやすい．

自己顕示欲が強いので，この気質の人が住宅を建てる場合には，玄関や門構え，客間，応接間など，人目に触れるところをとくに立派にしようとする．前衛的な変わったデザインにも抵抗はなく，むしろ喜ぶことが多い[*68]．客をよぶのが好きだから，多人数のパーティーなどができるようなプランがよい．

このタイプの人が経営者の場合には，本社ビルなどの設計について，同じような傾向があると考えてよいだろう．ただし，気が変わりやすいので，設計変更は多くなる[*68]．また，建築家やデザイナー自身が自己顕示型の傾向をもつ場合も少なくない．

（6） その他のタイプ

建築に関して問題になるタイプとして，次のようなものがある．

① **高所恐怖症**……地上から離れた高いところを嫌う．高層階の窓際やバルコニーには近寄らない．高層住宅には住めないし，現場勤務にも向かない．

② **閉所恐怖症**……地下室のような窓のない会議室にはなかなか入ろうとしない．ようやく最後に入っても「ドアを開けておきましょう」という．ドアを閉めると，内側から開くかどうかを確かめる．そのような部屋では奥の方には座らないで出口に近い所に座る．しかし日常的にはまったくふつうの行動で，高層ビルでも平気だという．これは中年の男性の実例である．

③ **強迫神経症**……たとえば，たえず手を洗う．外から帰ってくると，持ち物や衣類を玄関に置き，家の中には持ち込まない．したがって，玄関に収納場所が必要になる[*69]．

このほか，不安神経症としては，広場恐怖症，人ごみ恐怖症，乗物恐怖症などがあるといわれている．

さらに，国民性とか県民性といわれる気質や性格もあるが，以上のような特徴的な行動パターンは，典型的なものだけを取り出して表現したもので，それぞれ誰でも多少は持っている．特定のタイプに偏らないで，バランスがとれておればよいのである．

[*68] 多湖 輝：建築家と性格—建築のための心理学—，彰国社，1969．

[*69] NHKラジオ教育相談，1989.4.24．による．

設計と寸法の論理 ── 3

3・1 寸法の単位

スタディオン（stadion）という寸法の単位を知っているだろうか．これは競技場を意味するスタディアムの語源となった言葉である．

オリンピアのスタディアムは紀元前450年頃つくられたものだが，このスタディ

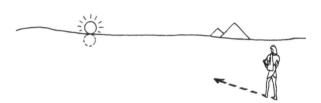

図3・1　スタディオン

アムとは，1スタディオンの走路をもつ競技場のことであった．この場合，スタディオンは次のようにして決められた尺度だとされている．

まず砂漠の朝，太陽がまさに昇ろうとして地平線に頭を出したとき，太陽に向かって歩きはじめる．太陽が地平線を離れようとする瞬間までに歩いた距離の平均値をもって，これを1スタディオンとする．この間の時間は2分間で，大人がふつうの足取りで歩くと，だいたい180 mである．この速度は1分間90 mに当たる[*1]．

オリンピアのスタディアムでは走路は192 mだったというが，1スタディオンは，バビロニアでは184 m，エジプトでは平均175 mであった．地域や時代によって少しずつ違うのである．スタディオンは旅行用の尺度だったから，この単位が時間と結びついていることは便利であった．つまり，古代における2時間の行程は60スタディオン，約11 kmということになる．

もちろんスタディオンが，いつも上記のような手順で求められたわけではない．最初，どこかで測ったあとは，「キュービット（cubit）」の倍数として定められた．ではキュービットとは，どのような尺度であろうか．

旧約聖書「創世記」によれば，ノアが神の啓示によって，一族の人びとと動物を生き延びさせるためにつくった「箱舟」の大きさは，長さが300キュービッ

[*1] 小泉袈裟勝：歴史の中の単位, 総合科学出版, 1974.

ト,幅が50キュービット,高さが30キュービットだったという.このほかにも旧約聖書には,キュービットという単位が頻繁に出てくるが,これは紀元前6000年頃の古代メソポタミアに始まり,オリエント諸国からギリシア,ローマ時代を通じて用いられた基本的な長さの単位であった.

エジプトでキュービットを表わす象形文字は,肘の絵そのものである.つまり,キュービットは肘の意味で,肘から中指までの長さであり,地方や時代によって多少の違いはあっても,だいたい50 cm前後であった.したがって,ノアの箱舟の寸法は,メートル法でいっても長さ150 m,幅25 m,高さ15 mというキリのよい数字になる.この容積は,いまの船でいえば,総トン数約2万トンで,大型貨物船なみである[*1].

上記のように寸法の単位は,もともと人間を基調にしたもので,われわれの感覚や行動に深く結びついていた.つまり,ヒューマン スケールである.

わが国の尺や米・英で用いられるフィート(呎)もヒューマン スケールの一つである.尺は図3·2のように,親指と人差し指を拡げて寸法を計る形を象形した文字であり[*2],フィートは足の踵から爪先までの長さを意味する言葉である.つまり,両方とも人間の身体の一部から生れたスケールであって,しかも1尺も1フィートも約30 cmで,ほとんど同じ寸法である.なお,この単位は梯子を登るとき,もっとも楽な横棒の間隔でもある.

また,ヤード(yard)は,おもにイギリスとアメリカで用いられている単位である.1ヤードはダブルキュービットで3フィート(約91 cm)であり,これは,わが国の3尺に近い寸法である.今も使われているのは,この単位が人間的で使いやすいからであろう.

日本では尺(約30.3 cm)を単位にして,1間(6尺),1町(60間),1里(36町)という単位が長いあいだ使われてきた.部分的には12進法である.さらに,4本の指の幅を「束(つか)」,親指と人差し指,または親指と中指を広げた長さを「咫(あた)」,平均身長(約5尺)を「丈(つえ)」,両手を水平に伸ばした長さを「尋(ひろ)」とよんだ.

[*1] 小泉袈裟勝:歴史の中の単位,総合科学出版,1974.

[*2] 4本の指を揃えて計る形を示すものだという説もある.望月長興:日本人の尺度,六藝書房,1971による.

[*3] モデュールと設計,彰国社,1961.

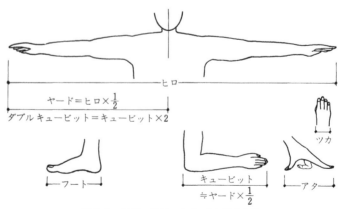

図3·2 人間の手足にもとづく尺度[*1][*3].

面積は坪（6尺×6尺）が基本単位で，歩ともよばれ，その上は畝（30歩），段（または反＝10畝），町（10段）の単位が使われていた．稲作の1日の仕事量としては段（300坪）が目安だったという．このうち坪（3.3 m²）は今なお一般的で，よく使われている．また，1町≒1 ha（ヘクタール）で，偶然とはいえ大変にわかりやすい．

わが国では，寸法単位はメートル法によるものとされており，尺貫法は公式には使われていない．建築の図面も主としてmm単位で表わす習慣になっている．しかし，1 mはパリを通る子午線を含む地球全周の4千万分の1の長さとして定義されたもので，人間とは本来，何の関係もないから，建築の設計には使いにくいところがある．

たとえば，住宅用の流し台やサッシなどの寸法は，3尺（900 mm），3.5尺（1050 mm），4尺（1200 mm），4.5尺（1350 mm），5尺（1500 mm）といった5寸（150 mm）とびか，1尺（300 mm）とびの寸法が手頃で，部品の規格もほぼそうなっている．

ディテールにおいても，窓の額縁と壁のチリは4分（12 mm）とか5分（15 mm）が多く，1分（3 mm）とびで，ちょうど具合いがよい．

木材の規格寸法は断面では

　　　　4寸（120 mm），5寸（150 mm），6寸（180 mm），……

というように1寸（30 mm）きざみになっていることが多い．また，丸鋼（鉄筋）やパイプの直径は

　　　　6 mm，9 mm，13 mm，16 mm，19 mm，……

という端数の系列になっているが，これは，もともとインチ（吋）制で，1/8インチ（約3 mm）間隔であるからだ．メートル法になっても，このような規格が生きているのは，尺（300 mm），寸（30 mm），分（3 mm）あるいはフィートやインチといった尺度が，人間的で使いやすい単位だということに加えて，十進法でありながら，部分的には12進法で，3等分することもできるからであろう．

建築は人間の容れものである．したがって，ヒューマンスケールでなければならない．

3・2　人　体　寸　法

1. 人体寸法の変化

人体寸法は年齢，性，人種などによって異なる．年齢による変化は発育曲線で表現されるが，わが国では，この20年間に中学3年の男子で105 mmも平均身長が伸びるなど，著しい発育の加速現象があった．学校建築においては，家具の選定も含めて注意しなければならない．

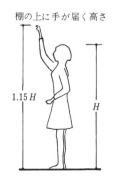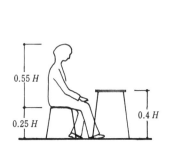

図 3・3　人体寸法の略算値[*5][*6].

ヨーロッパ人では，北欧のチュートン民族が最も身長が高く，成人男子では 1710〜1750 mm，女子は 1600〜1630 mm である．南欧のラテン民族は日本人とあまり違わない．中欧のゲルマン，スラブ民族は中間である．

一般に寒いところほど身体が大きくなる傾向があるようで，これは動物でも同じだ[*4]．ディメンションでいうと，身体の表面積は身長の 2 乗に比例するが，体重は 3 乗に比例するから，単位体重当たりの体表面積つまり放熱面積は，身長が大きいほど小さくなる．つまり身体が大きいほど，体温を保つのが容易で，それだけ耐寒性が大きいことを意味する．

いずれにせよ，ホテル，会議場，空港など，外国人の多い建物では，うっかり日本人の寸法を用いると設計ミスになる．したがって，国際的な利用を前提にすると，たとえばアメリカの成人男子の 99 パーセンタイル値 1920 mm をマキシマムとし，日本人成人女子の 1 パーセンタイル値 1420 mm をミニマムとして，その中間値を平均値とするような国際人間 (international person) を想定して設計しなければならない．

なお，人体各部の寸法と身長のあいだには，図 3・3 のように一定の比率がある[*5][*6]．たとえば，目の高さは身長の 9 割，手の届く高さは身長の 1.2 倍，肩幅は身長の約 4 分の 1 になっている．こうした数値は覚えやすく，実用的な目安になるであろう．

2. 衣服と携帯品による増加寸法

建築や設備の寸法を求める場合，裸を前提とする浴槽の寸法などを除いて，一般には着衣の状態における寸法を基準としなければならない．従来，測定され，公表された人体寸法は，そのほとんどが着衣なしの寸法であるから，これに衣服や帽子，はきもの，さらには携帯品による増加寸法を加えることが必要となる．

被服の厚さ，すなわち着衣による左右の幅と前後方向（厚み）の増加寸法は，

[*4] 本川達雄：ゾウの時間ネズミの時間—サイズの生物学，中央公論社，1992．

[*5] 小原二郎・内田祥哉・宇野英隆：建築・室内・人間工学，鹿島出版会，1969，および大内一雄氏ほかによる．

[*6] Child sizes in relation to equipment, Space for Teaching by W.W. Caudill, Austin, Texas.

若井正一，大内一雄両氏ほかの調査によれば表3・1に示すとおりである*7*8．季節や衣服の種類によって異なるが，軽装でも30 mm，冬着にコートを着ると150 mm程度を想定しておかねばならない．設計上は冬着の場合を基準とすべきであろう．

増加寸法は衣服の厚さそのものよりも形による増加が著しい．とくに女子の場合，スカートの形による影響が大きい．和服では，男女とも200 mmから300 mm

図3・4 都市空間における人間の寸法*9
(森 裕史氏による)．

ほども横幅が広くなるので，和服の多い冠婚葬祭やセレモニーが想定される式場や宴会場では注意しなければならない*7．

なお，直立の姿勢でも，人間は前後左右に100～150 mm程度の揺れがあることが報告されている*7．

電車やバスに乗る人で何にも持っていない人は少ない．男女とも90 %以上は，カバンやバッグなどを持っている*10．したがって，都市空間では単純に人体寸法だけで考えてはいけない．とくに長距離列車の駅や空港では，スーツケースやスキーなど大きな荷物を持つ人も多いので，その寸法も加算しなければならない．

また，静止状態の寸法だけではなく，動作寸法をも考慮しておくことが必要となる．

表3・1 着衣による人体寸法の増加 (単位 mm)．

研究者	方向	男子			女子		
		夏着	合着	冬着	夏着	合着	冬着
大内・若井*7	横幅	68		37～126	91		47～140
	前後厚	37		51～170	69～139		60～191
藤井・横山*8 (洋服)	横幅	47	62～93	87～120	43	45～49	73～81
	前後厚	35	55～84	58～91	35	92～108	104～145
藤井・横山*8 (和服)	横幅	234	273	332	235	203～234	248～254
	前後厚	31	42	155	103	142～151	176～187

〔注〕 表3・1の寸法のうち，男子の夏着は半袖シャツ，冬着の下限はセーターやスーツ，上限はその上にダウンジャケットやコートなどを着た場合を示す．
　女子の夏着は半袖シャツで，前後厚の下限はタイトスカート，上限はフレアスカートの場合を示す．女子の冬着で下限は薄手のジャケット，上限はジャンパーやコートを着たときの寸法である．なお，数値はいずれも平均値である．
　表中の数値は，衣服の厚さだけではなく，形による増加寸法を示す．スシ詰め状態では，衣服の形よりも，むしろ衣服の厚さが問題になるが，その増加寸法は，冬着にコート着用で，最大50 mm前後と考えてよい．なお，合着および冬着において，数値の下限はコートなし，上限はコート着用時の寸法である．

*7 若井正一・大内一雄：室内設計指標としての人体寸法の応用に関する研究，その3，人体近傍のゆとりに関する検討，日本建築学会学術講演梗概集，1987.10．

*8 横山尊雄：人体，建築学便覧(旧版)，および藤井・横山尊雄：日本人に対する建築諸設備の寸法的研究，10，建築学研究，1938，日本建築学会編：建築設計資料集成1，丸善，その他による．

*9 森 裕史作成．

*10 冨田 守・片岡洵子両氏の調査（対象はJR山手線など首都圏の24線の立っている乗客7800人）および松田達郎：集団の科学による．

3・3 建築空間におけるプロポーションと寸法の論理

1. 人体寸法とプロポーション

プロポーションは美しい形をつくるための最も基本的な問題の一つである．そのために，古くから比例関係にもとづく尺度基準が工夫され，造型の原理として重視されてきた．たとえば，わが国には「木割り法」があり，古代ギリシアには，モドゥルス（modulus）というもので，柱の太さを基準とする寸法体系があった[*11]．

図3・5は，レオナルド・ダ・ヴィンチによる有名なスケッチを示したもので，成人の男が手足を広げて仰向けに寝たとき，コンパスの中心をヘソにおいて円を描けば，手足の先端は円に内接し，両手を拡げて直立すれば正方形に内接することを示す．円と正方形は人間の全身の形に対応する．パラディオも「円と正方形は最も美しく，かつ最も調和した形態」だといっている[*12]．

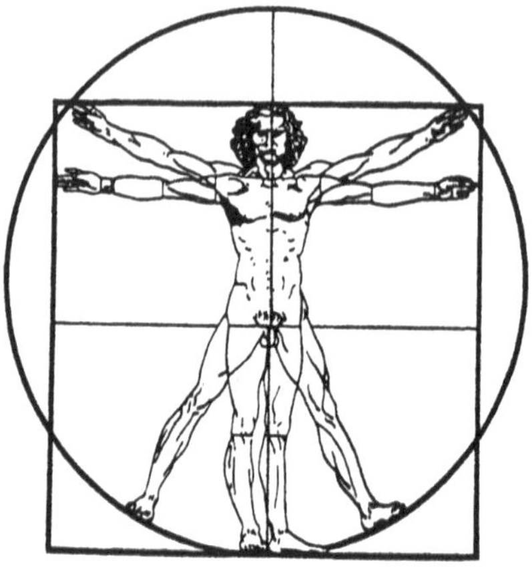

相川 浩博士によれば，ウィトルーウィウスは，建築各部の比例の起源は人体寸法にあるとして，ドリス，イオニア，コリントの各様式の円柱の太さと長さとの比率を人体寸法から割り出し，それぞれ［1：6］［1：7］［1：8］としたが，そこで前提とされたのは，「人体の各部は整数比の関係をもつ」[*12] ということであった．

この整数比というのは，ピタゴラス（Pythagoras）学派の考え方である．ピタゴラス学派は「万物の本質は数である」[*13] とし，「世界は"数"とその比例による法則によって秩序づけられている」[*13] と考えたが，この場合，"数"とは整数であって無理数を含むものではなかった[*12]．

ピタゴラス学派は［1：2］［2：3］［3：5］がオクターブ，5度，長6度という協和音の振動数の比であることを見出したといわれている[*14]．いずれも整数比であり，「耳に快い比例は目で見ても美しい」[*15] という考え方は，ここから生れたのであろう．

中世のゴシック建築においてもプロポーションが重視された．浅野捷郎氏によれば，［1：2：3：4］のような音楽比例は，聖アウグスティヌスを介して中世の建築家にも知られていたという[*16]．

［$1:\sqrt{2}:\sqrt{3}:2$］は盛期ゴシックの大聖堂建築に表われる比例で，無理数を含んでいる[*16]．［$1:1/2:1/3:1/4$］は，ルネサンスの建築に表われる比例だが，これは整数比に帰着する．

ルネサンスにおいては古代の建築理論が研究され，比例こそが宇宙の調和を

図3・5 レオナルド・ダヴィンチによる人体のプロポーション．

[*11] 森田慶一訳：ウィトルーウィウス建築書，東海大学出版会，1969．

[*12] 相川 浩：建築家アルベルティ，中央公論美術出版，1988．

[*13] 森田慶一：建築論集，彰国社．

[*14] 森田一敏：Villa Almerico "La Rotonda" 円と正方形あるいは円積法，SD 1981, 01, ほかによる．

[*15] 桐敷真次郎編訳：パラーディオ「建築四書」注解，中央公論美術出版，1986．

[*16] 浅野捷郎：ゴシックとルネサンス—建築空間の数学的構造—，建築雑誌，Vol. 103，No.1275．

決定し，美しさを生むものとして重要な構成原理となった．たとえば，アルベルティは，ウィトルーウィウスにならって比例論を展開し，円柱の直径と長さとの比を人体の幅と身長との比に準じて，設定している*12．

18世紀以後は，プロポーションは人間の感覚によるべきだという考え方が主張され，比例の神聖な意味は失われたが，ル・コルビュジェ（Le Corbusier）は，後述のようにモデュロールを提案して，再び人体寸法と比例とを結びつけたのである．

2. ルート2のプロポーション

世界最古の木造建築である法隆寺は，$\sqrt{2}$の比例をもつ矩形によって構成されており，五重塔の5層と1層との屋根の幅の比率や，金堂の2層と1層との大きさの比率も $1:\sqrt{2}$ になっているという．これは逓減率としては，かなり大きい．

なお，$1:\sqrt{2}$ の矩形は，二つ折りにしてもプロポーションが変化しないので，JIS規格のA，B両系列をはじめ，用紙のサイズとして広く使われている．わが国の半紙も，B4版に近い比率である．半紙だけではなく，テレビの標準画面や国旗の寸法，書物のサイズも $1:\sqrt{2}$ になっている．使いやすく美しいプロポーションといえよう．

このように昔から，美しいとされる建築のプロポーションについては，一定の比例関係があるとされ，そうした比例関係としては，上記のような整数比，音楽比例，$\sqrt{2}$ などのほか，フィボナチの数列や黄金比も用いられた．なかでも有名なものは黄金比である．

3. 黄金比の由来とフィボナチの数列

安定した造形美を造り出すものとして，ヨーロッパで古くから用いられたのが黄金比である．これは

$$1:(1\pm\sqrt{5})/2=0.618;1=1:1.618$$

という比率で，これはフィボナチ（Fibonacci）の数列に由来する．

フィボナチの数列とは，1, 2, 3, 5, 8, 13, ……と続く数列であるが，この数列の連続した2項の比は，極限において黄金比 1：1.618 に収斂するのである．詳しくは，次ページの脚注†を参照されたい．

黄金比で分割したものを黄金分割といい，縦横の比がこの値である長方形は，黄金比長方形として最も美しいとされた．パルテノン神殿をはじめ歴史的な名建築のファサードが黄金比から成り立つとする説は多い．「西欧の造形は，日本人には考えられないほど黄金分割に執着していた」*17 という．これは，黄金比の数列が，前2項の和が次の数値をつくっていくというフィボナチの関係をも

*17
高橋研究室編：かたちのデータファイル，彰国社，1983.

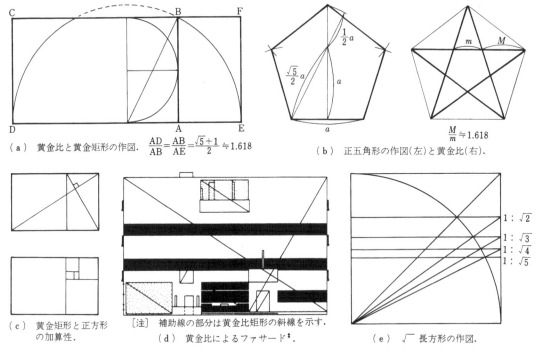

(a) 黄金比と黄金矩形の作図. $\dfrac{AD}{AB}=\dfrac{AB}{AE}=\dfrac{\sqrt{5}+1}{2} \fallingdotseq 1.618$

(b) 正五角形の作図(左)と黄金比(右). $\dfrac{M}{m} \fallingdotseq 1.618$

(c) 黄金矩形と正方形の加算性.

〔注〕 補助線の部分は黄金比矩形の斜線を示す.

(d) 黄金比によるファサード‡.

(e) √ ̄長方形の作図.

図3・6 黄金比などの作図.

‡ ル・コルビュジェとP.ジャンヌレによるガルシュのシュタイン邸立面と入口側のファサード.
(Leonardo Benevolo 著, 武藤 章訳: 近代建築の歴史・下, p.78, 鹿島出版会, 1979).

*18 たとえば, 高橋健人: 差分方程式, 培風館, 1961.

ち, さらに図3・6のように正五角形にも関係するので, 神秘性をもつと考えられたからであろう.

† フィボナチの数列とは, 1, 2, 3, 5, 8, 13, ……と続く数列であるが, この関係を一般的に表わすと, 次式のようになる.

$$N_{(x)} + N_{(x+1)} = N_{(x+2)} \tag{1}$$

(1)は同次線形2階差分方程式であり, これを初期条件 $N_{(0)}=0$, $N_{(1)}=1$ のもとに解けば, 一般項が求められる. (1)の一般解は

$$N_{(x)} = C_1 \rho_1{}^x + C_2 \rho_2{}^x$$

の形で表わされる*18. ここに, ρ_1, ρ_2 は(1)の特性方程式

$$\rho^2 - \rho - 1 = 0$$

の根である. したがって

$$\rho_1 = \frac{1+\sqrt{5}}{2}, \quad \rho_2 = \frac{1-\sqrt{5}}{2}$$

初期条件により, C_1, C_2 を決定すれば, 一般解として

$$N_{(x)} = \frac{1}{\sqrt{5}} (\rho_1{}^x - \rho_2{}^x) \tag{2}$$

が得られる. 引き続いた2項の比 $N_{(x-1)}/N_{(x)}$, $N_{(x+1)}/N_{(x)}$ を計算すると

$$\lim_{x \to \infty} = \frac{N_{(x-1)}}{N_{(x)}} = \frac{\sqrt{5}-1}{2} \fallingdotseq 0.618$$

$$\lim_{x \to \infty} = \frac{N_{(x+1)}}{N_{(x)}} = \frac{\sqrt{5}+1}{2} \fallingdotseq 1.618$$

となって, 連続した2項の比は, 極限において黄金比1:1.618に収斂する.

3・4 モデュールと寸法── 寸法のシステムを構成する──

1. モデュールとは何か

建築が多数の部材によって構成されるとき,これに含まれる寸法のシステムをモデュール(module)とよんでいる.モデュールには次のように多くの意味があるので,まず,それを整理しておかねばならない.

(1) プロポーションのためのモデュール

モデュールが必要になるのは,一つには美しさに対する人間本来の要求からである.この意味のモデュールは古代からのもので,語源は,古代ギリシアにおけるモドゥルス(modulus)とされる.ギリシアの神殿では,このモドゥルスを用い,柱の太さを基準として,すべての寸法を比例的に割り出したとされている[19].一方,わが国は,「木割り法」として体系づけられた部材寸法の比例関係が用いられた.

(2) ベーシック モデュール

一定の寸法を単位としてグリッド プランニングをするとき,この単位をモデュールとよぶことがある.われわれは住宅の平面を考えるさい,畳を単位とするグリッドを使うことが多いが,この場合,約3尺という寸法は一つのモデュールである.これをオーバー モデュールということもある.欧米の規格では10 cmがベーシック モデュールとなっているようだ[20][21].これは煉瓦の小口の幅(4インチ)

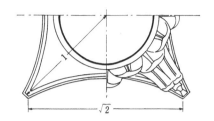

(a) コリントゥス式柱頭

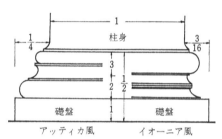

(b) イオーニア式柱礎

図3・7 古代ギリシア建築におけるモドゥルスの例.
(森田慶一訳:ウィトルーウィウス建築書,東海大学出版会,1969による).

[19] 森田慶一訳:ウィトルーウィウス建築書,東海大学出版会,1969.

[20] 池辺 陽:モデュラー・コーディネーション,建築学便覧,日本建築学会編,丸善,1980.

[21] 小原二郎編:インテリア大事典,寸法計画,p.181,彰国社,1988.

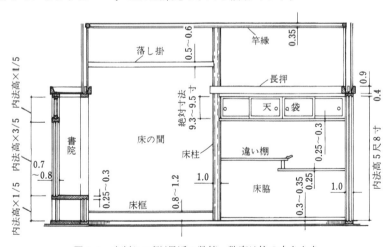

図3・8 木割りの例(最近の数値,数字は柱の大きさを1.0としたときの比率を示す).

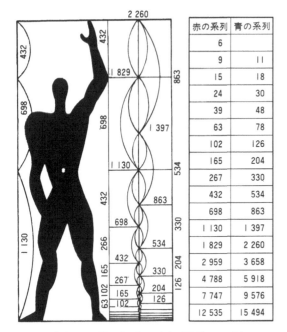

(a) コルビュジェのmodulor(モデュロール).
ル・コルビュジェが提案したもので,人体寸法を基本にした黄金比$(\sqrt{5}+1)/2$による等比数列である.赤と青の二つの数列があり,青が赤の2倍になっている.端数は丸めてあるが,厳密にはフィボナチ数列ではない.

875	175	35	7	14	28	56	112	(224)	(448)
125	25	5	1	2	4	8	16	32	64
375	75	15	3	6	12	24	48	96	192
(1125)	225	45	9	18	36	72	144	288	576
(3375)	675	135	27	54	108	216	432	864	(1728)

(d) 建築モデュール(JIS A 0001)
日本建築学会において検討されたモデュールの数列である.1,2,3,5というフィボナチの関係を基本にして展開したところはEPA案とナンバーパターンに類似するが,7倍の数値を含む点が異なる.

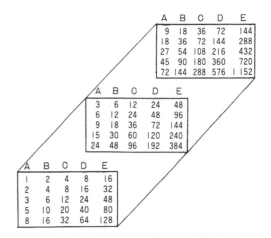

(b) EPA案(ヨーロッパ生産性本部案)
1,2,3,5というフィボナチの関係を基本にして2倍数列と3倍数列とを三角形に組み合わせたもので,ナンバーパターンに類似する(単位は10cmまたは4インチ).

(c) Number pattern(ナンバーパターン)
1を初期値としたフィボナチ数列と,2倍数列,3倍数列を組み合わせて3次元に展開したもので,BRS(building research station)において,AllenとEhren Kranzがまとめたものである.EPA案に類似する(単位はインチ).

図3・9 各種のモデュール.

からきたものであろう.

最近の高層オフィスビルでは,消防法によるスプリンクラーの有効範囲や可動間仕切りの配置間隔などから,3mないし3.2mのグリッドをモデュールとするものが多い.

(3) 規格寸法としてのモデュール

部材を組み立てて建築をつくるためのモデュールである.構成材の寸法関係をモデュールによって調整することをモデュラー コーディネーション[*22]という.この場合,部材寸法を内法でおさえる方法と外法でおさえる方法とがあり,そのあたりを綿密に詰めておかないと,組合わせはうまくいかない.

JISによればモデュラー コーディネーションの目的は,「建築生産の合理化

[*22] modular coordination

と建設費の引下げ」ということになっている．したがってプレハブ建築にとってはモデュールは最も重要な柱である．現実には約6割のメーカーが心心で910 mm (3尺)のモデュールを採用しているが，システムとして統一されたものではない．当然，部品も互換性のないクローズドシステムである．

（4） 組織化された寸法系列ないし数列としてのモデュール[*23]

モデュールには体系化された数列という意味もある．この場合，モデュール数列は，加算性，分割性，倍数性，約数性などを，ある程度まで備えていなければならない．ここに加算性と分割性は，数列の中の数値の和が同じ数列の中に存在することであり，倍数性と約数性は，数列の中の数値の倍数が，やはり数列の中に含まれていることである．

さらに，数値が大きくなるに従って，数値の間隔，つまりとび方が大きくなることが望ましい．単純な等差数列では，加算性や倍数性は満足されるが，数値の間隔が変化しないという欠点があり，たんなる等比数列では，加算性は，ほとんど期待できない．つまり，加算性と倍数性を同時に満足し，かつ数値の間隔も適当に設定するためには，単純な数列ではだめである．そのため，等差数列，等比数列，フィボナチの数列などをエレメントとして，2次元または3次元に展開した複合数列としてモデュールを構成することが考えられ，そのようなモデュールが数多く提案されている[*24]．

この場合，数値の和が次つぎに新しい数値をつくっていくというフィボナチの数列と黄金比の数列は多少の加算性をもち，部材を組み合わせて構成する建築のモデュールとしては好都合である．ル・コルビュジェは，この性質を積極的に利用し，人体寸法を基準として黄金比による等比数列に展開した二つの数列をつくって，ル・モデュロールと名付けた[*25]．これは，理論的に導かれた寸法系列であると同時に，プロポーションとしてのモデュールであって，コルビュジェは自らの設計に適用して美しい作品をつくった．だが，このモデュールを使えば，誰でもコルビュジェのようなデザインができるわけではない．

このほか等比数列としては，わが国でもJISの「工業標準数」として採用されているルナール数[*26]がある．これは $\sqrt[n]{10}$ を公比とする等比数列で，第一次大

工業標準数				
R 5	R 10	R 20	R 40	計算値
1	2	3	4	8
1.00	1.00	1.00	1.00	1.0000
			1.06	1.0593
		1.12	1.12	1.1220
			1.18	1.1885
	1.25	1.25	1.25	1.2589
			1.32	1.3335
		1.40	1.40	1.4125
			1.50	1.4962
1.60	1.60	1.60	1.60	1.5849
			1.70	1.6788
		1.80	1.80	1.7783
			1.90	1.8836
	2.00	2.00	2.00	1.9953
			2.12	2.1135
		2.24	2.24	2.2387
			2.36	2.3714
2.50	2.50	2.50	2.50	2.5119
			2.65	2.6607
		2.80	2.80	2.8184
			3.00	2.9854
	3.15	3.15	3.15	3.1623
			3.35	3.3497
		3.55	3.55	3.5481
			3.75	3.7584
4.00	4.00	4.00	4.00	3.9811
			4.25	4.2170
		4.50	4.50	4.4668
			4.75	4.7315
	5.00	5.00	5.00	5.0119
			5.30	5.3088
		5.60	5.60	5.6234
			6.00	5.9566
6.30	6.30	6.30	6.30	6.3096
			6.70	6.6834
		7.10	7.10	7.0795
			7.50	7.4989
	8.00	8.00	8.00	7.9433
			8.50	8.4140
		9.00	9.00	8.9125
			9.50	9.4406

図 3・10 ルナール数
（工業標準数，JIS Z 8601）

〔注〕1から10までを一定の公比に分割した数列であり，R5は公比 $\sqrt[5]{10}≒1.6$，R10は公比 $\sqrt[10]{10}≒1.25$，R20は公比 $\sqrt[20]{10}≒1.12$，R40は公比 $\sqrt[40]{10}≒1.06$ である．
第一次大戦時，フランス軍の将校だったルナールが案出したもので，発見者の名をつけて，ルナール数(Renard number)とも呼ばれている．

*23
池田武邦：モジュール, 世界大百科事典, 平凡社ほか.

*24
岡田光正：モジュールと標準寸法の関係, 日本建築学会近畿支部研究報告, 1959.

*25
ル・コルビュジェ著, 吉阪隆正訳：モデュロール(黄金尺), 美術出版社, 1953.

*26
Renard number

戦のとき，フランスの砲兵将校だったルナールが，着弾観測用の気球のサイズを統一するために案出したものだという．n は正の整数で，5, 10, 20, 40 が一般的であり，数値を丸めて，$R10$，$R20$ などと表わす．この数列は，要するに 1 から 10 までの間を等比的に分割した数列だから，数値のとび間隔は理想的だが，当然のことながら加算性はない．

JIS の「建築モデュール」は，2 倍と 5 倍の系列にフィボナチの系列を組み合わせたもので，2 倍と 5 倍を含むことによって十進法にも対応しているが，有効に使われているとは思えない．その原因は，このモデュールが制定された経緯にある．というのは，わが国では，ベーシック モデュールとして長年，3 尺 (≒1 ヤード) という寸法を使ってきたが，昭和 30 年代，メートル法の完全施行により，これが使えないということになった．この事態に直面して，建築学会では「3 尺に代わる数値をどうするか」という問題を精力的に検討し，具体的には，90, 96, 100, 120 cm というような数値が提案されたが，結局，基準寸法を一つに絞ることはできず，結果として選定されたのが，この「建築モデュール」である．

この数列は総花的で，上記の 90, 96, 100, 120 cm という四つの数値をすべて含み，どれを使ってもよいということになっている．これでは何も決めないことと同じであり，一方，3 尺および 6 尺の実寸として現実に広く使われていた 91 cm と 182 cm はまったく含まれていない．せっかくの「建築モデュール」が，ほとんど使われないという結果になったのは，このためであろう[*27]．

*27
荒木睦彦：日本のモデュール, オペレーションズ・リサーチ, 1986.10.

2. 畳の寸法

日本の伝統的な畳を基準とする尺，寸，間の系列も立派なモデュールである．わが国では，メートル法を使うことが法律的に義務付けられており，尺貫法は公的には使えないことになっている．しかし，慣用されている材料寸法には，人間的な寸法として尺貫法が生き続けており，3.3 m² 当たりとか 1.8 リットル当たりとかいう数値が，基本的な単位として，好んで用いられているのは周知のとおりである．

畳にはいろいろの大きさがあり，「京間」「田舎間」などの区別がある．京間は畳の大きさ 3.15 尺 × 6.30 尺を基準にして室の大きさを決め，柱の間隔を決

表 3・2 畳の寸法．

名 称	長 さ		幅		備 考
	尺	m	尺	m	
京 間	6.3	1.910	3.15	0.955	内 法 制
中 京 間	6.0	1.820	3.00	0.910	内 法 制
田 舎 間	約 5.8	約 1.760	約 2.90	約 0.880	心 心 制

図3・11 京間,中京間,田舎間の分布[*28].
(市浦・中村:住宅の基準寸法について,日本建築学会論文集,1942.4.による)

める「内法制」で,関西以西と北陸に多く用いられた.田舎間は,関東,東北,北海道,つまり東日本に多く,「心心制」つまり柱の間隔を「心心」で3尺の倍数にするので,畳の寸法は1枚ごとに違ってくる.名古屋を中心とする地方には「中京間」があり,これは京間と田舎間の中間で,3尺×6尺の畳を使う内法制のシステムである.なお,ここで「心心」とは,壁心(壁の中心線)から壁

[*28] 渋谷五郎・長尾勝馬:日本建築,上巻,学芸出版社,1963 ほかによる.

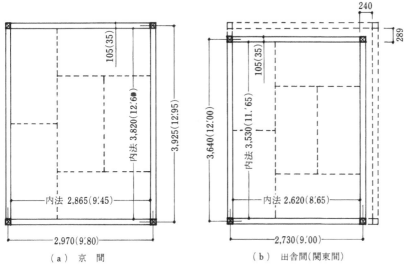

図3・12 京間と田舎間(関東間)の比較.
単位mm,図は105mm(3寸5分)角の柱を用いた場合を示す.

心までの寸法をいう．

　田舎間は，江戸間，関東間，京間は関西間などとよばれることもあり，地方によっては，京間のことを本間(ほんま)などとよぶところもある．

　京間は広く，田舎間は狭い．しかし今では，京間が用いられることは少なく，田舎間が多くなっている．とくに賃貸住宅や旅館では，畳の枚数だけが重要で，たとえば畳が6枚敷いてあれば6畳，4.5枚であれば4畳半というように扱い，それによって部屋代などを決めるから，畳の狭小化が進むことになる．だが，現在のように，椅子式の生活で家具も多く，体格も大きくなった状況では，このような狭小化は重大な問題である．量産化が進み，部品の互換性も求められるようになっているので，広くて，しかも内法制という京間の伝統に今一度，目を向けるべきであろう．

3・5　設計寸法は何で決まるか

　設計寸法を決定する条件としては，「機能」，「デザイン（美しさ）」，「部品や材料の寸法」という三つのことを考えねばならない．

1. 機能的に必要な寸法

　機能からとらえるべき寸法としては，人体寸法，物品寸法などがあるが，これがそのまま設計寸法となるわけではない．

　機能的条件による設計寸法は，次のような構成をもっている．

$$\{人体寸法・動作寸法\}+\{物品寸法\}+\{ゆとり\}=\{設計寸法\}$$

　この「ゆとり」については，次のような意味がある．

（1）　**安全余裕**

　人体寸法などが，平均値でとらえられているときは，ばらつきに対する安全余裕としての意味がある．物品の場合，規格寸法などは，容易に変更されるので，大型化に備える意味もある．

（2）　**設計条件の変化に対応するための「ゆとり」**

　空間の機能や使い勝手，機種，台数などは固定したものではなく，変動する．将来の変化にそなえるための「ゆとり」は大きいほどよい．

（3）　**動作が楽に行なわれるための「ゆとり」**

　動作が楽に行なわれるかどうかによって，平面寸法，断面寸法は，次の3種類になる．

　① 動作は苦しいが，こと足りる寸法．
　② 比較的，楽に動作できる寸法．
　③ 動作に壁の存在を感じさせない寸法．

　設計上，望ましいのは②と③であることはいうまでもない．

姿　　勢		横幅	奥行	占有面積	占有率
何も持たずに自然に立っている．		58 cm	30 cm	0.17 m²	100%
ショッピングバッグを持っている．		59	43	0.25	147
雑誌を読んでいる．		55	58	0.32	188
新聞を開いて読んでいる．	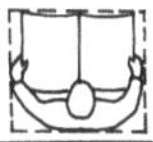	89	77	0.69	406
正座している．		54	62	0.33	194
あぐらをかいている．		81	65	0.52	306

図 3・13　いろいろな姿勢の人体寸法と占有面積（木坊子敬貢氏の実測による）．

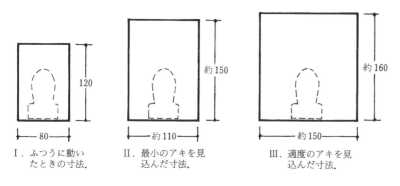

Ⅰ．ふつうに動いたときの寸法．　　Ⅱ．最小のアキを見込んだ寸法．　　Ⅲ．適度のアキを見込んだ寸法．

図 3・14　洋式便所における「ゆとり」と設計寸法（上野義雪氏による）．

2. 美しさとかデザイン上の効果を演出するために必要な寸法

デザイン上の条件としては，バランスやプロポーションからのほか，好ましい雰囲気やシンボル的な効果をだすためとか，広々とした余裕を感じさせるといったことがある．

3. 部品や材料の規格による寸法

部材のプレハブ化，量産化が進み，材料や製品の規格が普及してくると，部品やパネルの寸法などを無視して進めると，相当なコスト高になることが多い．

3・6　各部の寸法

1. 天井の高さは何で決まるか

天井は高すぎてもいけないし，低すぎてもいけない．だが，これを機能的に決めようとすると，かなりむずかしい．平面におけるロビーやホワイエ，ホー

ルなどの広さや寸法に似た曖昧さがある.

　天井は空間に落ち着きを与える大事な要素で,最適の高さは部屋の用途や集まる人数,広さなどに関係する.感覚的には低いほど落ち着くが,手を伸ばして触れる高さ,つまり 2,100 mm 以下になると押し潰されそうな感じがする.一人で使う部屋としては差しつかえなくても,人が集まる部屋としては低過ぎることもある.

　居室の天井高は,物理的には何よりもまず身長に関係する.この場合,身長には髪型,帽子,はきものなどによる寸法を加算しなければならない.まず,頭髪高については,日本人の男子で 20〜35 mm,女子で 25〜70 mm となっているが,これは髪型の流行によって変化する.帽子は,ソフトで約 25 mm,ヘルメットでは 36 mm 程度を加算すればよいが,料理人(コック)の帽子はとくに高いものがあるから,厨房の設計にあたっては注意しなければならない.靴,はきものについては,男子の靴で 25〜35 mm,女子の靴 40〜76 mm,下駄 40〜90 mm を一般に想定すればよいであろう.

　このほか,歩くときは上下に振動するので,その移動量±20〜60 mm を考慮しなければならない.また,感覚的なヘッドクリヤランスとして 100〜150 mm が必要だが,この値は前項の上下振動の値と重複する.

　以上の結果を用いて,インタナショナル パーソンを対象とする天井高の最小の寸法は次のようになる.

$$1,920 + 35 + 36 + 33 + 150 = 2,174 \text{ (mm)}$$

　つまり,約 2,200 mm 以上でなければならない.出入口の内法高も,この程度が望ましいが,クリヤランスは 150 mm の半分で 75 mm でよいとすれば,2,100 mm が必要だということになる.なお,和室の内法高 5 尺 8 寸は最近の人体寸法からすれば低すぎるが,本来は 6 尺だったものが,畳の厚さ(2 寸)だけ縮まったからだとされている.

　和室(床座)の天井高については,日本古来の木割り法によると,次の数式があったという[*28].

$$天井高 = 内法高 + 0.3 尺 \times 部屋の畳数 \qquad (3\cdot1)$$

　伝統的な和室の内法高[*29]は,通常,5 尺 7 寸〜5 尺 8 寸(≒1,750 mm)だから,これで計算すると,4 畳半で 7 尺 1 寸(2,130 mm),8 畳で 8 尺 1 寸 5 分(2,440 mm)になる.この寸法は,椅子式としてはやや低いが,畳に座るとちょうど落ち着く高さである.椅子式の場合は,上式の高さに椅子の高さに当たる約 40〜45 cm を加えてやればよい[*28].

　畳の寸法を京間とすれば,1 畳は 6.3 尺×3.15 尺(≒191×95.5 cm≒1.8 m²)であり,内法高を 1,750 mm として上式 (3·1) を変換すると,天井高は次のようになる.

[*28] 渋谷五郎・長尾勝馬:日本建築,上巻,学芸出版社,1963 ほかによる.

[*29] 床面から鴨居の下端までの高さ.

$$\text{天井高} = 1{,}750 + 400 + 9 \times \text{部屋の床面積}(\text{m}^2) \div 1.8$$
$$= 2{,}150 + 5 \times \text{部屋の床面積}(\text{m}^2) \qquad (3 \cdot 2)$$

これが木割り法による洋室の天井高算定式ということになるが，現在のオフィスなどに比べると，かなり高い寸法である．たとえば，20 m² の部屋だと，3,150 mm，50 m² の部屋では 4,650 mm，100 m² では 7,150 mm になる．だが，木割り法が和風の木造建築を対象としたものであることを考えると，これを大きな洋室に適用するのは妥当ではないかもしれない．

一方，天井は目の高さの 2 倍以上あればよいという説もある．これによると，立っているときと座っているときでは違うわけで，ホールやロビーなど立った姿勢を建前とする場所では，目の高さの差として椅子式の場合よりも，さらに約 40 cm 高くなければならない．

わが国では，空調の効率を上げ，高さ制限の中で最大の床面積を確保するために，天井高は低くなる一方だったが，最近ようやく天井高を見直すべきだという考え方が生まれ，事務室などでも，2.6 m 程度以上が望ましいとされるようになった．

一般に昔の建物は天井が高い．また，天井の高さにはシンボル効果もあって，モニュメンタルなもの，ステイタスや権威，宗教などにかかわるものでは，天井が高くなる．

オーディトリアム（auditorium）では，音響効果の面から適切な室容積を設定する必要があり，そこから天井高が決まることが多い．体育館の天井高は競技種目によって決まるが，8 m 以上であれば，ほとんどの競技は可能である．ただし，この場合の天井高は建築基準法でいう天井の仕上げ面までの高さではなく，梁の鉄骨や照明器具の下端までの高さであることが多いので，間違わないようにする．ビルの機械室や工場などでは，人間のスケールよりも，設備や機械の寸法とかダクトや配管の寸法から天井の高さが決まるが，メンテナンスや将来の取替えを考えて，ゆとりをもった寸法でなければならない．

2．タテ方向の寸法
(1) 棚の高さ

天井高，内法高ともに身長の最大値にかかわる寸法だが，棚の高さは逆に手の届く最小の高さから決める必要がある．とくに年をとると身長が低くなるので，運動機能の減退と共に，高齢者が利用する住宅や施設では気をつけなければならない．一般に，楽に使える棚の高さの上限は 1,500 mm 程度であろう．

(2) 手摺の高さ

手摺の高さについては，からだ全体の重心はヘソよりもやや上にあるから，原則的には手摺はそれよりも高くしなければ危ない．バルコニーの手摺は，建

築基準法により 110 cm 以上と定められている．とくに船の場合は，揺れると危ないので，デッキの手摺は，バルコニーの手摺よりも高くなっている．

（3） 窓台の高さ[*30]

[*30] 床面から窓の下端または下枠までの高さ．

窓台の高さは，部屋の機能および人の姿勢と目の高さによって，次のような3種類を使い分けるようにすればよい．

① 400〜500 mm……和室の場合である．床座の目の位置に対応する．窓が高いと外が見えず，うっとうしい．

② 700〜900 mm……普通の事務室や講義室など，椅子座に対応する高さである．机の高さよりも少し高い方が納まりがよい．

③ 1,100 mm 内外…厨房，便所，洗面所など，いわゆる水回りの窓の高さである．立ったままの姿勢だから，これでも十分，外は見える．これ以上，窓台が低いと，流し台などの給水栓を取り付けることができない．

3. ヨコ方向の寸法

幅の問題としては，最大幅と頭の幅が問題となる．最大幅は日本人の成人男子で平均 400〜432 mm，成人女子で 365〜393 mm，いずれも肩幅で，身長の約4分の1と考えてよい．これに被服の厚さが加わると，450 mm 程度になる．

自動車の場合，座席の幅は 400 mm をもって1人として，車両定員を数えることがあるが，これでは当然のことながら，かなり窮屈で，長時間は無理であろう．通勤電車のベンチシートでは，一人あたり 450 mm 内外になっていることが多い．

廊下や階段の幅については，歩行に伴う左右の振れと荷物などを考慮しなければならない．建築基準法では，住宅用の廊下の内法幅は 750 mm でもよいことになっているが，これは心心 910 mm の田舎間の場合，内法幅がちょうどこれくらいの寸法になるからだろう．法令による最小幅員では狭すぎることが多く，あくまで最小の限界であることを忘れてはならない．とくに廊下の交差や折れ曲がり部分は，大型家具の運搬と担架や棺が出入りするときのことも考えておくべきである．

廊下は交通空間であるが，それだけではない．集合住宅の廊下は，近隣の人と交流するための空間でもある．病院の外来では，廊下は待合室を兼ねている．このように廊下や通路には，さまざまな機能があるが，基本的には通行する人数や密度，車椅子やストレッチャーなどが通るかどうか，ドアは外開きか内開きか，などによって必要な幅員が決まる．

数人並んだ場合の「単位幅」としては，避難計画に関する外国の法令では 22 インチ，つまり 550 mm とする例が多い．一応はそれでよいと思うが，携帯品

などを考慮し、またメートル法のラウンドナンバーとして、600 mm とする考え方もある。この「単位幅」というのは、階段や出入口、廊下の幅をその倍数とすればよいという数値であるが、最小の幅として1単位でよいということではなく、2単位以上の幅を対象とする基準寸法だということを忘れてはならない。交通容量は幅員に比例するのではなく、単位幅の何倍かによって決まるのである。

車椅子の通行のためには、ドアの内法幅は 850 mm 以上が必要で、開き戸よりも片引き戸がよい。この場合、吊り車を使うなどして、床にレールや敷居による段差ができないようにする[31]。

なお、同じ2m幅の通路でも、屋内の廊下ならば広く、ゆったりと感ずるが、外部空間では最小の幅員にしか見えない。環境条件にもよるが、外部空間と内部空間における寸法知覚の差は、2〜3倍ていどはあるのではなかろうか。

頭の幅は手摺や面格子の竪子の間隔に関係する。3歳児で平均値は 141 mm、標準偏差は 9 mm だから、約 120 mm 以下であれば、一応安全であろう。

[31] 吉田あこ他：身障者を考えた建築のディテール、理工図書、1978.

4. 階段の寸法

「階段は建築のなかで小さいほど、またそのとる面積の少ないほどよい」[32]といったのはアルベルティである。ルネサンスは階段に対して冷淡であった。そのせいか、昔の建物には急勾配の階段が多い。しかし一方では、単なる昇降のためだけではなく、空間を演出するための重要な装置としてモニュメンタルに扱われた堂々たる立派な階段もあった。

[32] 相川 浩：建築家アルベルティ、中央公論社、1988.

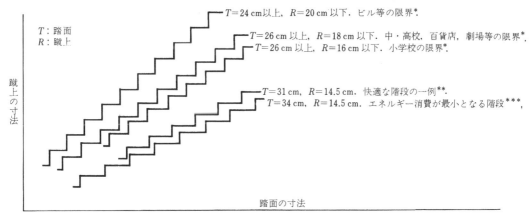

* いずれも建築基準法による階段寸法の限界を示すもので、好ましい寸法ではない。
** スウェーデンのヤーンショッピング(JÖNKÖPING)にある S.VÄTTERBYGDENS FOLKHÖGSKOLA (キリスト教系の学校)の階段。
*** ボリス S プシュカレフ、ジェフリー M. ジュパン著、月尾嘉男訳：歩行者のための都市空間、鹿島出版会、1977 に引用されたショルツの研究(1952年)による数値。

図 3・15　階段の寸法．

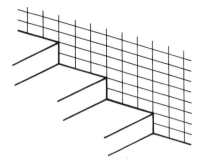

図3・16 建築会館の階段.
秋元和雄氏の設計によるもので，玄関入口の屋内とも屋外ともいえない場所だが，小口タイル(100×60)の目地割りに合わせた美しいディテールで，しかも快適な寸法になっている．このおさまりだと，目地幅にもよるが，寸法は，おおむね
　T：330～340 mm
　R：約 140 mm
となる．

*33
建築設計資料集成，丸善，所載の障害者の生活環境をつくる会の提案による．

*34
浅野博光：外部階段の研究，大阪大学工学部修士論文，1978．および，その他の実測調査による．

*35
G.アロウ著，内堀繁生，熊野 保訳：階段―デザインとディテール―，鹿島出版会，1976．

階段の「蹴上」(rise)と「踏面」(tread)の寸法については，建築基準法に規定があるが，これは最小限度の寸法であって，実用上はこれよりも勾配の緩い余裕のある寸法にしないと，使いにくい階段になる．階段の幅員についても同様で，できるだけ広く，ゆったりとした感じをもたせることが望ましい．

握りやすい形の手摺も必要である．手摺の高さは，ふつう 80～85 cm でよいが，高齢者や幼児のために，65 cm と 85 cm の 2 段にするのがよい[31]．

具合いのよい階段は，経験的に次の式が成り立つような寸法であればよいとされている．

$$T + 2R = K \quad (K = 60\sim65 \text{ cm}) \tag{3・3}$$

ここに，T は踏面，R は蹴上の寸法（cm）を表わす．K は歩幅に相当し，成人用の階段では 63 cm 程度が多いようだ．また，次のような関係式もある．

$$T \times R = 450\sim485 \quad (T, R \text{ の単位は cm}) \tag{3・4}$$

杖を持つ人がいることを前提にすれば，蹴上は 15 cm 以下，踏面は 30 cm 以上とすることが推奨されている[33]．百貨店や劇場など多人数が通る公衆用の階段では，踏面は 30 cm から 35 cm 程度とし，蹴上は 15 cm 以下にすべきだろう．駅や空港などでは，さらに勾配を緩くして，蹴上 14 cm，踏面 32 cm 程度とし，オフィスビルや一般の公共施設では，蹴上 18 cm 以下，踏面 26 cm 以上とすることが望ましい．

外部空間では階段の勾配を緩くしておかねばならない．外部空間における階段の「昇降しやすさ」について調査した結果は，図 3・17 のとおりであった[34]．これによると，具合いのよいのは，蹴上は 10～15 cm，踏面は 34～44 cm の範囲にあり，従来，屋外用として提案されていた，たとえば

$$T + 2R = 75 \text{ (cm)} \tag{3・5}$$

では，必ずしも評価がよいとは限らないことがわかる．むしろ(3・3)式により，G.アロウ提案[35] の勾配 20° 以下として，寸法を選ぶか，または次式の方がよいであろう．

$$T + 3R = 78 \text{ (cm)} \tag{3・6}$$

$$T + 4R = 90 \text{ (cm)} \tag{3・7}$$

5. スロープの勾配

平面的に寸法の余裕があれば，階段よりも斜路 (ramp way) の方がよい．斜路を設けることが義務づけられている場合もある．わずか 5 cm の段差でも，車椅子には障害になる．勾配は，法令によると 1/8 が上限となっているが，車椅

3・7 家具や物品の寸法

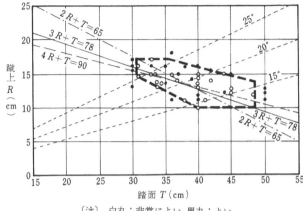

〔注〕 白丸：非常によい，黒丸：よい．
（a） 階段の寸法[34]

（b） 大阪府服部緑地の正面の階段．
$T=45\,\mathrm{cm}$, $R=12\,\mathrm{cm}$ で，きわめて快適である．

図3・17 外部空間における階段．

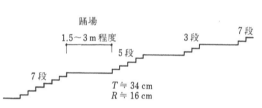

図3・18 沖縄・今帰仁（ナキジン）城址の階段．いわゆる「七五三」の階段である．

子を考慮すると1/12以下が望ましい．なお，駐車場などで自動車を対象にする場合は，駐車場法によって，17％（約1/6）以下とされているが，これも，もっと緩い方がよい．

3・7 家具や物品の寸法

作業台，机，流し台などの適正な高さは，当然，それを使う人の身長と相関があるが，量産品の規格としては平均値またはモード（最頻値）を対象とせざるを得ないであろう．したがって人によっては，規格寸法は必ずしも最適ではない場合もある．

事務机の高さは，規格では70 cm と67 cm の2種類になっている．机と椅子の高さの差を「差尺」というが作業用の机の場合，差尺は平均27～30 cm である．また，事務用の椅子の高さは身長の4分の1が最適という説もある．

家庭用の流し台については，身長152 cm 程度の人にとって最適の高さは80 cm 前後だとされる[36]．しかし最近は，女性の平均身長は155 cm を超えてお

[36] 大森和子氏の実験による：家事の社会学，日本経済新聞，1988.6.7.

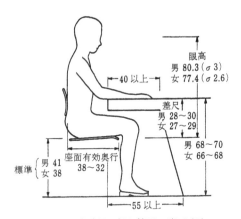
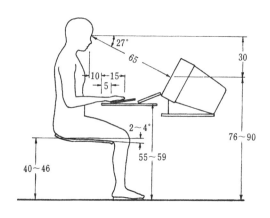

図3・19　事務用の机と椅子の適正寸法
（上野義雪氏による）．

図3・20　VDT作業のための適正寸法（同左）．

り，80 cm では低すぎるといわれることが多くなった．高い方が疲れないという説もあり，現在では 80 cm に加えて，85 cm という寸法のものが追加されている．しかし，加齢によって身長は低くなるので，高齢化社会を迎えつつあることを考えると，集合住宅などの流し台を高い方の寸法に統一することには疑問がある．

最近は，収納家具とくにタンス類の高さ寸法が大きくなり，集合住宅では壁付きの梁型に当たるケースが多い．これは建築と家具の双方で考えるべき問題である．

空間における知覚と行動法則 — 4

4・1 方位と軸線 —— 空間知覚のフレーム ——

1. 西を聖なる方向とする思想

　四天王寺の西門に石の鳥居がある．寺院に鳥居があるのは神仏習合の歴史からいって珍しいことではないが，この鳥居は鎌倉時代のもので，重要文化財に指定されている．鳥居は西に面し，その扁額には「当極楽土 東門中心」とあるが，これは「極楽の東門の中心に当たる」という意味である．中世には「難波の海は西方浄土に連らなり，四天王寺の西門は極楽の東門に向かい合っている」という思想が広く信じられていた．そのため彼岸[*1]には，この鳥居から真西に沈む落日を拝し，西方浄土を念ずる「日想観」[*2]の信仰が盛んであった[*3]．

図4・1　四天王寺西門の「石の鳥居」．

[*1] 春分と秋分を中心とする前後7日間をいう．

[*2] 「しっそうかん」または「にっそうがん」とも読む．能の流派によっても異なる．

[*3] 吉村卓司：日本古代暦の証明，六興出版，1981，および塩入良道・福山敏雄：四天王寺，世界大百科事典，10巻，p.357．

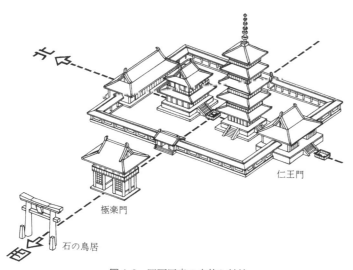

図4・2　四天王寺の方位と軸線．

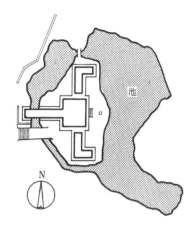

図4・3 平等院鳳凰堂

そのころは，難波の海が上町台地の西岸に寄せており，人びとは岸辺に立って真紅の夕陽を拝んだ．今に伝わる「夕陽丘(ゆうひがおか)」の地名はその名残りである[*4]．

極楽往生を願って四天王寺に参籠したのち，弟子達を集めて私物を処理し，衣の袖に砂を入れて西の海に身を投じた上人もいたほどであった．そのとき人びとは端坐合掌して，その後ろ姿を伏し拝んだと伝えられている[*4]．

能の「弱法師(よろぼし)」[*5]にも「極楽の東門(とうもん)に，向かう難波の西の海」とあり，折しも彼岸の中日で，「近里(きんり)の貴賤，市をなし，日想観をも拝まんとて，人びと群集(くんじゅ)し候」というところに，来合わせた弱法師すなわち盲目の俊徳丸は，ここで日想観を行なって首尾よく父に巡り合い，救われるのである[*5]．

では，この「日想観」とは何であろうか．これについて観無量寿経は次のように説く．

「汝および衆生は，まさに専心に，念を一処に懸けて西方を想うべし．まさに想念を起し，正座し，西に向いてあきらかに日を観ずべし．想いを専らにして他に移さざらしめ，日の没せんと欲して，そのかたち懸鼓(けんく)[*6]のごとくなるを見よ．すでに日を見おらば目を閉じても開きても，みな，日没のかたちを明了(みょうりょう)ならしめよ．これを『日想』となし，名付けて『初観』という」[*7]

浄土三部経の一つである観無量寿経は，極楽浄土の観想を教える経典として有名である．それによれば，まず上記の「日没を観想して，西方の極楽を想う日想観」[*8]から始める．こうして現実世界をイメージすることからスタートし，さらに水と氷の美しさを観ずる「水想観」，極楽の大地を想う「地想観」と続けて，極楽の情景を描きつつ精神を集中し，想念をこらして次つぎとディテールを積み上げていけば[*9]，ついには

「目を開きても閉じても，鏡の中に自らの画像を見る如く，……極楽世界の広長(こうじょう)の相(すがた)を見，仏身および二菩薩を見たてまつることをえて，心に歓喜(かんぎ)

[*4] 治暦年間（1065〜1069年）には僧永快，大治年間（1126〜1130年）には行範上人，保延6年（1140年）には，西念が，それぞれ西海に向かって入水往生した．
出口常順：四天王寺，淡交社，1981，および南谷恵敬：四天王寺の歴史と宝物，四天王寺，1992 による．

[*5] 横道萬里雄・表 章校注：謡曲集・上，日本古典文学大系，岩波書店，1960．

[*6] 天空にかかった鼓

[*7] 中村 元・早島鏡正・紀野一義訳注：浄土三部経・上，岩波書店，1964．

[*8] 中村 元：仏典，日本放送出版協会，1985．

[*9] 中村良夫：風景学入門，中央公論社，1982 による．

4・1 方位と軸線空間知覚のフレーム ― 87

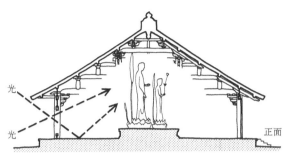
（a）断面のコンセプト．

（b）正 面

図4・4 浄土寺浄土堂

を生じ，未曾有なりと歎じ，廓然（かくねん）として大悟する」*7
に至るというのである．

　浄土教の成立は紀元2～3世紀の頃とされるが，今から千数百年も前に，このような心象風景を意図的に組み立てて目のあたりに見るための方法が発想され，しかも，その手順が克明に記録されているのは驚くべきことだといわねばならない．これは想起したイメージを定着させ，具体的に表現するための空間デザインの手法として，現在の「ヴァーチャル リアリティー（仮想現実）」につながる画期的な発想というべきであろう．

　だが，この教典の内容は，梅原 猛氏もいうように「戦慄」を覚えるほどの「すさまじい想像力の行使」*10 であり，長く厳しい修練の後，初めて可能となるものであった．これは誰にでもできるようなことではない．そこで地上に極楽世界と同じものを造り，それを見ればよいではないかという考えが生まれる．

　安易といえば安易だが，宇治の平等院鳳凰堂や浄瑠璃寺阿弥陀堂は，このようにしてつくられたものではないか．いずれも西を背にし，池を前にして東向きに建っている．「まさに『水想観』による極楽の情景を描いたもの」*11 で，たんに一つの思想をコンセプトにしたというよりも，むしろ経典の文言そのものを最も美しい形で現出したものといえよう．

　また，兵庫県小野市の浄土寺浄土堂は，東向きで背面に西日を受けるようにデザインされている*11*12．快慶作という阿弥陀三尊の立像が安置されているが，堂内には天蓋などの装飾はいっさいなく，化粧小屋裏の豪快な大仏様（天竺様）の建築である．背面はふつうなら壁にするところだが，ここでは全面が蔀戸（しとみど）で光を透かすようになっている．そのため背後から夕陽がさしこむとき，床や朱塗りの柱に反射した光は天井を照らして赤く輝き，堂内は荘厳の極致に達する*12．

　「ただただまぶしく，西方の真っ赤な光が阿弥陀如来の光明となって，自分が完全に包みこまれるような情景」*11 が現われる．「これこそ浄土教美術の中で

*10
梅原 猛：仏像のこころ，集英社，1987．

*11
西村公朝：祈りの造形，日本放送出版協会，1987．

*12
東 孝光：日本人の建築空間，彰国社，1981．

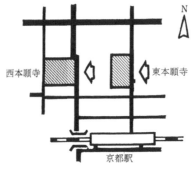
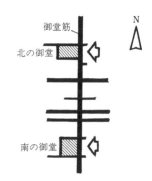

（a） 東本願寺と西本願寺（京都）．　　　（b） 北の御堂と南の御堂（大阪）．

図 4・5　本願寺と御堂の方位．

の，自然を使った最高の芸術表現」[11] である．けだし名建築というべきであろう．

2. 北を聖なる方位とする思想

わが国の世界観には，南北を軸とするものと，東西を軸とするものとがある．「日想観」は西を聖なる方位とする東西軸の世界観であった．礼拝の対象は太陽の沈む方向，西方十万億土にある．京都の東本願寺や西本願寺，大阪の御堂筋に面する南北二つの御堂などは，すべて西を背にして東向きに建っている．これは，古代日本において，太陽の昇る東方を聖なる方位とした思想とは正反対の向きになるが，東西軸であることには変わりはない．

これに対して，北極星という動かない一つの星に目をつけ，これを宇宙の中心とする南北軸の思想がある．中国では，この軸線を中心として都市がつくられた．南大門に始まる都大路は，北上して皇城の朱雀門に通じる．紫禁城では，この聖なる軸線の上に皇帝と皇后の住居があり，二つの建物の間に皇帝と皇后のための夜の宮殿があった[13]．

長安の都をモデルとした平城京も平安京も，さらにそれ以前の難波長柄豊碕京もすべて南北軸であった．しかも平安京の場合，図 4・8 に示すように南北の軸線は，比叡山と愛宕山の山頂を結ぶ線の垂直二等分線の上にあり，かつ賀茂川と桂川の間におさまるようにレイアウトされていた．この場合，比叡山と愛宕山は，ほとんど同じ高さで東西に並んでいる[14]．

法隆寺，東大寺，四天王寺など古代の寺院も南北軸

[13] 吉村卓司：日本古代暦の証明，六興出版，1981 による．

[14] 宮崎興二氏による（京の幾何学・1，京都新聞，1993.3.2.）．

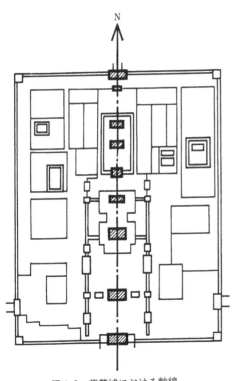

図 4・6　紫禁城における軸線．
（H. ステアリン著，鈴木博之訳：図集・世界の建築・下，鹿島出版会，1979 所載の図より作成）

である．京都の清水寺は西からアプローチするが，本堂はほぼ南面している．南は急峻な崖であり，地形からいえば不自然な配置計画である．「懸造り」による有名な清水の舞台は，敷地からは無理な条件を解決するためのものといえよう．

伊勢神宮では，内宮，外宮とも南向きであって，図4・9に示すように参道は大きく迂回して反対側に回り込む形になっている．確かに，玉砂利を踏んで長い参道を歩くことによって心が清められるという効果はあるだろう．しかし，それだけのためにわざわざ南向きにしたのであろうか．

元来は太陽神であり，そのためにこそ，朝日が海から昇るところを求めて，大和から真東の方向に当たる伊勢の地に移ったとされる日の神子の社が，北を背にして南向きに建つのはなぜか．本来ならば，東方を拝するように西を正面とするべきではなかろうか．これはやはり吉野裕子

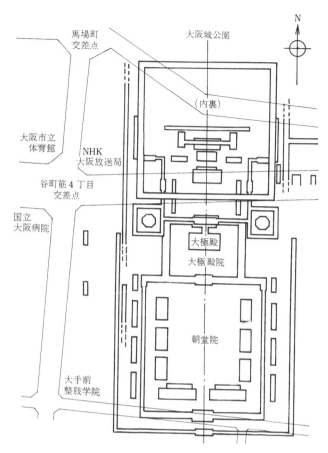

図4・7　難波宮（難波長柄豊碕京）の配置．

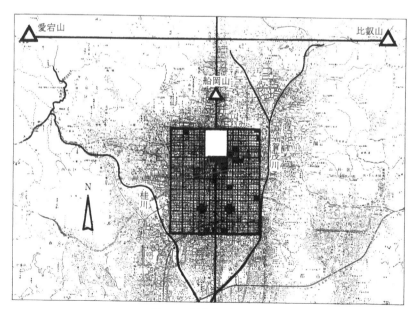

図4・8　平安京の軸線*14．

*15
吉野裕子：隠された神々，講談社 1975，および福永光司：道教と古代日本，人文書院，1987による．

*16
安藤輝国：消された耶馬台国―宇佐宮600年抗争に見る衝撃の史実―，香匠庵，1985による．
八幡神は，571年，宇佐に顕現，神仏習合の草分けとして，すでに781年には八幡大菩薩と呼ばれるようになった．都から遠く離れた地方神が国家神に昇格したのは，宇佐の神官たちの政治力によるものと思うが，時勢を読む能力にも優れた司祭者たちが，当時の支配的イデオロギーだった仏教の様式を，進んで取り入れたのかもしれない．

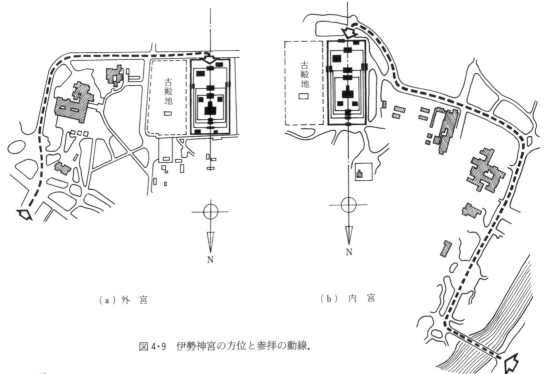

図4・9 伊勢神宮の方位と参拝の動線.

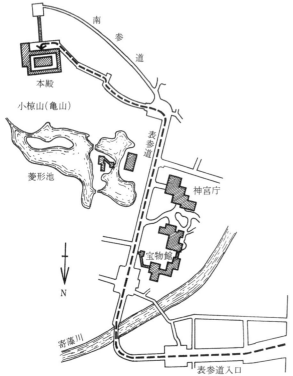

図4・10 宇佐神宮(八幡宮)の方位と参拝の動線.

氏のいうように，伊勢神宮には北極星を最高神とする道教の思想が隠されているのであろう[*15].

だが「北を神聖方位とする中国の建築様式」[*16]にしたがうのは伊勢神宮だけではなかった．

図4・10は宇佐神宮の配置図である．これを伊勢神宮の内宮とくらべると，両者のアプローチはおどろくほど，よく似ている．たんに偶然の一致とは考えられない．

宇佐八幡宮の成立も古く，6世紀に遡るとされるが，当初は社殿というほどのものはなく宇佐の周辺を転々と移動していたという．それが奈良時代になって，大仏造営を援助した功績により，初めて現在の地に国費で造営された[*16]．そのさい，南面を原則とする奈良仏教の大寺にならって方位が

決められたのではないか*16.

このほか，出雲大社，石上神宮，石清水八幡宮，日吉大社，北野天満宮，熱田神宮などの有名な神社の多くは，北を背にして南面する．これは，要するに「子午線を聖なるラインとみなす中国思想の影響による」*17 ものとしてよいであろう．

大和の大三輪神社のように，古代の神社は「もともと山を崇拝するものだったのが，南面して方角をかえてしまったために，何のことかわからなくなったという神社は沢山ある」*18 という．

北が聖なる方位だとすれば，地鎮祭でもホテルの結婚式場でも，本当に神に祈るのであれば，神式であるかぎり，祭壇は南向きでなければならない．平面計画の都合で，どうでもよいということではないだろう．ビルの屋上の神社も，この原則に従うべきではなかろうか．

3. 東を聖なる方向とする思想 —— オリエンテーションの概念 ——

オリエンテーションの語源はオリエントであり，東に向かって礼拝すること，または，そのように教会堂を配置することを意味する．これは「主なる神は東のかた，エデンに一つの園を設けて，その造った人をそこに置かれた」*19 という旧約聖書の記述にもとづくものとされるが，そのほか，太陽をキリストの象徴としたという説*20 もある．聖アウグスティヌス*21 も「われわれが祈るために立つ時，太陽が昇る方向である東側に向かねばならない．われわれは，顔を東に向けて神をあがめねばならない」といっている*22.

そのため，初期キリスト教の教会では，オリエントの方向つまり東に向かって礼拝することを原則とした*23. ゴシックのカテドラルも，正面を西向きにして建っているものが多い．聖堂の正面が夕陽を受けて美しく輝くのは，そのためである．

*17 大和岩雄：大国主神と神々の体系（日本の神々—神社と聖地7 山陰），白水社，1985.

*18 岡田精司：神社の古代史，大阪書籍，1985.

*19 創世記，第2章，8.

*20 たとえば，飯田喜四郎：教会堂建築（世界大百科事典），平凡社，1988 による．

*21 聖アウグスティヌス（Augustinus, 354〜430）は初期キリスト教の代表的神学者で，ギリシア哲学にも造詣深く，正統的教義を完成し，教会の権威を確立した．

*22 アウグスティヌスは，その理由の一つとして「地上の楽園（エデンの園）は，東にあるからであり，われわれは，そこにもどることを求めているから」だとする．馬杉宗夫：大聖堂のコスモロジー，中世の聖なる空間を読む，講談社，1992.

*23 前川道郎：ゴシックの建築空間，ナカニシヤ出版，1978.

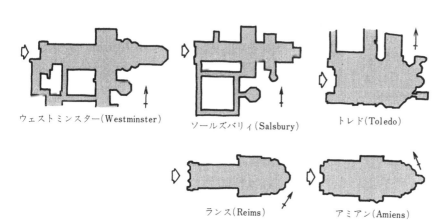

図4・11 ゴシック寺院の方位.

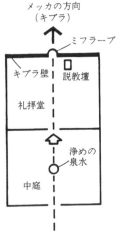

図4・12 モスクのコンセプトプラン.
(アンリ・スチールラン著, 神谷武夫訳:イスラムの建築文化, 原書房, 1987による).

4. イスラム世界における聖なる方位

よく知られているように, イスラム教のモスクではメッカの方角に向かって礼拝する. これは, コーランに

「お前の顔を聖なる礼拝堂（メッカの神殿）の方へ向けよ. お前たち何処の地にあろうとも, 必ず今言った方角に顔を向けるのだ」[24]

という一節があるからだ. 「最初, 回教徒はイエルサレムの方角に向かって祈禱していた. しかし, 後にマホメットがユダヤ教徒とはっきり敵対するに至って, その方向をメッカに向けかえた」のだという[25].

いずれにせよ, モスクはメッカの方向「キブラ」に向かう軸線上に建てられるのが原則である. 人びとは「ミフラーブ」のある壁, つまりキブラ壁に向かって礼拝する[25].

「キブラ」[26] とはイスラム教における礼拝の方向のことであり, 「ミフラーブ」とは, カーバ神殿の方向を示す壁のくぼみ（ニッチ, 壁龕）で, 通常は半円形のプランと半ドームの天井からなる. ミフラーブは「建物の中で至誠の場所を構成し, すべてのモスクに欠かせない基本要素」[25] であって, モザイクタイルなどで華麗に装飾されることが多いが, 教義により固く禁じられているから, 偶像が置かれることはない. イスラム寺院には御神体も本尊もないのである.

教会は集まって礼拝するところだから, 最小限度の「しつらえ」としてミフラーブがあればよかった. したがって, 建物の軸線とは無関係に, メッカの方向をキブラ壁とすることで, キリスト教の教会堂を, ほとんどそのままで転用することもできたのである[25].

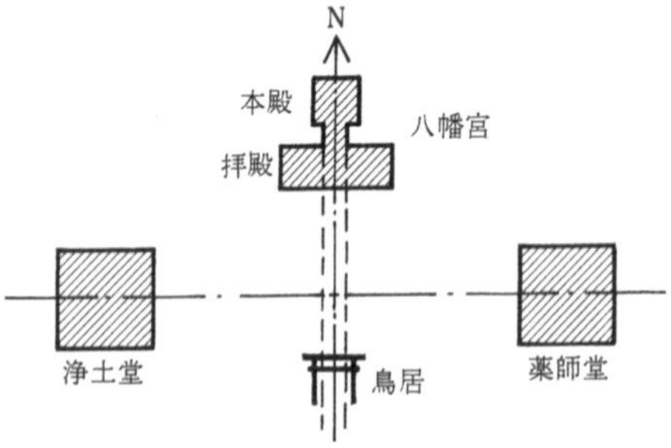

5. 軸線の思想

四天王寺は, 当初の南北軸に, 東西軸の思想が付加されたことは本章の冒頭に述べたとおりである. 北京にも天安門広場を通って東西の方向に, どこまでも伸びる直線の街路がある. 中国の都市において伝統的に多いタイプであるが, 幅員は広大で, 南北軸の宮殿と共に, 街路パターンの骨格を構成している[27]. 浄土寺においては図4・13 のように, 浄土堂と薬師堂[28] が東西に向かい合っており, 境内には八幡神社も建っている. もとより神仏習合の思想によるものであろう. 八幡社は宇佐神宮にならって南向きを原則とするので, 軸線は四天王寺と同じく十字形になる. また, 鉄道駅を基点として形成されたわが国の都市には, 図4・14 のようなパターンが多い. い

図4・13 浄土寺における十字形の軸線. 浄土堂と薬師堂が向かい合って建ち, その東西方向の軸線に直交する南北の軸線上に, 北を背にして八幡宮が建っている.

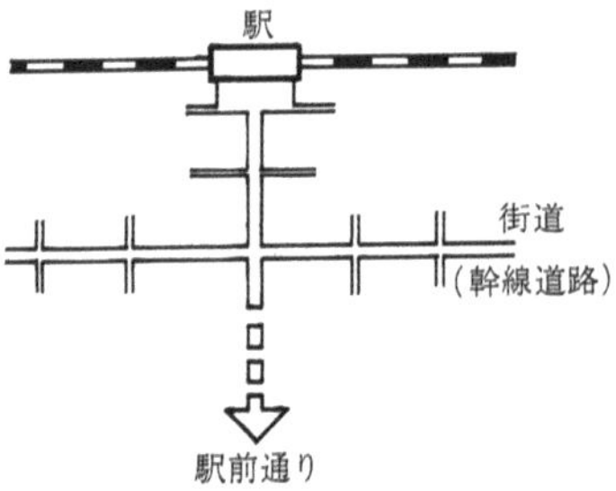

図4・14 十字形の軸線.

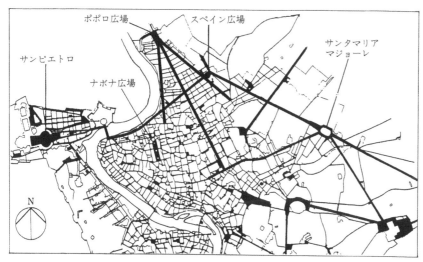

図 4·15　1748 年当時におけるローマの街路
(加藤晃規：南欧の広場，プロセスアーキテクチュア，1990 による).

ずれにせよ，直交する二つの軸があることは，都市のグリッドパターンにつながる条件でもあった．

だが，軸線は東洋だけのコンセプトではない．たとえば，ローマの北の入口に当たるポポロ門からは，「あひるの足」の角度による 3 本の街路が延びていることは，すでに述べたとおりである．これに直交する道路もあり，ほとんどはバロック時代に計画されたものだが，これらの軸線は数多くの歴史的なランドマークを相互に結合して，都市の成長を秩序づけたものと評価されている[29]．

パリのコンコルド広場からエトワールの凱旋門を抜けて新都心デファンスに至る長大な軸線も有名だが，ベルリンの中心にもブランデンブルグ門を通ってウンターデンリンデンまで，延長 10 km 以上に及ぶ直線の街路がある．あまりにも長いためか，場所によって「6 月 17 日通り」[30]「カイザー通り」「ビスマル

*24
井筒俊彦訳：コーラン，2-136，岩波書店．

*25
アンリ・スチールラン著，神谷武夫訳：イスラムの建築文化，原書房，1987．

*26
Qibla

*27
愛宕 元：中国の城郭都市，中央公論社，1991．

*28
薬師如来は東方の極楽・浄瑠璃世界の教主であって，方位からは阿弥陀如来とは正反対になる．奈良興福寺，東金堂の本尊は薬師如来で，東を向いて礼拝するように，西向きに安置されている．

*29
エドマンド・ベイコン著，渡辺定夫訳：都市のデザイン，鹿島出版会，1968．

*30
6 月 17 日通り（Str. des 17 Juni）の名称は，1953 年 6 月 17 日，東ベルリンにおいて東西格差の拡がりからゼネストやデモが発生，旧ソ連は戦車を出して弾圧し，多くの犠牲者が出たことを記憶に残すためだという．JTB の資料による．

図 4·16　パリの軸線．

図 4·17　ベルリンの「6 月 17 日通り」．

ク通り」などと名前が変わる．幅員広大で，街路というよりも広場に近いが，沿線にはフンボルト大学，オペラ劇場，オリンピック スタディアム，国立博物館などの重要な公共施設が立地し，都市の主要な軸線として機能しているようにみえる．

6. 環境条件と軸線

以上のような歴史や宗教による方位や軸線とは別に，環境とくに日照条件からくる方位の問題がある．一時，面開発と称して盛んにつくられた高層高密度団地では，そのほとんどが南北軸であった．冬至日の4時間日照を確保するという条件を満足するためだけならば，容積率などによって許される限り，南北軸の方がより多くの住戸を収容することができるからだ．しかし，これでは住戸は，必然的に東向き，または西向きになり，とくに西日本では夏の暑さは耐えがたく，冬は快晴でも，朝夕のわずかな斜めの日照しか期待することができない．

南北軸の集合住宅の設計者は，おそらく東西向きの住宅に住んだことがないのではないか．集合住宅は東西軸を原則とすべきである．

いずれにせよ，現代建築は方位に無関心すぎる．方位の支配から解放されたといえるかもしれないが，結果としては環境と共生する能力が退化しただけでなく，同時に精神的なよりどころをも失ったのではなかろうか．

4・2 空間知覚の条件

1. わかりやすい空間とわかりにくい空間

大阪のナンバ・シティにある「ロケット広場」（図4・18）は，ランドマークとして最も成功した実例であった．地下通路の途中に広場があり，そこに巨大な白いロケットが立っている．高さがあるので，上の階にある南海電車のコンコースからもよく見え，強力なランドマークになっていた．だが，広場の周囲に店舗などが増えて見通しが悪くなり，残念ながら撤去されてしまった．

吹田市にある千里山の住宅地は戦前から開発されたもので，相当に迷路的だが，阪急の駅前から順次「第一噴水」と「第二噴水」があって，そのため随分わかりやすくなっている．観光地などでも，このようなランドマークが必要である．

（1）地下街の欠陥

迷いやすいのは地下街の本質的な欠陥である．その理由としては次のようなことが考えられる．

① 地上との位置関係がつかめないし，天井が低く，ランドマー

図4・18 ロケット広場

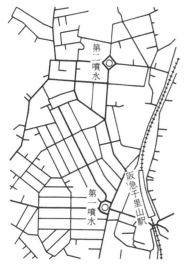
(a) 街路網

(b) 第一噴水

(c) 第二噴水

図 4・19　千里山西地区の街路網と噴水*31.

クになるような高い建物や塔が見えないので方向感覚を失う．

② 隣接のビルの地下階とつながって複雑な迷路*32 を構成することが多い．地下空間では空間認知は不充分で，非常のさいは行動能力を低下させてしまう可能性がある．とくに多くの方向から通路が集中するような地下広場などでは，案内標識がよく見えるように，天井吊りの広告は原則として禁止すべきであろう．

また，防災のためにもオープンカットの広場を設け，そこに何か印象に残る目立つものを配置するのが望ましい．

（2）迷路にしないための条件

地下街だけでなく，均質化した空間が続く団地やニュータウン，均質で迷路状に広がった住宅街，大きな公園や緑地，博覧会場などは迷路空間になりやすい．斜めの道，鋭角や鈍角で交差する道，放射状の道路，カーブする道などがあると，よけいにわかりにくい．したがって，迷路にならないようにするためには，次のことが有効である．

① ランドマークを設ける……交通の結節点などの要所には，たんなる標識ではなく視覚的に印象に残るランドマークを設ける．昔の町や村には所どころに辻堂やお地蔵さんや榎の大木などがあって，ランドマークの役割を果たしていた．何も立派な寺院や神社でなくてもよい．シンボルタワー，サインポストなど，何か目印になるものが必要だ．東京では八重洲口の「銀の鈴」や渋谷のハチ公広場などは効果的な事例で，夕刻には数百人の人が待合わせに集まる．

② 標識が広告に埋れないようにする……広告は視覚的には雑音である．必要な情報が雑音に埋れてしまってはいけない．

*31
この住宅地が分譲されたのは大正11年で，第一噴水は当初から設けられた．
大阪都市住宅史，平凡社，1989 による．

*32
labyrinth，迷宮

③ グリッド パターンにする……できるだけグリッド パターンにして，通りには固有の名前をつける．京都の中京あたりは，葉書には書き切れないほどアドレスが長いが，これは，町名のほかに「堀川三条下がる」などと2次元の直交座標で位置を示しているからだ．

2. 相手との距離感 ――「間合い」をどうとらえるか ――

敵に襲われた野ネズミは「フリージングのあと近付いてくる敵が限界距離内にはいりこんだとたんに，ぱっと身をひるがえして逃げる」(小原秀夫)[33]．動物にとって，この感覚は重要である．というのは「この距離感なしにはサバンナのような開けたところでは，ライオンその他の姿は，いくらでも目につき，草食獣は，おちおち草を食っていられなくなる」[33]からだ．こうした距離感の存在について，ヘディガー[34]は多くの野生動物を観察した結果，次のようなレベルがあることを発見した[35]．

① 逃走距離[36]……敵に遭遇したとき，逃げ出す距離．
② 攻撃距離[37]……逃げられなくなったとき，攻撃に転ずる距離．
③ 臨界距離[38]……攻撃距離と逃走距離との間の狭い帯．
④ 個体距離[39]……仲間と適正な間隔を維持しようとする距離．
⑤ 社会距離[40]……その限界を越すと不安を感じる距離で，コミュニケーションの可能な限界．

ヘディガーの研究に触発されたE.T.ホールは，アメリカ人について調査を重ね，人間の場合にも，相互の距離に次のような四つのレベルが存在することを見出した[41]．

① 密接距離[42]……45 cm 以内で，ごく親しい人同士に許される．においや体温，接触など，より親しくなるための言語によらないコミュニケーションが成立する．
② 個体距離[43]……約 45〜120 cm で，手を伸ばして相手の身体に触れることができる．プライベートな関係が成立する．
③ 社会距離[44]……約 120〜360 cm で，身体の接触は難しい距離である．個人的でない用件や社会的な集まりのさいに見られる．
④ 公衆距離[45]……約 360 cm 以上で，講演などの公的な機会に見られる．

人びとは日常生活の中で，このような距離感つまり「間合い」を上手に使い分けて，円滑な対人関係を保っているのである．

3. パーソナル スペース

哺乳類は周囲の状況を感覚でつかみ，身を守るために必要な空間をもっている．「なわばり」と混同されやすいが，これは個体に付随して移動する空間で

---

[33] 小原秀雄：哺乳類の世界，日本放送出版協会による．

[34] H.Hediger

[35] たとえば，望月 衛・大山 正編：環境心理学，朝倉書店，1979．

[36] flight distance

[37] attack distance

[38] critical distance

[39] individual distance

[40] social distance

[41] エドワード・ホール著，日高敏隆・佐藤信行訳：かくれた次元，みすず書房，1970による．

[42] intimate distance

[43] individual distance, personal distance

[44] social distance

[45] public distance

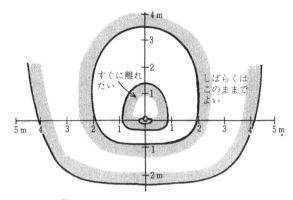

図4・20 パーソナル スペース[46][48][49]

あって，人間の場合には，パーソナル スペースということになる．

　パーソナル スペースは人の身体を取り巻く目に見えない泡のような領域であり，平均的には手を伸ばせば届く程度の範囲である．このような領域は個人だけでなく，集団のまわりにもある[46]．ただし，この空間の大きさは周囲の状況や自己防衛の必要性に応じて伸縮する．これは，電車や食堂や図書館の席がふさがっていくプロセスを観察すると，よくわかる．そのときの混雑の程度に応じて領域の広さは変化するが，目に見えない境界の中にはいり込むのは特別の意味をもつとみなされる．

　たとえば周囲に誰もいない場所で，知らない人が近よってくると緊張する．ところが，満員電車では身体が接触しても不自然さを感じない．パーソナル スペースがなくなっているのである．しかし，このような状態は正常ではないから，長時間続けることはできない[47]．

　人と人とが近づくときには，相互の距離に応じて心理がしだいに変わっていく．逆に，そのときの心理によって距離が変化する[47]．ふつうは，他人のパーソナル スペースに侵入しようとすると，侵入される側に不安や恐れなどの反応がおこる．パーソナル スペースは，持ち運びされる「なわばり」と考えてもよい[46]〜[50]．

　人と人とが話し合って互いに親しくなるためには，このパーソナル スペースに踏み込む必要がある．距離が離れると対話が成立しにくい．パーティーで人が少ないと盛り上がらないのは，パーソナル スペースが重なるところまで近づきにくいからだ．会場が込み合うとパーソナル スペースも縮小し，違和感なく談笑できるようになる[47]．

　「膝づめ談判」という言葉があるように，人を説得したり何かを頼んだりするときには，相手に接近した方がより効果的である．相手のパーソナル スペースの中に踏み込むことによって，相手の注意や関心を自分に向けさせることができる．

[46] 高橋鷹志・西出和彦：空間における人間集合の研究（その3），個人および集団のPersonal Spaceの概念とその適用，日本建築学会大会学術講演梗概集，1980．

[47] 日本経済新聞，サイエンスライター 大宮信光氏による．

[48] 高橋鷹志・西出和彦：空間における人間集合の研究（その4），Personal Spaceと壁がそれに与える影響，日本建築学会大会学術講演梗概集，1981．

[49] 高橋鷹志ほか：建築規模論，新建築学大系13，彰国社，1988．

[50] 高橋研究室：かたちのデータファイル，彰国社，1983．

4. プライバシーとコミュニケーション
——矛盾する二つの要求——

「冬の寒い日，ヤマアラシの群れが体を寄せて暖め合おうとしたが，近付きすぎると自分達のトゲで，お互いに傷つく．離れると寒い．試行錯誤の後，傷つかないでそこそこ暖め合える距離を見出した」[51]．

「彼らがついにあみだした中ぐらいの距離，そして共同生活がそれで成り立ちうるほどのへだたりというのが，礼節であり，この距離を保たない人に向かって，イギリスでは Keep your distance！（控えろ！，でしゃばるな！）と言う．このへだたりのおかげで，おたがいに温めあおうという欲求は不完全にしかみたされないが，そのかわりに刺でささされる痛さは感じないですむ」[52]．

これは「ヤマアラシのディレンマ」として知られるショーペンハウアーの寓話である．その意味するところは，人は互いのパーソナル スペースを尊重すると共に，プライバシーとコミュニケーションを両立させるためには微妙な配慮が必要だということだろう．

プライバシー（privacy）はコミュニケーション（communication）と裏腹の概念であるが，元来，日本語にはなかった言葉である．言葉がないということは，それについての意識が薄いというわけで，伝統的日本人は視覚の遮断で満足し，必ずしも音響的な遮断を厳密には要求しないという傾向があった．フスマ，紙障子をはじめとして，格子戸，結界，のれん，縄のれんから，ときには注連縄までも空間の仕切りとして立派に機能する．混み合いに強く，一人になるのを嫌う傾向があるということはプライバシーに対する要求が低かったからであろう．

それでは西欧諸国において，すべての人がプライバシーを厳しく要求し，またそれが守られたかというと，必ずしもそうではない．時代により，国民性（nationality）により，環境によってずいぶん違うのである．

たとえば第二次大戦中，あるところでドイツ人の捕虜が小さな小屋に4人ずつ収容されたが，彼らはたちまち材料を見つけて区画をつくり，自分の空間をもったという．ドイツやオランダでは，建物は防音性能の高い二重ドアをもち，家族の成員はすべて個室をもつべきだという考えが一般的である[53]．しかし英国では，家族は必ずしも個室をもたず，学校の寄宿舎もある段階までは大部屋システムだという[54]．

ドイツではビジネスの場はクローズドア式だが，アメリカではオープンドア式である．アメリカ人のオフィスでは，戸が開いておれば，その人のところへ行ってもよいが，ドアが閉まっておれば「邪魔しないで」とか「怒っている」とかの合図で，とくにプライバシーを要することが中で行なわれていることを

[51] 有田 潤訳：ショーペンハウアー全集，第11巻，p.282，白水社，1973．

[52] 秋山英夫訳：ショーペンハウアー全集，第14巻，哲学小品集（V），白水社，1975．

[53] エドワード・ホール著，日高敏隆・佐藤信行訳：かくれた次元，みすず書房，1970による．

[54] 乾 正雄：イギリスのパブリックスクールの寮には個室がない—建築のなかの人間関係—，新建築 1971．4，pp.254-266．

示す.アメリカ人は,一人になりたかったら部屋にはいってドアを閉める[*47].これは文化の違いであろう.

相川 浩博士によれば,イタリア・ルネサンスの建築家アルベルティは,乱立する都市国家の城主の館(権謀の館)について,次のように述べている.

「館への出入口は一箇所とし,主人だけが知る秘密の出入口をつけ,近隣から館の中を窺われないよう外側の窓を高くつける.主要室への館内の出入口は扉を二重につけて盗聴やのぞき見を防ぐ.壁の中に盗聴用配管をし,主人はそれによって来客のみならず実に家族の会話をも聞けるようにする」[*55]

自らのプライバシーは完璧に守るが,他人のプライバシーは認めないという,まさに「権謀の館」にふさわしい設計条件というべきであろう.

コミュニケーションは必要だが,多ければ多いほどよいというものではない.コミュニケーションの可能な総量には限界がある.大都市では日常的に顔を会わす人の数があまりにも多いので,同じ都市に住んでいるというだけでは,兄弟でも日頃はコミュニケーションがない.まして,たんなる隣人では「隣りは何をする人ぞ」ということになるのは当然だ.

「接触をきらう行動によって,われわれは知人の数を,われわれの種にちょうどよい数以下に保つことができる」[*56]し,「われわれの行動は,おそらく100個体よりかなり少ない小さな部族集団において,うまく作用するように設計されている」[*56]からである.

5. 個室主義と大部屋主義

欧米では,オフィスビルの窓に面した部分は個室になっていることが多い.だが,わが国のオフィスは,ほとんどが大部屋システムで,しかも対向式の机配置であり,一つの課や係を構成する人びとが向かい合って仕事をする.したがって,特別にミーティングや打合わせをしなくても,誰が何をしているかが自然にわかる.ところが,新しい方式ということで机を離し,ローパーティションなどで各人の執務空間を仕切ってしまうと,朝夕,頻繁に打合わせをしなければ,グループの仕事がうまく進まなくなる.プライバシーを重視すると,どうしてもコミュニケーションが不足するのである.

個室か大部屋かという問題は病院にもある.病室としては,それぞれに長所と短所があるが,現在はプライバシーの守れる個室や小さな相部屋が多くなる方向に進んでいるようにみえる.しかし,動けない患者にとって個室の生活は一種の隔離状態であって,その心理的不安は大きい.そのためか,いま世界的に「ナイチンゲール病棟」が見直されている.これは,図4・21に示すようにまったくの大部屋であって,ナースステーションは病棟の中央部分にあるが間仕

[*55] 相川 浩:建築家アルベルティ,中央公論美術出版,1988.

[*56] デズモンド・モリス著,日高敏隆訳:裸のサル,角川書店,p.180, 181, 1983.

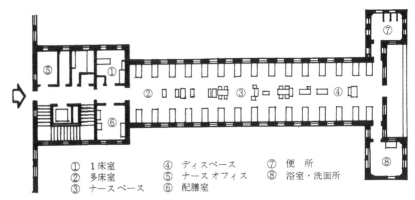

図4・21 ナイチンゲール病棟

① 1床室　④ ディスペース　⑦ 便所
② 多床室　⑤ ナースオフィス　⑧ 浴室・洗面所
③ ナースベース　⑥ 配膳室

切りはない．わずかに残っていたこの病棟に，たまたま英国の厚生省に勤める建築の専門家が入院したことから再評価されるようになった．旧式で時代遅れと考えられていたのに，ナースと患者との間のコミュニケーションは豊かで温かく，観察も行き届いている．話し声は周囲の雑音に埋もれて意外にプライバシーも保たれている．そこでは

> 「絶え間のない流れのように，看護婦たちは病棟を行ったり来たりした．どの看護婦も私にほほえんだり，私のために何かしてくれたりした．夜どおし看護婦たちは点滴をチェックし，私の枕をなおし，脈をとった．私は目が覚める毎にナース ステーションに心の慰めとなる光を見た．」[57][58]

これは吉武泰水博士の紹介による感動的な体験談[57]である．

6. コミュニケーションと空間とのかかわり

空間のヒエラルキー（hierarchy）については，わが国では家のレベルに，かなり強いプライバシーが保持されるが，都市や国のレベルには，ほとんど何も考えられていない．城壁のない都市は存在できなかったというヨーロッパあたりとは対照的である．

「ムキ身のかき」が無傷で生き延びてこられたのは，陸続きの国境がないという地理的条件によることはいうまでもない．ドアに鍵を掛けないと精神の安定が得られないという国民と，昔は外から蚊帳の中で寝ている人が眺められた国の差である[60]．

こうした民族性や国民性の違いは，コミュニケーションと空間とのかかわりについても存在する．カフェテラスはラテン系の都市で多く見られるが，これは気候的な条件のほかに，「一つには家庭がきわめてこみあっていること，いま一つは自宅は家族のためのもので，リクリエーションと

*57
吉武泰水：建築計画学への試み，鹿島出版会，1987.

*58
W.タットン・ブラウン：ナイチンゲールの恩恵，綜合看護，1979.4.

*59
病室の孤島化なくす試み，朝日新聞，1987.3.29.

*60
イザヤ・ベンダサン：日本人とユダヤ人，p.16，山本書店，1970による．

図4・22 同心円状のヒエラルキー．

交際は戸外ですること，つまり高密度居住が前提になっている」*61 からだろう．自宅は家族のためのもので，交際は外でするというパターンである．

家のレベルにプライバシーが保たれているところは，日本のパターンに似た面がある．これに反してアメリカでは，自宅を交際に利用する．当然のことながら，このような国ではカフェテラスは発達しない．

カフェテラスは広い歩道の上でも可能だが，最も相性がよいのは広場である．城壁都市にはコアとしての広場が必要であった．内部の密度が高ければ高いほど，息抜きの場として広場は重要になる．日本の都市に広場がないのは欠陥だといわれることがあるが，これは，城壁の有無やフィンガータイプの都市プラン，建物の構造と材料，空間と生活活動のかかわりかたの差などを無視した解釈である．ヨーロッパ型のコミュニケーション空間は，たむろする空間であり，日本型のそれは流れる空間であるといえよう．

広場と環境デザインの専門家，加藤晃規氏は，大阪の戎橋を日本的広場の典型として評価する．「橋自体の長さは20 m，幅は12 mほどである．橋詰めにも空地が続き，全体で70 mほどの橋広場ができあがっている．……車が通らないから橋全体が広場だ．そのなかで，通り過ぎる人は中央部を，とどまる人は端の方と，自然にテリトリーができあがっている．」*62．

盛り場，界隈，地下街，横丁や路地などがコミュニケーションの空間として，絶え間なく息づいているのに対し，団地やニュータウンのつくられた広場の多くは索漠として空しく風が吹き抜けている．

7. なわばり行動とテリトリー*63

ひばりは空中の一定の場所でホバリング*64 しながら鳴き続けるが，これは自らのなわばりを誇示するための「なわばり行動*65」だという．

小鳥だけではない．多くの動物がなわばりを持ち，厳しく自分のなわばりを防衛する．なわばりは動物にとって資源*66 を確保するためのものである．ここでいう資源とは，その動物にとって価値あるものすべてを指す．食べ物だけではなく，巣をつくる場所や卵やヒナも重要な資源である．したがって，なわばりは守らねばならない*67．

人間にもなわばり行動がある．というよりも，人類の歴史そのものが「なわばり行動」の歴史である．とくに戦国時代の封建領主にとって土地は命であった．「一生懸命」は「一所懸命」からきた言葉で，本来は「賜った一か所の領地を生命をかけて生活の頼みとすること」*68 であった．したがって

　　「サシタル罪科トモ覚エヌ事ニ一所懸命ノ地ヲ没収セラル」（太平記）*69

ことは最大の屈辱であり，謀反を起こすための大義名分として認められたのである．

*61 エドワード・ホール著，日高敏隆・佐藤信行訳：かくれた次元，みすず書房，1970 による．

*62 加藤晃規：日本的広場のある街，ミドリ・ミズ・ツチ，プロセス アーキテクチュア，1993．

*63 territory, 領域または領域性

*64 hovering

*65 spacing

*66 resource

*67 日高敏隆：動物の行動，日本放送出版協会，1984．

*68 新村 出編：広辞苑，岩波書店．

*69 太平記，巻第三十三，新田左兵衛佐義興自害の事．

なわばりは，個人だけではなく集団にもある．モグラのトンネルは個体のなわばりだが，ライオンは群でなわばりを持っている．同種の動物では，なわばりの重複は許されないが，異種の場合は重なってもよい．これは人間社会でも同様である．取り締る方の役所と取り締られる方のなわばりは，むしろ重なっていなければ困るだろう．

しかし，個体の数があまり多くなると，なわばりを持つメリットはほとんどなくなってしまう．アユはなわばりを持つことで有名だが，ある程度以上の密度になると，なわばりを持てないアブレアユが多くなり，頻繁に他人のなわばりに侵入して争いを起すために，なわばりを持っているアユも，その防衛が忙しくなってエサを食べる時間が少なくなる[61]．こうなると，なわばりを持つメリットはない．アユはある程度以上の密度になると，なわばりを捨てて群れアユになるという[61]．

なわばりが広いと，それを守るのに多大の時間とエネルギーを要するので，なわばりの大きさにも適正規模がある．これは個人でも会社でも国家でも同様である．広いなわばりを持ち続けるためには，それにふさわしい能力とシステムがなければならない．

したがって，なわばりは社会的地位(status)とも関係し，シンボル効果を持つこともある．また建物や施設についても存在する．煙草屋，酒屋，公衆浴場，ポスト，郵便局などは，法的にスペーシングつまりテリトリーが規制されている．駅勢圏，商圏，生活圏などの概念も，テリトリーの具体的な表現と理解することができよう．

なわばり争いをするのは暴力団だけではない．病院の入院患者にもなわばり行動があり，老人ホームでは畳のヘリが領域の境界線になるという[70]．

だが，なわばりの境界が常に眼に見えるわけではない．目には見えなくても領域は厳として存在し，自分の場所，席，椅子，部屋などを固定し確保しておこうという習性は強い．茶の間や講義室でも席は，ほぼ決まってくる．自分のいつも座る場所に他人がいると，何となく落ち着かない．

定期的に繰り返して開かれる会議では，回を重ねるたびに出席者の席は固定化する．そのさい，議長に近い席は上位の者が占めることが多い．ついには遅れてきても，特定の席がその人のものとして残されるようになり，他の人がその席に着くことには強い心理的抵抗がはたらくことが本間道子氏によって報告されている[71]．

また，図書館の閲覧室で座席を選ぶ様子を観察すると，後からやって来た人は，すでに座っている人の両隣と真向いの席を避けて座る傾向がある．また，座席の占有権を確保するためにコートや鞄などを置いて自分の領域を示す．同じような行動は列車や待合室などでも多い．これも一種のなわばり行動である．

[70] 荒木兵一郎氏による．

[71] 本間道子：人間関係の省エネルギー対策，による．

もとより過密の限界は民族性によっても違うが，テリトリーの存在は高密度の社会をつくり維持していくために無用の争いをなくし，コミュニケーションとプライバシーという相反する要求を矛盾なく満足させるための本能的な知恵であるといえよう．

4・3　生活様式と行動のパターン

1. 文化としての和風と洋風

　日本の文化は，本質的に折衷主義文化である．それは衣食住のすべて，生活のすべてについていえる．日本文化は古代，中世から現代まで，貪欲に外来文化を吸収して形成されたものであり，礼法，行動パターン，生活行動のすべてが折衷様だ．和風と洋風だけではない．中国の影響もある．寺社建築の多くもそうだ．和様，唐様，天竺様（大仏様）といっても，いずれも折衷様である．明治洋風建築も一種の和洋折衷建築であった．マンション，建売住宅，プレハブ住宅にも，少なくとも1室は和室がないと売りにくいという．

　だが，折衷と混合は違う．和洋折衷のデザインは和洋混合ではない．和風と洋風の違いを正しく知っていてはじめて折衷様のデザインもうまくできる．

　和風と洋風の違いはデザイン上は，材料，構法の違いである．和風の壁は柱と鴨居で分割された面であり，洋風の壁は1枚の面である．洋風の開口部を特徴づけるアーチはメーソンリー ワーク（組積造）からきたものだ．

　建築やインテリアのデザインでは，和風と洋風とを厳格に守るべき場合がある．たとえば，窓や出入口の額縁は，本来は洋風の「おさまり」である．和風では，図4・23のように角を出すのが正しいのであって，数寄屋とか茶室などの純和風建築に，洋風のデザインがまぎれ込むのは禁物である．

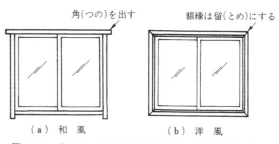

図4・23　デザインにおける和風と洋風の比較（窓の例）．

2. 高層住宅の居住性

（1） 高層化のメリット

メリットとして考えられるのは，次のような点であろう．

① 高層階，とくに超高層階では，眺望のよさ，日当たりのよさ，プライバシーの確保，心理的優越感などが評価される．

② 土地の有効利用を図り，敷地面積当たりの戸数密度を一定とすれば，低層や中層に比べてオープン スペースを広くとることができる．それによって，公園，緑地や子供達のための広場を確保することが可能となる．

③ 遠くからでも見えるので，地域のランドマークになる．

図 4・24 超高層住宅（30 階建て）

（2） 高層化のディメリット[73][74]

① **ストレスが高くなる**……渡辺圭子氏ほかの調査によれば，集合住宅では同じ住棟内の住戸数が多くなるほど，また上層階ほどストレス度が強まるという[72]．超高層のオフィスビルに勤務する人びとの中には，潜在的な不安感などによって心身の障害をおこす場合があることも報告されている[72]．

② **子供の発達を阻害し，親離れが遅れる**……住居が高層になるほど異常分娩が増える傾向がある．これは妊婦が出不精になって運動が不足し，それが出生児の体重増加や異常分娩の増加につながるからだろう[75]．また，高層住宅に住む幼児は生活習慣での自立が遅く，たとえば靴の着脱は低層では82％ができるのに，高層では48％しかできないという[72]．幼児はエレベーターを使えないから，外で遊ぶときも母親と一緒に出るケースが多い．母子ともに外出の機会が減り，家に閉じこもりがちになって，子供の自立が遅れるのではないか．子供たちが自分で出入りでき，母親の声が聞こえるのは3階までだといわれている．

さらに「超高層の生活に慣れると高さに対する恐怖感が薄れる可能性がある」[77]．ベランダから身を乗り出したり，ハラハラするようなことを平気でする．四六時中，監視するわけにはいかないため，高層では母親は子供を部屋に閉じ込め，自分の視野の中にいつも入れておこうとし，これが子供の親離れを阻害する原因の一つになる．

低層階の子供に比べて高層階の子供は軟弱であり，したがって，高層に住むのは子供にとっては好ましくないということから，英国やスエーデンなどでは乳幼児のいる家庭は高層を避けるように指導しているという．

③ **高齢者にとっても子供と同じような問題があり，孤立しやすい**

④ **災害に対しては弱点がある**……柔構造の超高層のビルやマンションは，揺れることによって地震のエネルギーを吸収するように考えられている．長周期の地震波が襲った場合には，倒れることはないとしても，共振を起こして大きく揺れる可能性があることは，すでに「振動感覚」のところで述べたとおりである．火災に対する不安感も無視できないであろう．

⑤ **地域や周辺の環境に圧迫感を与える**……これは，ランドマークになるというメリットとはウラハラの現象だが，以前から住んでいる周辺の住民にとっては無視できない存在である．

⑥ **共同体意識が育ちにくい**……階数が上になるほど価格が高く，低層階と最上階では，かなりの差がある．そのため，上階の住民は優越感をもつことが多く，生活感覚を共有することが難しくなる．

---

[72] 渡辺圭子氏による．

[73] 山本和郎：高層環境の居住者への心理的影響―住居とこころ―，日本建築学会建築計画委員会，第26回建築人間工学研究会資料，高層居住の人間工学，1991.11.29 より．

[74] 山本和郎：超超高層都市と Living System, 建築雑誌, Vol. 106, No. 1320, 1991. 11.

[75] 逢坂文夫：最近の居住環境と健康影響との関係について―中・高層住宅を中心に―，同上建築人間工学研究会資料および同氏の横浜市港南区における調査結果による．日本経済新聞，1988. 11.29.

[76] 織田正昭教授の東京，江戸川区における調査結果．日本経済新聞，1987.3.25.

[77] 名古屋大学 辻敬一郎教授による．

4・4 行動圏は何で決まるか —— 行動の空間的法則性 ——

1. 距離をどうとらえるか

どこかに行こうとするとき，われわれは，まず目的地までの「距離」を考える．だが，ひと口に距離といっても簡単ではない．

距離には物理的距離と心理的距離がある．物理的距離は，空間距離と時間距離に分かれるが，空間距離はさらに実距離と直線距離に分類される．

このうち実距離と時間距離については，最短距離と標準距離または平均距離との区別をしなければならない場合が多い．というのは，トリップの経路や交通手段は，ただ一つとは限らないからである．

（1） 空間距離

直線距離と実距離（移動距離）がある．いずれも地域間の結びつきを示す尺度として用いられるが，街路網の発達した都市空間においては，実距離と直線距離の間には次のような関係がある[79]．

① **グリッド型の道路網の場合**……理想的な道路網においては，次式で表わすことができる（図4・25参照）．

$$Y = (\sin \theta + \cos \theta) \cdot X$$

ここに，Y は実距離，X は直線距離，θ は測定軸と水平軸のなす角度である．

図4・26と図4・25に，大阪の船場地区における実測結果と理論モデルに

[78] 後藤剛史ほか：長周期大振幅水平振動に関する居住性実験，日本建築学会大会学術講演梗概集，1988，および同上：長周期大振幅水平振動の長時間暴露に関する支障実験，その1，その2，日本建築学会大会学術講演梗概集，1989．

[79] 藤森久司氏による．
横田隆司・岡田光正・柏原士郎・吉村英祐・藤森久司：都市における実距離と直線距離の関係について，日本建築学会大会講演梗概集，1987.10．

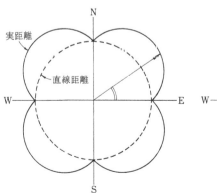

図4・25 グリッド型の道路における実距離と直線距離のモデル．

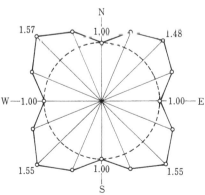

図4・26 船場地区における実測値．

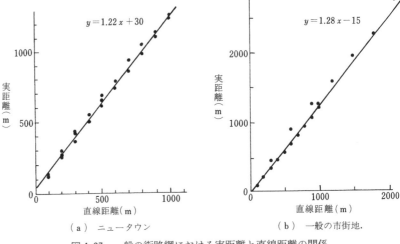

図4・27 一般の街路網における実距離と直線距離の関係.

よる値を示す．実測値はモデルによく適合しているのがわかるであろう．

② **一般の道路網の場合**……一般の道路はかなり不規則な形状を示すが，実距離と直線距離との関係をプロットすると，図4・27のとおりで，ほぼ直線的な関係にあるとみなすことができる．回帰直線は

$$Y = aX + b \quad (m)$$

の形になるが，a は 1.22〜1.27 であり，定数項 b は 0〜30 m だから，都市的スケールでいえば定数項は無視してもよい．腰塚，小林両氏による調査結果[80]でも，a は 1.21〜1.30，b は 0 で，直線は原点を通る．つまり，実距離は直線距離の2割ないし3割増しと考えてよい．

(2) **時間距離**

行動に関する意志決定は空間距離だけでなく，トリップに要する時間つまり時間距離をも考慮して行なわれることが多い．ただし，時間距離はトリップの手段によって異なるので，トリップの手段や経路が2種類以上ある場合には，距離を一義的に表わすことができないという欠点がある．

時間距離の長所は，路線の新設やスピードアップを想定して，距離を短縮することができるという点にある．とくに長期の将来予測を行なう場合，地域間の時間的へだたりが変化するという条件を組み込んで計画を展開することができる．

なお鉄道が利用できる場合には，図4・28に示すように空間距離と時間距離の間には，ほぼ一定の関係があり，相互に換算可能である．

(3) **心理的距離**

人は気持ちのよい道や眺めのよい道では距離を短く感ずる．交通機関を利用する場合には，快適でスピードが速いと近く感ずる．また，直線的な道と曲が

[80] 腰塚武志・小林純一：道路距離と直線距離，第12回日本都市計画学会学術研究発表会論文集，1983．

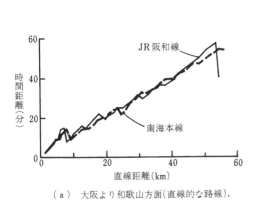
（a）大阪より和歌山方面（直線的な路線）．

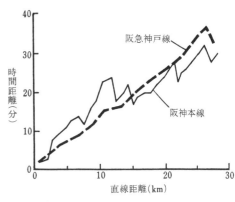
（b）阪神本線と阪急神戸線（大阪-神戸間）．

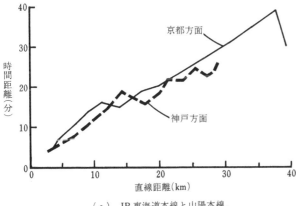
（c）JR東海道本線と山陽本線．

図 4・28 鉄道における直線距離と時間距離との関係．
（石井宏行：都市空間における時間距離と物理距離の関係—鉄道路線を対象とした場合—，大阪大学工学部建築工学科卒業論文，1988）

りの多い道，通い慣れた道と初めての道では，距離の感じ方が違う．空間のデザインでは，こうした心理的効果は重要であり，「だましの手法」として利用することができる．これには**短縮効果**すなわち，遠いところを近く感じさせる効果と，**延長効果**つまり，近いところを遠く感じさせる効果という二つのタイプがある．

とくに交通機関のスピードアップによる時間距離の短縮は劇的な効果をあらわすことが多い．新幹線や高速道路はその例で，距離感の喪失といってもよいほどだが，有効だからといって乱用してはならない．というのは，それが乱開発や大都市への集中を一層進めることになるからだ．

2．距離の評価と歩行距離の限界

心理的距離を裏返すと，距離をどう評価するかという問題になる．同じ距離でも遠いと感ずる場合もあり，近いと思うときもある．同じ距離でも，ある場合は近いと感じ，ある場合は遠いと評価する．人によっても違い，またその人の住む場所によっても違うであろう．

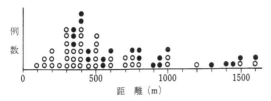

図 4・29 歩行距離のイメージと実測値[81].
　　　○ 「意識の中で適正と考えた距離」
　　　　または「抵抗を感ずる距離」.
　　　● 実測値（平均値）.

[81]
[82]および[83]に掲載された数値を集計して，プロットしたものである．

[82]
早稲田大学道空間ゼミナール─セミナー道空間─，都市住宅，1975.4.

[83]
渡辺仁史ほか：空間と人間行動，環境心理，新建築学大系 11，彰国社，1982.

大都市近郊における調査結果によれば，近隣性の施設については 800 m を超えると約半数の人が「遠い」と答えている．これは要するに「歩行距離の限界」を示すものにほかならない．近隣センターなどの計画に際しては，計画上の限界つまり苦情がおきない限界を知っておかねばならない．通勤や買物では長時間の歩行が嫌われるのは当然だが，散歩やレクリエーションなどで数キロ程度歩くのは，むしろ好ましいであろう．しかし，天気の悪いときやクルマの多い道では，たとえ 100 m でも歩くのはいやになる．

歩行者の距離感については多くの調査例[82]があり，図 4・30 は，これを単純にプロットしたものである．このような結果を総合すると，ほぼ次のことがいえるであろう．

① 食料品店，医療施設，小学校，児童公園などについては，1500 m 以上では全員が「遠い」と評価し，300 m 以内では全員が「近い」と評価する．50%以上の人が近いと感じるのは 600〜800 m である．

② 団地では，駅やショッピングセンターまでの距離が「近い」か「遠い」かの分岐点は約 550 m である．

③ 駐車場への距離感は短く，200 m を超えると半数の人が「遠い」と感ずる．

④ 距離に応じて近いという評価が低下していくパターンは逆 S 形で，ほぼ正規分布曲線の右半分の形に近い．

東京でバス停までの距離について調べたところ，約半数の人が 300 m 以内ならば，抵抗なく歩けると答えたという．だが，この 300 m という距離は健康な成人にとっては短かすぎるのではないか．800 m 程度までは差しつかえないと

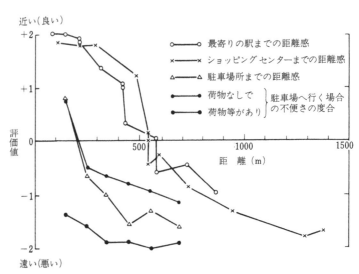

図 4・30 歩行者の距離感（大阪南港ポートタウンにおける距離感の比較）．
（上田正人：ボンエルフ型とノーカーゾーン型の街路形態に関する研究，大阪大学修士論文，1982）

図4・31　外壁の一部としてデザインされたベンチ
（フィレンツェのパラッツォ・メディチ）.

思うが，高齢者や重い荷物を持ったときのことを考えると，500～600 m 程度になるのではなかろうか．

　図 4・31 は外壁の一部としてデザインされたベンチである．フィレンツェのパラッツォ・メディチ[*84]でルネサンス時代の建物だが，これを見ると都市を快適な歩行空間とするための長い伝統があることがわかる．残念ながらわが国には，このような事例はほとんどない．また，ストリート ファニチュアとしての休息用のベンチも少ない．高齢化社会を迎えて，これは重大な欠陥である．

[*84] Palazzo di Medicci

3. 行動半径としての徒歩圏

　江戸時代の東海道五十三次，つまり日本橋から京都三條大橋の間は 125 里，約 500 km だったが，宿場の間隔を調べてみると，図 4・32 のような分布になる．最も遠いのが小田原～箱根間の 16.6 km，最も近いのは御油～赤阪間の 1.7 km で，平均は 9.1 km と意外に短い．もっとも，昔の人は宿場ごとに泊まったわけではない．ある道中記録によると，少ない日で 5 里 10 町（約 21 km），多い日で 14 里 10 町（約 56 km），平均すると 1 日 11 里 7 町（約 44 km）歩いている．

　1 日 10 時間歩くとして時速 4.4 km，8 時間として時速 5.5 km と，かなりのスピードである．もとより年齢や職業，その日の天候などによる違いも大きいはずで，宿場の間隔が狭いのは，こうしたバラツキに対応するためでもあった．

　JR 東海道線の東京から京都までの間には 111 の駅がある．昔の五十三次からいえば約 2 倍の数だ．駅間距離の平均値は 4.6 km で，歩いて 1 時間の距離である．最短区間は 800 m（東京駅～有楽町），最長は約 10 km（熱海～函南）で，

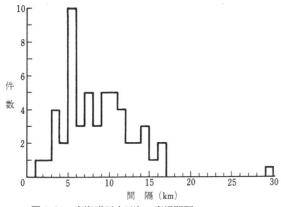

図 4・32 東海道五十三次の宿場間隔.
（岸井良衞：東海道五十三次，中央公論社，1964 より作成）

かなりの差がある．JRの大阪～京都間の平均間隔は 2.9 km とやや狭い．

都市交通システムの駅間隔は，東京の山手線が 600 m～2 km で，平均は 1.1 km，大阪環状線は平均 1.3 km，東京の地下鉄では平均 990 m，大阪の地下鉄は平均 1.2 km，パリの地下鉄では最短 300 m，平均 650 m である．都市交通の駅間隔からみれば，歩行距離の限界は 500 m から 1 km の間にあるようにみえる．

今も昔も都市には盛り場があり，そこでは歩くのが建前になっている．その広さについては，昔から「門前四町，盛り場八町」といって，一つの目安とされた．「八町」をメートルに直すと 872 m である．これが動線の長さを示すものか，路線の長さか，あるいは界隈の直径か，はっきりしないが，「四町」は荷物を持って苦労しないで歩ける距離だというから，いずれにしても歩行の限界にかかわる数字であろう．また，観光地などにおける歩行空間の大きさは，中心から半径 450 m までの一帯にわたることが経験上，知られている．これを直径に直すと，約八町になる．

大阪市内の商店街におけるアーケードの長さは平均 600 m で，ピークは 400 m から 500 m の間にあった[*85]．これは観光地における歩行空間の半径 450 m 説とほぼ一致する．

[*85] 住田昌二氏の調査による．

4. 行動圏のひろがり

動物生態学では，日常的に個体や群れが生活する範囲を行動圏[*86]とよぶ．この場合，「なわばり」とするか否かは問わない．つまり，行動圏は「必要な生活

[*86] home range

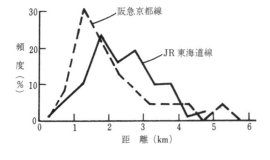
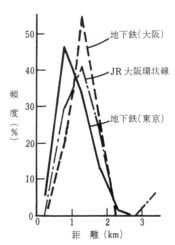

図 4・33 鉄道の駅間距離．

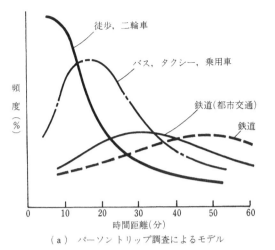
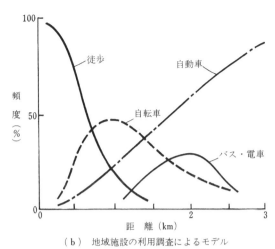

(a) パーソントリップ調査によるモデル　　　(b) 地域施設の利用調査によるモデル

図 4・34　距離による交通手段の選択のモデル．

空間」であって，その大小は動物の種類，とくに身体の大きさと食物によって，ほぼ決まっている．

本川達雄氏によると，一般に「大きな動物ほど広い行動圏を持つが，この広さは，ほぼ体重に比例する．行動圏の広さは，何を食うかによっても大きく変わり，肉食獣は草食獣の10倍以上大きな行動圏を持っている」[87]．

行動圏のひろがりは空間距離または時間距離によるトリップの長さとして表わされるが，最近ではトリップの長さは時間距離によって評価されることが多い．したがって，交通機関がスピードアップすれば，それに応じて行動圏は広くなる．つまり，交通の手段によって行動圏は変化する．逆にいえば，行き先までの距離に応じて図4・34に示すように適当な交通の手段を選択しているのである．

なお，幼児や児童の行動圏については，別に考えなければならない．たとえば，幼児は自分の家が見える範囲でしか行動しないが，児童，生徒と年齢が進むにつれて，行動範囲も広くなる．子供にとっては仕事や買物ということは少なく，通学と遊びが生活行動の主体となるから，生活領域といってもよい．

都市近郊の団地児童に例をとると，次のようなことが報告されている[88]．
① 行動領域は最大でも1kmを超えない．
② 低学年児童の団地外への進出範囲は，大半が400m以下である．
③ 高学年は800mから1kmに及び，男子は女子よりも交流の範囲が広い．

4・5　空間的行動のモデル

1. 利用圏のオーバーラップと競合

建築施設を利用するという行動を利用者側からみたのが「行動圏」である．

[87] 本川達雄：ゾウの時間ネズミの時間―サイズ―，中央公論社，1992．

[88] 谷口汎邦：地域施設・教育，建築計画学3，丸善，1975による．

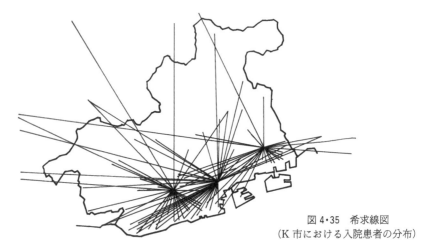

図4・35 希求線図
(K市における入院患者の分布)

一方，これを施設側からみると「利用圏」という概念になる．利用圏のことを考える場合，まず，建築施設には基本的に次のような二つのタイプがあることを知っておかねばならない．

① **テリトリー指定型**……利用圏の固定されるタイプである．義務教育の学校や市役所出張所，警察，税務署など行政施設の多くは，受持ち区域が決まっており，民間でも営業上の担当区域がフランチャイズとして決まっている場合がある．

② **自由選択型**……利用圏が固定されないタイプで，商業施設や医療施設などでは，利用圏のオーバーラップはふつうである．公共施設でも，たとえば郵便局は，このタイプに属する．

このうち自由選択型では，利用圏の重なり，つまりオーバーラップと競合が避けられない．図4・35は，K市における病院について，入院患者の住所と入院先の病院とを線分で結んだもので，このような図は「希求線図」とよばれる．医療施設は原則として自由選択型であるから，各病院の入院圏はオーバーラップしていることがわかる．

2. 利用圏と行動圏のパターン

利用圏や行動圏はいろいろの理由によって円形とはならない．偏心して，ゆがんだり，ヒトデ型になったりする．これは次のような条件があるからだ．

① **行動の方向性**……一般に都心や駅に近い方向に対して行動の頻度が高い．したがって，行動圏は都心や駅の反対方向には延びない．施設側からいえば，利用圏は都心や駅と反対の方向に広がることになる．

② **大きな道路や川などの影響**……幅の広い幹線道路や川

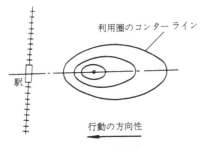

図4・36 行動の方向性．

などがあると，行動に対して大きな抵抗になり，とくに徒歩の場合，それを越えては利用圏は広がりにくい．

③ **交通機関の影響**……行動圏や利用圏は，鉄道路線や幹線道路に沿って延びるので，都心の商業施設などでは，「ヒトデ型」になる．ときには，急行の停車駅を中心とする「串団子型」を示すこともある．

④ **隣接施設の影響**……近くに同種の施設があると，その方向には延びないので，利用圏のパターンは偏心し，ゆがむことになる．

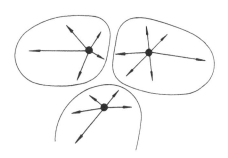

図 4・37 隣接施設の影響．

⑤ **土地利用や人口密度分布の影響**……ニュータウンなどで，近隣センターに隣接して学校や公園があると，近隣商店街の利用圏に大きな空白地帯ができる．しかも距離が近く，本来ならば利用頻度が最も高くなるはずのところが空白になるため，商店経営にとって致命的なマイナス要因となる．団地計画において注意すべき問題の一つであろう．

3. 施設利用行動のモデル

複数の施設があって，利用者はその中のいずれかを自由に選択できるという場合については，多くのモデルがある．

（1） 最近隣選択モデル ―― ボロノイ線図 ――

利用者は最も近い施設を選ぶというルールに従うモデルである．距離の尺度として直線距離を採用するとすれば，利用圏の境界は隣接する施設間の垂直2等分線になる．このような隣接する2点の垂直2等分線で分割した線図をボロノイ[*89]線図，分割された領域をボロノイ領域という．しかし現実には，小・中学校などの通学区もボロノイ領域とは一致しない．これは学級数や町丁の境界などの制約から，最も近い学校に通学できないからである[*90]．

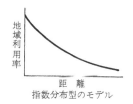

図 4・38 施設利用における行動のモデル．

[*89] Voronoi

[*90] たとえば，谷村秀彦・腰塚武志ほか：都市計画数理，朝倉書店，1986．

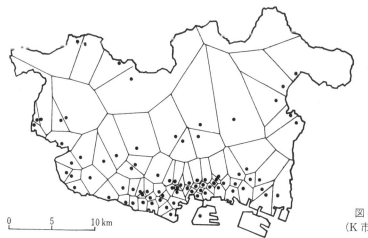

図 4・39 ボロノイ線図（K市における病院の位置）

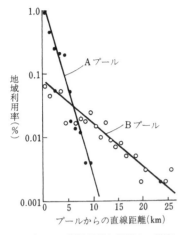

図4・40 プールの利用行動と距離との関係.
横田隆司・岡田光正・柏原士郎・吉村英祐・前田浩明：レジャープールの利用圏の実態とそのモデル化について—地域施設の選択行動に関する研究・3—日本建築学会近畿支部研究報告，1987による.

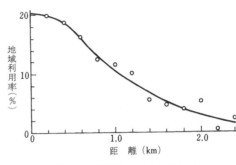

図4・41 文化センターにおける閲覧室の利用圏.
ここに，地域利用率は町丁別登録者数／町丁別夜間人口をあらわし，距離は文化センターから各町丁の面積重心までの直線距離である．
林隆弘・柏原士郎・吉村英祐・丹羽有子：北須磨文化センターの利用実態について，日本建築学会近畿支部研究報告，1985による.

*91
岡田光正・吉田勝行・柏原士郎・辻 正矩：建築と都市の人間工学，鹿島出版会，1977参照.

*92
吉武泰水編：地域施設，総論，建築計画学1，p.71，丸善，1977.

*93
曽根陽子ほか：近隣性商店街の商圏の競合に関する計画的研究，日本建築学会近畿支部研究報告，1971.5.

図4・39は，K市における病院の立地に対して，ボロノイ領域を設定した場合を示す．

(2) 指数分布モデル

図4・40はプールの利用圏を調査した結果である．片対数方眼紙で直線に乗ることから，距離が遠くなるにしたがって，ほぼ指数分布型に利用者数が低減することがわかる．

(3) 正規分布曲線モデル*92

距離による利用者数の減少に対して正規分布の片側と同型の曲線を当てはめたのがこのモデルで，吉武泰水博士の提案によるものである．固定圏があって，ある距離までは利用者数の減少が少ない場合と考えてよい．図4・41にK市のSニュータウン文化センターの例を示す．

(4) 矩形分布モデル（曽根モデル）*93

ニュータウンなどで，二つ以上の近隣センターや商店街が競合するところを調査した結果によれば，利用圏の境界線付近では，個人差による選択のバラツキが大きく，図4・42に示すような固定圏と混合ゾーンによるモデルが実態によく合うことが多い．

一般に利用者は，距離が遠くても品揃えの多様さを好む傾向が強い．したがって，2か所のセンターの規模や魅力度の差が大きい場合，小さい方については固定圏はなくなり，小センターはさびれてしまい，ついには廃業に追い込まれることもある．つまり商業施設については，単純で図式的な段階構成は成立しないのである．これも利用者の行動法則によるものと考えてよいであろう．

ニュータウンの計画にさいし，近隣住区理論に段階構成論を組み合わせて，中央センターや地区センターなどを安易に配置すると，近隣センターは客を取られて営業困難になり，閉鎖する店舗が多くなる．そうなると，さらに魅力がなくなって客が減るという悪循環におちいり，当初のシステムは破綻するので注意しなければならない．

4・6 生活圏のひろがり

エスキモーの人びとと生活をともにした本多勝一氏によれば，2家族が犬ぞりで2か月かかって遊猟したコースは延べ1200 km，行動半径は300 kmに及んだという[94]．

狩猟民族や遊牧民族の生活圏は，農耕民族には想像もできないほど広い．気候のよいところでも「純粋の狩猟採集にとどまるかぎり，一人の人間の生活を支えるためには，およそ3 km²の土地が必要」[95]だから，100人のコミュニティが生活するためには約300 km²，つまり直径20 kmほどの領域が生活圏ということになる．これが200人になると，直径30 kmの空間が必要だ．人口とともに領域は広くなるが，獲物をとって運ばなければならないから，集団の大きさには当然，限界がある．したがって，集団として定住できるのは，せいぜい数百人までで，生活圏は直径40～50 km程度になるだろう．エスキモーや砂漠の遊牧民は条件の悪いところで生活していたから，1人当たりの面積も，この数10倍は必要であろう．その広い生活圏を家族ぐるみで移動する．

農耕民族の場合には，作物の種類や土地の条件にもよるが，1人当たりの面積は格段に狭い．たとえばわが国の例では，農家1戸当たりの耕地面積は約1 ha，1集落当たりの農家戸数は36戸，耕作圏は直線距離で半径400 mであった[96]．実距離では端から端まで1 kmあまり，歩いて10数分というのが，狭い意味での生活圏である．

わが国では，1889年（明治22年）に最初の町村合併が強行される前は，全国で7万余りの市町村があった．単純に計算すると，そのころの市町村の平均面積は約6 km²，2.5 km四方で，端から端まで歩いても30分しか掛からない．昔は徒歩圏がコミュニティや行政の単位だったのである．その後，町村合併が繰り返された結果，市町村数は激減し，平均面積は105 km²，約10 km四

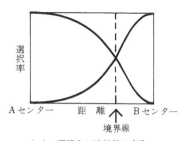

（a）選択率が連続的に変化する場合のモデル．

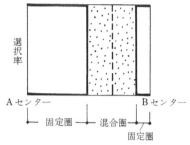

（b）矩形分布モデル

図4・42 二つのセンターが競合する場合の利用圏モデル[93]．

[94]
本多勝一：極限の民族，朝日新聞社，1967．

[95]
加藤秀俊：空間の社会学，中央公論社，1976．

[96]
上野福男氏による埼玉県の事例．上野福男ほか：都市・村落地理学，朝倉書店，1967．

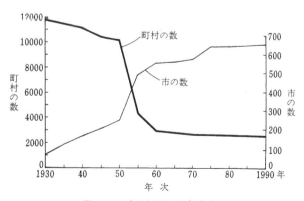

図4・43 市町村数の経年変化．

表 4·1 広域生活圏の圏域構成.

	広域市町村圏（自治省）	地方生活圏（建設省）
集 落	50 戸程度（自然集落）	………
基礎集落圏	100〜300 戸 半径 500 m〜1 km （幼児の徒歩限界）	200 戸以上 半径 2〜4 km（老人，幼児の徒歩限界）
1 次生活圏	800〜1000 戸 半径 4 km 以内 （小学校の通学限界）	1000 戸以上 半径 6 km 以内（自転車 30 分，バス 15 分）
2 次生活圏	2000 戸以上 半径 5〜6 km（徒歩 1 時間）	2000 戸以上 半径 10 km 以内（バス 1 時間）
3 次生活圏	20000 戸程度 15〜30 km（バス 60 分）	30000〜40000 戸 20〜30 km

〔注〕 疎住地域を含む圏域を想定しているため，行動半径は都市部よりも広い．

方となった．これは，もはや歩いて確かめられる距離ではない．

これに対してイギリスでは，自治機能をもつ教区[97]の平均面積は 13 km²，フランスでは市町村[98]の平均面積は 15 km² である．いずれも 3.5〜4 km 四方だから，人間的なスケールだといえよう．

[97] Parish

[98] Commune

もともと「生活圏」は，生活行動の領域を示す用語だと思うが，「なわばり」よりも広くて，あいまいな概念であり，ふつうは地域住民全体としての生活行動を対象として，1 次生活圏，2 次生活圏，3 次生活圏というように段階構成的にとらえるのが一般である．これは，日，週，季節を単位として繰り返される生活行動の領域に対応するものとみなしてよいであろう．

われわれの生活圏は行政に引っ張られる形で徒歩圏から自動車圏に広がったが，道路整備とクルマによる時間距離の短縮があるとしても，結果としてバスの経営を破綻させ，クルマの使えない高齢者や病弱者は買物にも行けなくなってしまったことは反省しなければならない．

行動の時間的法則性 ── 5

5・1 行動のリズムをどうとらえるか

「花の雲　鐘は上野か浅草か」(芭蕉)

この句にいうところの鐘は「時の鐘」で，今も上野公園に保存されている．時の鐘は，はじめ江戸城中にあったが，寛永3年 (1626年) 日本橋石町に移され，その後，市街地が広がるとともに，浅草寺ほか9か所に置かれたという[*1]．

「七つの時が六つ鳴りて，残る一つが今生の，

鐘のひびきの聞きをさめ，寂滅為楽とひびくなり．」

これは近松門左衛門の「曽根崎心中」における「道行」の一節で，名調子で有名な「さわり」の部分である．「七つ」は，ほぼ今の午前4時ごろに当たるが，さすがに名作といわれるだけあって，鐘による時刻表示を巧みに読み込んで，哀切な心情をリズミカルに表現したものといえよう．

この場合の時刻の数え方は，図5・1のように，1昼夜を12に分割して，夜明けを「明け六つ」とし，日暮れを「暮れ六つ」とするが，変わっているのは「三つ」以下がないこと，および時間の経過とともに数が減っていくことである．「お八つ」は子供の間食を示す言葉として今でも残っている．

時刻の表示は，数字による方法のほか，十二支を用いる方法もあった．これは，夜の12時に当たる時刻を「子の刻」として，夜明けが「卯の刻」，昼の12時が「午の刻」である．正午，午前，午後という呼び名は，ここからきたものだ．十二支を使うのは，12進法だからである．1刻は今の約2時間に当たるが，1日を単純に12等分したものではなく，1刻といっても，その長さは一定ではなかった．つまり不定時法である[*2][*3]．

不定時法では1日を昼夜二つの部分に分け，それぞれを6等分する．「秋の夜長」というのは，秋の夜は実際に1刻が長かったからである．

昼夜の境界は，日の出，日の入りではなく，夜明け，日暮れであった．イス

[*1] 東京都教育委員会による．

[*2] 永田 久：時と暦の科学，日本放送出版協会，1989.10. による．

[*3] 青木信仰：昔の時刻，世界大百科事典10，p.145 ほかによる．

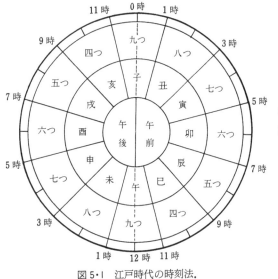

図 5·1 江戸時代の時刻法.

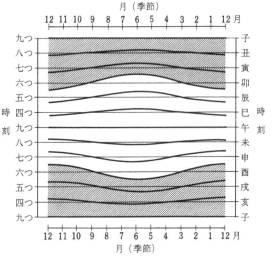

図 5·2 不定時法による時刻（定時法と不定時法との比較）．斜線部分は夜の時刻を示す．（後藤晶男編：近江神宮歴史館資料より）

ラム教では1日に5回，祈りを捧げることが定められているが，そのうちの1回は日没である．この場合，日没とは「白糸と黒糸の区別がつかなくなるとき」[4]とされていた．イスラム世界では，この日没から1日が始まるのである．

これに対して，古代バビロニアやエジプトでは，日の出をもって1日の始めとした．太陰暦を使った民族は日没を，太陽暦では日の出を，それぞれ1日の始めとしたのであろう．だが，今のように真夜中から1日が始まるという制度は，考えてみると生活実感には馴染まない．朝，目が覚めたとき，あるいは夜が明けたときから1日が始まるというのが自然である．

いずれにせよ，昔の人は昼夜のリズムに従って暮らしていたから，不定時法の方が自然であった．しかし，不定時法の時計は昼と夜で進み方を変えなければならない．そのため和時計[5]は，部品に細かい目盛りを入れ，季節の変化に合わせて調節するという複雑な機構を備え，昼夜によって進み方を変えるように工夫されていた[6][7]．つまり，日本人は定時法の時計に生活を合わせるのではなく，不定時法の生活に合うように時計を改造したのである．これは世界的にみても，ほとんど例がないことであった[8]．

不定時法では昼の1刻と夜の1刻は長さが違うので，定時法に慣れたわれわれからみると不便なようだが，合理的な面もあった．たとえば，午後6時という時刻は，定時法の場合，夏はまだ日が差しているのに，冬はもうすでに真っ暗ということになるが，不定時法では「暮れ六つ」は季節にかかわらず，まさに日が暮れようとする瞬間である．

「お江戸日本橋七つ立ち」で，夜が明ける前の「七つ」に日本橋を立った旅人は，夏でも冬でも高輪(たかなわ)[9]まで来ると，必ず夜が明けて提灯を消すことにな

[4] 井筒俊彦訳：コーラン，2-183．岩波書店，1975．

[5] 大名時計ともいう．
上口 等：和時計と大名時計の名称，大名時計博物館報 No.3, 1989．

[6] 谷口成彦：和時計目覚める，朝日新聞，1985.4.18．

[7] 角山 榮：シンデレラの時計，人びとの暮らしと時間，ポプラ社，1992．

[8] NHK，日曜喫茶室，1986.6.8．による．

[9] 品川近くの地名．

図5・3 台時計(和時計の一種)
(国立科学博物館発行
の資料による).

図5・4 櫓時計(和時
計の一種)の
内部(同左).

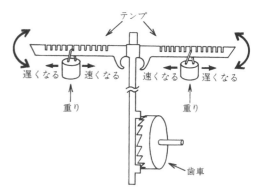
図5・5 和時計の構造*6.

る*10. したがって,夏と冬で時間的な行動パターンを変えなくてもよかった.

中世のヨーロッパでは,時間は神が管理するものとされ,修道院では,深夜,午前3時,同6時,……というように,3時間おきに鐘を打ったという*11. また,王侯や貴族の邸内には,15分ごと,および1時間ごとに鳴る置時計があったらしい*7. 15世紀につくられたシンデレラ姫の物語において,夜中の12時に鐘が鳴ると魔法が解けることになっているのは,こうした状況を前提にしたものであろう.

わが国では,1872年(明治5年)の太政官布告によって太陽暦を採用したが,それと同時に

「時刻の儀これまで昼夜長短にしたがい十二時に相分ち候ところ,

今後あらためて時辰儀　時刻昼夜平分二十四時に定め,……」

という布告があり,以後,定時法によることになった.

「たしかにこの定時法は合理的である.科学的である.……だがそれは,季節に対する人間の感覚を無視し,自然に対応していた人間の生活のリズムを無視する.それは人工的な24時間等分制の上に,別の生活のリズムをつくること」(吉田光邦)*12 を要求する.このような人工の時間は,行動の時間的集中を加速させ,高密度社会における都市や建築の計画に難しい条件を与えることになった.

たとえば,ビルのエレベーターは朝の出勤時のピークだけでなく,正午前後のダウンピークと午後1時頃のアップピークにも対応しなければならない.都市の交通機関は,朝夕2回のラッシュアワーには満員になるが,日中は比較的すいている.休日のショッピングセンターはウィークデーの数倍もの客で混雑する.これは,われわれの社会が人びとの行動を同時化することによって効率

*10
大石慎二郎:江戸時代の暦法と時刻法,図書,1975.1.による.

*11
阿部謹也:よみがえる中世ヨーロッパ,日本放送出版協会,1986.

*12
吉田光邦:時から時計へ,平凡社,1975.

よく機能するようになっているからだ．管理社会の時間的側面である．自分では自由に行動しているつもりでも，社会全体でみると，一定の枠にはまった行動を一定のリズムで繰り返しているにすぎない．このような変動パターンは，行動の時間的法則性としてとらえることができる．

建築や都市の計画にあたっては，このような時間的行動に対応する必要があるが，それには，まず人びとが時間をどのように受け止めているかを知っておかねばならない．

1. 物理的時間と心理的時間

「愉快に働いていると，時が速くたつ」というのは，シェイクスピアが「オセロウ」[*13] の中で書いたセリフである．確かに楽しいときや夢中になっているときには，時間のたつのがはやい．出張では往きよりも帰りの方が時間は短く，長い道でも慣れてくると近いように感じる．

反対に恐怖におそわれたときには，たとえ数秒でも長く感じる．イライラして待つときも，時間のたつのが遅い．また「青年時代には日々は短く年は長い．老年時代には日々が長く年は短い」[*14] ともいわれる．同じ人でも立場や状況が変わると時間の進み方が違い，時間感覚も変わる．心理的な時間の長さと物理的な時間の長さとは一致しないのである．

2. 待ち時間の限界

心理的な時間の長さが都市や建築にかかわる例として，「待ち時間」がある．だが，待ち時間の限界を決めるのは意外にむずかしい．その理由は人間の心理に深くかかわるからだ．たとえば，日本人はエレベーターに乗ると，すぐ「閉」のボタンを押す人が多い．押さなくても，10秒ほどでドアは自動的に閉まるのに，それが待てないのである[*15]．

これに関連して，アメリカの古いビルの話しがある．そのビルはエレベーターも時代遅れで，待ち時間が長く，苦情が多かったのだが，心理学者の助言に従ってエレベーターホールに鏡を取り付けたところ，苦情はなくなり，エレベーターを取り替えずにすんだという．

待ち時間には，エレベーターのように短いものから，大病院での外来患者の待ち時間のように，かなり長いものまであるが，特別な例としては行列買がある．第二次世界大戦中は生活必需品も少なく，行列しなければ買えなかった．「昭和17年の調査によれば，行列買いに費やす時間は5人家族で1日平均4時間半に達した」[*16] という．

吉武泰水博士は，建築計画にかかわる「待ち」を次のように分類している[*17]．

① 順番待ち……切符売り場，診察室，スーパーのレジなどにおける待ち．

[*13] シェイクスピア著，坪内逍遙訳：オセロウ，2幕3場のイアゴウのセリフ．

[*14] バクーニンの言葉．石川弘義監修：時間を味方にしよう，日本経済新聞，1979.4.27．データは1979年4月SEIKOが実施した「時に関する電話調査」による．

[*15] 寺澤芳男氏による．

[*16] 原朗：経済昭和の歩み(76)空襲と国民生活，日本経済新聞，1976.6.17．

[*17] 吉武泰水：建築計画の研究，鹿島出版会，1964．

これは待ち行列理論が対象とする待ちである．
② 仕事待ち……病院の薬局や合鍵の加工を頼んだときの待ち．
③ 出発待ち……駅，バス停，エレベーターホールなどでの待ち．開演待ち．歩行者の交差点での信号待ちも，これに属すると思われるが，自動車の場合，渋滞がひどいと，順番待ちということになろう．

このうち「順番待ち」と「仕事待ち」は区別できないことも多い．このほか
④ 約束待ち……グループで集まるときやデートなどでの待合わせ．面会を約束した場合の待ち．

もある．このような「待ち」のためには一定の空間が必要だが，その空間の規模は待ち時間の長さによって決まる．たとえば，待ち時間が2倍になると，待ちの空間も約2倍になるというように，時間は空間に変換されるからだ．したがって，まず待ち時間を知らねばならない．

待ち時間については，時と場合に応じて，許容される限界がある．待ち時間が長すぎると営利施設では客に逃げられてしまうかもしれないし，公共建築では評価を落とすことになる．待ち時間ゼロというのは，利用者にとっては理想的な状態であるが，逆に施設側の管理者や経営者にとっては，施設の利用効率が悪くなることを意味する．

というのは，待ち時間を少なくするためには，窓口数，つまりエレベーターならば台数や定員を増やしてサービス能力を上げる必要があるが，多くの場合，それは人手や経費を要することだから容易ではない．また，待ち時間が長いと，待合わせ中の人数が多くなるので，「待ち」のための空間として，待合室とか行列のためのスペースを用意しておくことが必要になり，結局は建築計画の問題として，はねかえってくる．

このような「待ち行列のスペース」は，クルマの場合は深刻な問題になる．たとえば，エレベーターホールに30人の人間が滞留しても，さしたることではないが，30台の自動車が行列すると，長さ150m以上にもなるから，交通麻痺を引き起こすことも少なくない．ショッピングセンターなどの大規模駐車場では，事前の検討が必要である．

ところで，建築や都市空間における待ち時間の限界については，次のようなデータがある．

(1) エレベーターホールなどにおける待ち時間

エレベーターホールでは，30秒以上待つとイライラし始め，90秒を超えると我慢できなくなる[18][19]．エレベーターの場合，待ち時間の限界は，一応30秒とされているが，現実には，これ以上になっていることも少なくない．「何もすることがない状態，あるいは何秒待てばよいか分らない状態が，乗っている時間

[18] 三菱電機稲沢製作所副所長松倉欣孝氏による．

[19] 日本経済新聞「春秋」1991.5.17.による．

や待つ時間を長く感じさせる」[18]のである．

スーパーのレジスターにおける行列待ちは，1分を境目として，イライラが増えるといわれている[19]．最近，幹線道路の交差点では，信号のサイクルが長くなっているが，赤信号で歩行者が待たされる場合，欧米人は120秒，日本人は100秒前後が限界だという．

（2） 便所における待ち時間

村川三郎氏らの調査[20]によれば，職場の便所では「仕方がない」と思う待ち時間は，男性が25秒，女性が32秒で，ちょうど小便器の平均使用時間に相当する．つまり，一人待ちの状態が限界ということになる．

幕間や休憩時間に使用の集中する劇場や映画館では，この限界時間は男女とも長くなり，女性では60秒程度までは仕方がないという意見が多かったという[20]．だが，現実は，とてもこの程度ではすまない．観客には女性が多いのに女子便所は常に不足がちで，行列が廊下まであふれることもある．ロビーやホワイエをいくら豪華に飾っても，これでは欠陥建築といわざるをえない．

ラッシュアワーの駅では，便所も混雑し，待ち時間が長くなるが，それでも男子小便器の場合，3人待ち（30秒×3＝1分30秒）が限界だとされる[21]．

（3） 公衆電話や銀行などにおける待ち時間

公衆電話では3～5分，ふつうの電話では11分以上を長いと感ずる人が多く，銀行では5～10分が待ち時間の限界だという[22]．また，遅れた電車を待つ場合は半数の人が10分で，8割の人が15分でイライラする[23]．

（4） 病院などにおける待ち時間

恋人との待合わせとか美容院や理容院などでは，待ち時間の限界は30分だといわれる[24]．しかし，診察室，検査室，薬局と，それぞれのところで待たされる大病院では，とても30分ではおさまらない．

大学病院における外来患者の待ち時間は，診療科によって若干の差があるが，平均25分から79分で，診察時間の3倍から5倍にもなる．在院時間は平均112分で約2時間，なかには5時間以上という人もある[25]．待ち時間は，大病院ではほとんど同じで，外来患者の在院時間は約2時間以上である[26]．

待ち時間を短縮するための対策の一つは，アポイントメント システム（予約制）の導入であり，いま一つは待ち時間の有効利用である．予約制を採用したT病院では，約6割の患者が「良い」「我慢できる」と答えているが，「診察が予約の時刻よりも遅れる」という人も多く，1時間以上待たされる例もある[27]．

医師が薬の処方をコンピューターの端末に打ち込み，即座に調剤にかかる方法をとった結果，約4割の患者が「薬待ち」ゼロになったという病院もある．また，ある病院では，待ち時間を有効にいかすためにビデオ室を設け，待っているあいだ，患者や家族がヘッドホンを用いて，健康管理などに関するビデオを

---

[20] 村川三郎・金崎登士巳：事務所における衛生器具利用者の待ち時間評価と適正器具数の検討，日本建築学会論文報告集，No.328, 1983.

[21] 上原孝雄氏による．

[22] 木田太郎氏（1982.5.4, ABC）による．

[23] 日本経済新聞「春秋」1991.5.17. による．

[24] 読売新聞，1975.10.28.

[25] 古川俊之：総合病院における外来患者動態調査とトラフィック・シミュレーション，オペレーションズ・リサーチ，1976，2月号．

[26] 伊藤誠・中山茂樹・高橋幸成・河口豊：外来部における滞在時間―大阪赤十字病院の場合―，日本建築学会学術講演便概集，1988.

[27] 朝日新聞，1989.5.7. による．

見られるようにした．ここでは待ち時間を使って，スポーツやトレーニングもできるようになっている[*27]．

(5) 約束待ちにおける待ち時間

喫茶店で友人と待合わせをするとき，待つことができる時間は，男女平均で約40分だが，男性は相手が女性の場合は寛容で，長く待つ傾向がある[*28]．

友人と会う場合，駅前広場では約30分が限界で，これは喫茶店で待合わせするときに比べて約10分短い[*28]．混雑したところで立ったまま待つのは，喫茶店で待つよりも苦痛だからであろう．

サラリーマンを対象とした意識調査によれば，待ち時間の限度については，10分までは平気だが，20分を過ぎるとイライラし，40分では苦痛になり，1時間になるとアタマにきて帰ってしまうという[*29]．

日本では，サラリーマンの行動単位は30分刻みがいちばん多いが，米国ではアポイントメントは15分ごとというのが多く，約束の時間に5分も遅れると，言いわけが必要になる．わが国でも，以前は，遅刻したとき「時計が遅れていましたので」という言いわけができたが，最近は時計が正確になって，この言い方は通用しなくなった．

[*28] 石川弘義監修：時間を味方にしよう．日本経済新聞，1979.4.27．データは1979年4月にSEIKOが実施した「時に関する電話調査」による．

[*29] タイムレコーダーのアマノが行った「待つことの意識調査」による．日本経済新聞，1971.10.13．

5・2 時間の評価と民族性

交通機関が時刻表どおり動くことについては，わが国は世界有数だが，もともと日本人は，時計のできる以前から時間の観念が発達していた．農耕民族は時間に無知では生きていけなかったのである．

1. 集団主義と一斉行動の原点

太平記には，「十一日ノ卯ノ刻ニ，摩耶ノ城ノ……」(巻第八)とか，「廿八日ノ午ノ刻ト聞ヘシカバ」(巻第三十四)とかいうような，時刻をともなう記述が随所に見られる．

また「奥の細道」で芭蕉の供をした曽良の旅日記には

「四月朔日辰ノ上尅，宿ヲ出．午ノ尅，日光へ着．未ノ下尅迄待テ御宮拝見」

のように，ほぼ1時間おきに行動が記録されている[*30]．時間感覚が細かいのは曽良の性格にもよると思うが，まさか懐中時計を持っていたとは考えられない．そのころすでに道中用の日時計はあったらしいが，日時計を使うためには天気がよくなければな

[*30] 萩原恭男校注：芭蕉おくのほそ道，岩波書店，1979．

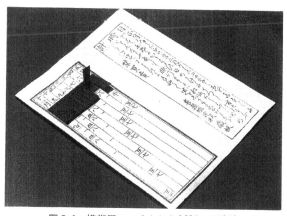

図5・6　携帯用につくられた紙製の日時計．

図5・7 野良時計（高知県安芸市畠中氏宅）

まだ家ごとに時計のなかった頃、土地の地主であった畠中源馬氏が作ったものである。畠中氏はイギリスから八角形の掛時計を取り寄せ、それを幾度も分解しては組み立てて時計の仕組みを覚え、分銅も歯車もすべて手作りで一人で作り上げた。明治30年（1897年）頃のことである。現在も作られたときと同じく正確な時を刻み続けている。

らない。

いずれにせよ時間に無知では、雪の降る国で熱帯原産の稲を栽培し、台風の合い間をぬって収穫することはできなかった。また、水田では時間によって水を配分することが多かった。水が配分されたら、時を移さず一斉に田植をしなければならない。

イザヤベンダサン氏のいう「キャンペーン型の稲作」である。「全日本人の85%が、ある時期になると一斉に同一行動をおこした。トナリ百姓の論理で、田植の時は全日本人が田植」[31]をするのが最も間違いのない方法であった。日本人の集団主義は水田稲作の伝統によるものであり、世界に類のないほどの一斉行動の原点であるといえよう[32]。

収穫についても、「何しろ刈り入れ日時はきまっていて動かせない。すべてここから逆算しなければならない。一日ちがいで一方が収穫百パーセント、一方がゼロになること」[31]もあるのだから、「遅れは死にもの狂いで取りかえさなければならない」[31]のであって、「これがまたノロマは無能、やる気がないのは罪悪」[31]という考え方につながる。

[31] イザヤベンダサン：日本人とユダヤ人、山本書店、1970.

[32] たとえば、日本経済新聞、「春秋」1991.5.17.による。

「ほぼ全員が一千数百年にわたって、こういう訓練をうけつづけて来た」[31]ため、一定の期日から逆算して事を運ぶ点では抜群の能力を発揮するようになった。「ギリシヤ神話のクロノス（時間）は首の長い怪物で、自らが生んだ子を追いかけて食べてしまう」[31]というが、「日本人はまさにクロノスの鼻先をかけている。立ち止まることは許されない。秒きざみのスケジュールに追いまくられ、無我夢中のうちに月日は過ぎてゆく」[31]ことになったのである。

「遊牧民の世界は、これと全く違う。全員一致で一定の方向に向かう必要ががんらい皆無なのであるから」[31]、今はそうでなくても先祖が遊牧民であった人びとから見ると、時間を切るという日本人の行き方は、まったく理解できないであろう[31]。

2. 時間の経済学——「タイム イズ マネー」とはどういうことか——

「アッラーは商売はお許しになった。だが利息取りは禁じられた。……とどこっている利息は帳消しにせよ」[33]

[33] 井筒俊彦訳：コーラン、2-276, 277, 岩波書店、1975.

この教えに従い、イスラム教では利子を認めない。キリスト教も以前はそう

であった．その理由は，神が時間を支配しているからで，利子を取るのは神の時間を奪うものだという考え方による．

時計ができてから人は時間に支配されるようになった．それまでは時間に関係なしに，よい仕事をすればよかったのが，時間単位で仕事を評価するようになった．その代表は時間給，日給，週給，月給，年俸などの時間賃金であるが，給料だけでなく，家賃，リース料，利子など，すべて時間を金額で評価する．市内電話や週刊誌のコストは1時間当たり百円のオーダーで安い方の例だが，テレビのスポット・コマーシャルの値段は1秒間が数万円になるという．それにしても，ラジオやテレビがほんのわずかな時間でも沈黙することは許されないというのは異常である．

一般に，時間を長く占有するほど価格は高くなる場合が多いが，これは占有している時間を価値あるものとしてプラスに評価しているからだ．反対に時間が短いほど価格が高いという場合もある．たとえば，長距離列車では特急や急行に乗ると，時間は短いのに料金は高くなる．これは，占有した時間をマイナスとして評価するからである．

速いこと，待たせないことが利益につながる[34]．アメリカには，客を5分以上待たせると5ドル支払うという銀行があり[35]，あるファーストフードの店では，客を30秒以上待たせないことを原則としているという．

なお，時間の評価については，自由時間，余暇時間が重視されるようになっている．流通関係とかサービス業に勤めているなどの理由で，平日に休みがある人も増えている．有給休暇の消化率が上がれば，これまで評価の低かった平日の昼間は，大きな「時間消費市場」になるであろう．

時間はナマものと同じで，ストックのきかない点に特徴がある．

[34] 日本経済新聞「春秋」1991.5.17.による．

[35] NHK TV, 1991.5.19.による．

5・3　行動の時間的変動

1. 時刻変動のパターン

あるビルの社員食堂では，12時から12時半までの時間帯に利用客の45%が集中，ついで12時半から午後1時までに30%，11時半から12時に20%という順であった．昼食時間の融通がきく職場なら，ピーク時を避けて時差昼食をすれば楽だと思うが，実際には毎日，行列待ちが繰り返されている[36]．

大学の学生食堂でも傾向は同じで，図5・8のように12時半頃に鋭いピークがある．ただし，正午前と午後1時以降に分散する人が社

[36] 日本経済新聞，昭43.6.16.

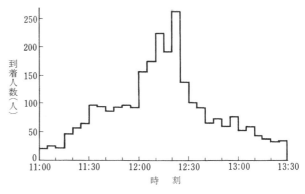

図5・8　学生食堂における昼食時の集中（1986.10.21.火；大阪大学工学部の大塚食堂と生協食堂の合計）[37]．

員食堂よりも多い[*37].

このように，多くの人びとが利用する施設においては，特定の時間帯に利用が集中するという現象が著しいが，集中のパターンは，利用時間がどのように規制されているかによって変わる．こうした時間規制のタイプは，大きく分けると次の二つになる．

その第一は，ある時刻までに到着するか，あるいは，その時刻以後に退出しなければならないという場合で，登校・出勤・退社，演劇や音楽の鑑賞などに関連したタイプである．これを「通勤型」または「時刻指定型」と名付けることにしよう．

第二は，利用時間が，ある時刻からある時刻までと指定され，その間，いつでも施設が利用できる場合で，ショッピングや病院の外来診療など，やや自由度の大きい行動に関連するタイプである．これを「自由時間型」または「時間幅指定型」とよぶことにする．

（1） 通勤型（時刻指定型）の時刻変動

東京や大阪の通勤電車や地下鉄の運転間隔は，いま最短で約2分間隔だが，運転技術からは，これを1分40秒（100秒）程度まで短縮することはできるという．だが，そこまで縮めると今度は，すし詰めで到着した列車のドアから客が出るのに要する時間やホームの処理能力が問題になる．つまり，前の列車から降りた乗客がホームに残っている間に次の列車が到着しても，ホームがいっぱいだと降りられない．これでは，安全を保つことができないのである．

ほとんどの会社や学校が，ほぼ同じ時間帯に仕事や授業を始めるかぎり，通勤や通学の混雑が解消されることはないだろう．会社や学校の始業時刻，劇場の開演時刻などのように，社会的に設定されたものから，デートの約束時間のような個人的なものまで，時刻を指定することは広く行なわれており，われわれの行動を拘束している．とくに現代社会の複雑な機能は，さまざまな指定時刻を目標とする人びとによって支えられている．したがって，指定時刻に対する行動のパターンは，設計情報として重要である．

一般に，ある時刻を指定された場合，何時に到着するかは各人の自由である．余裕をもって30分前に到着してもよいし，ギリギリに滑り込んでもよい．むかしは○○時間などといって，会合などは30分くらい遅れるのがふつうだったらしいが，今では，会議は時間どおり始まることが多くなった．

E.T.ホールによれば，時間のとらえ方については，拡散型[*38]と転置型[*39]という二つの基本的な型がある．「午前8時30分を集合時間とした場合，転置型の人は8時から8時27分の間に姿を現わす．大半の人は8時25分ごろにやってくるだろう．拡散型の人は8時25分から8時45分までの間に到着する」[*40]．

むかし，帝国海軍では「総員起こし5分前！」などといって，すべて「5分前

[*37] 生島清宏：キャンパス内滞留人口の時間的変動に関する研究，大阪大学工学部建築工学科卒業論文，1987，による．

[*38] diffused point pattern

[*39] displaced point pattern

[*40] エドワード・ホール著，日高敏隆・佐藤信行訳：かくれた次元，みすず書房，1974．による．

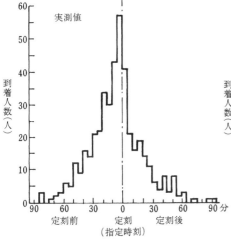
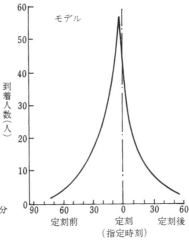

図 5・9
アポイントメントシステムの外来診療部における患者の到着時刻[*41].

主義」で一貫していた．これも転置型の例である．

　つまり，転置型の人は指定時刻を絶対に遅れてはならない時刻として認識するのに対し，拡散型の人は，指定時刻を行動の中心時刻としてとらえる．したがって，到着は指定時刻の前後にばらつき，どちらかといえば遅れがちになることが多いであろう．

　図5・9は，アポイントメントシステムの外来における患者の到着時刻を集計した結果である．時刻が指定された場合の記録として貴重なデータであるが，これによれば，人びとは指定時刻よりも少し手前を目標時刻として行動していることがわかる．だが，到着のパターンは，ほぼ左右対称の指数曲線型であって，遅刻しないように努力しているとはみえない．

　一方，多くの事務所や工場，学校などについて実測した結果によると，集中のパターンは左右対称でなく，ほぼ図5・10のような形が標準的である．

　このパターンのモデルとしては，正規分布型よりは指数曲線型が適合するようにみえる．この理由は簡単にいうと，出勤時刻の最も理想的なポイントは始業時刻の数分前にあり，その点から離れるほど，ほぼ比例的に時間的損失が大きくなると考えて，人びとが行動するからだ[*42]．各人は行動の目標として，たとえば5分前とか10分前とかを設定する．その時刻が始業時刻からどれだけ離れているかについては，ズレの大きさに対する評価が人によって違うため一定ではない．早く行くことによる時間的な損失の評価が時間に対して直線的であると仮定すれば，多人数の行動が集積された結果は，指数分布型の集中パターンを示すことが理論的に証明される[*42]．

　ところで，集中の程度を計量的に表わすには

　　　集中率＝ピーク時における単位時間内の到着者数／全到着者数

で定義された「集中率」を用いるのが便利である．この場合，単位時間として

[*41]
London Teaching Hospital の皮膚科外来において実測されたもので，計測された患者数は合計444人である．
Nuffied Provincial Hospital Trust: Studies in the Functions and Design of Hospitals, Oxford Univ. Press, 1950.

[*42]
吉田勝行：施設計画における情報理論の適用性に関する研究(2)，日本建築学会近畿支部研究報告集，1970.

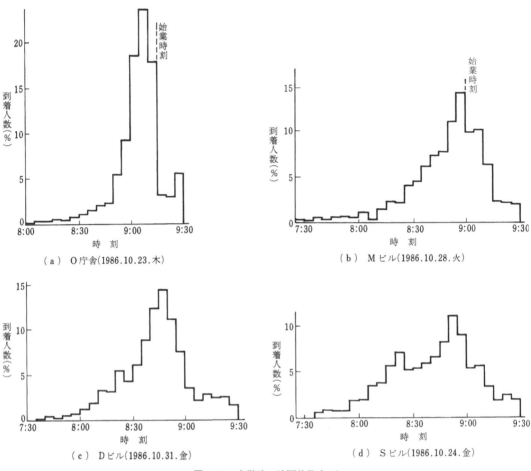

図 5・10　出勤時の時間的集中[*43].

*43
福本晶仁・岡田光正・柏原士郎・吉村英祐・横田隆司：オフィスビルにおける人の出入りの集中現象に関する研究，日本建築学会近畿支部研究報告集，1987. による．

は 5 分間，30 分間，1 時間などを採用し，それぞれ 5 分間集中率，30 分間集中率，1 時間集中率と名付ける．短時間に鋭いピークを示すものほど，単位時間を短く設定すればよい．たとえば，オフィスビルにおけるエレベーター台数の算定には 5 分間集中率が用いられる．通勤駅では 30 分間集中率または 1 時間集中率が適当であろう．

集中率に影響を及ぼす要因はいろいろあるが，オフィスや工場では遅刻に対する取扱いの仕方が問題で，ペナルティが厳しいほど，集中のピークが高い．

オフィスビルでは，専用ビルであるか貸ビルであるかなどによって，集中の程度が違う．

① **専用ビル**……本社ビルのような 1 社専用のビルである．始業時刻も一定だから，集中のピークも鋭い．5 分間集中率で 30％に達することもある．これは，館内人口の 3 分の 1 が，わずか 5 分間に到着することを意味するから，エレベーター台数の計画などにおいては相当シビアな条件になる．

② **準専用ビル**……同じ系列のテナントが数社集まったような性格のビルで

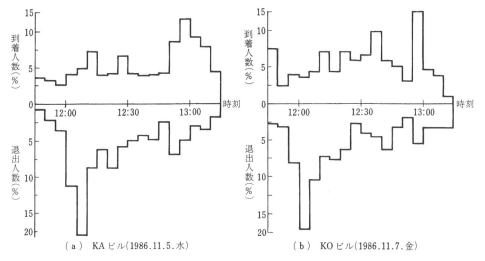

図5・11 昼食時における時間的集中[*43].

ある．始業時刻は多少ずれることが多いので，集中の程度は専用ビルよりは低い．官公庁も，ほぼ同じレベルである．

③ **貸しビル**……テナントごとに始業時刻が違うため，出勤時の集中は緩和される．ただし，エレベーター台数の計画については，図5・11でも明らかなように出勤時よりも昼食時のダウンピークが高い場合が多いので，注意しなければならない．

なおホテルでも，5分間集中率は10%程度は想定しておく必要がある[*44]．

[*44] 木村武雄：エレベーター，学芸出版社による．

(2) フレックスタイム システムと行動のパターン

指定時刻制が人びとの行動を厳しく拘束する結果，交通機関などは，ピーク時と閑散時のアンバランスがひどくなり，社会資本としての効率は低下する．だが，組織としては，同じ時間に全員が揃っていることによって効率よく活動することができる．

これに対して，もっと自由に，各人が好きな時間に仕事をするというのがフレックスタイム システムである．これには次のような種類がある．

① **1日単位のフレックスタイム**……最も単純なシステムである．たとえば，1日の労働時間を8時間と固定し，全員が同時に勤務しなければならないコアタイムのほかに，フレキシブルタイムとされている朝夕の時間帯のどこかで働けば，出退勤の時刻は自由とする．

② **週または月単位のフレックスタイム**……1日単位よりも進んだ段階のもので，実施されているのはこのタイプが多い．1日の勤務時間がコアタイムとフレキシブルタイムに分かれているのは同様だが，労働時間は週または月単位で算定される．毎日，コアタイムには勤務しなければならないが，各人が1日の労働時間の長さを，かなり自由に決めることができる．

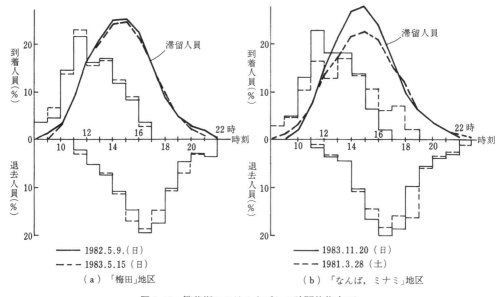

図5・12 繁華街における人びとの時間的集中[*45].

[*45] 下記により作成した．
朝日新聞大阪本社,「なんば来街者調査報告書」1981.9.
日本経済新聞大阪本社「ミナミ」1984.3.
同上「梅田来街者の特性と行動」1982.9.
同上「梅田」1983.8.

③ **コアタイムなしのフレックスタイム**……週または月の労働時間の総ワクだけ決めておいて，コアタイムなしとする方法である．だが，営業や取引先との打合わせなどが主体となる部門では，コアタイムがないと仕事が進まないので，このシステムは無理であろう．

④ **フリータイム システム**……フレックスタイム制の究極の姿といえるもので，ある会社の例では，研究開発要員を対象として，午前6時から午後10時までの間，最低1時間以上勤務すればよいことになっている．会社におれば良い発想が生まれるわけでもないから，研究やデザイン部門などに適したシステムである．

ところで，フレックスタイム システムの効用は次のように要約される．

a．人にはそれぞれ固有の生活リズムがあって，朝型の人もいれば，夜型の人もいる．このシステムでは，各人が最も適した生活時間を選ぶことができる．

b．子供の登校時間と夫婦の出勤時間が調整できるようになり，とくに共働きの場合，診療所や買物に行く時間も，うまくとれるようになる．

c．主婦が外で働くことが容易になり，人手不足を解消するための有力な手段になる．

d．出勤や退社の集中が緩和され，集中率は指定時刻型の2分の1から3分の1程度に低下するという調査例がある．ビルのエレベーターも台数が少なくてすみ，ラッシュアワーにおける交通機関の混雑も緩和される．

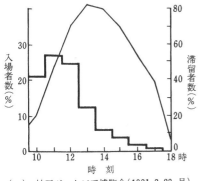
（a） 神戸ポートピア博覧会（1981.3.23.月）
入場者数約7.4万人，最大滞留者数約6.1万人[46]．

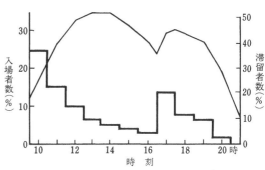
（b） 神戸ポートピア博覧会（同 8.16.日）
夜間開場のケース．入場者数約12.4万人，最大滞留者数約6.5万人[46]．

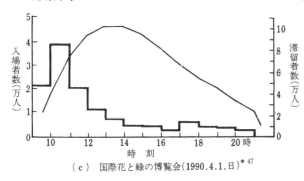
（c） 国際花と緑の博覧会（1990.4.1.日）[47]

図 5・13 博覧会における観客の時間的集中．

フレックスタイム システムの欠陥は，流れ作業のように定刻にラインが動き始めるというタイプの職場には向かないことである．

2. 自由時間型（時間幅指定型）の時刻変動

病院やショッピング施設などに多いパターンで，営業時間や診察時間のように利用可能な時間帯が指定されており，その時間幅のなかであれば，いつ行ってもよいというタイプである．集中率は一般に低いが，まったく集中がないわけではなく，なだらかな山型を描くことが多い．

週末に繁華街に来る人びとの時間的集中のパターンを図 5・12 に示す．これをみると，地区が違い，時期が違っても，ほとんど同じ集中の形になることがわかる．とくに滞留人員は午後2時から3時をピークとする山型で，驚くほどよく一致する．

図 5・13 は博覧会における観客の時刻変動パターンを示す．大きな博覧会になるほど，到着の立上がりが早い．夜間開場をする場合には，夜間割引の程度などによって，昼夜のピークの比率が違ってくる．

病院の外来では，午前10時から11時ごろに，休日のデパートでは繁華街と同じく午後3時ごろにピークがある．

いずれにせよ，厳しい時間的な制約がなくても多人数の集まるところでは，

[46]
「神戸ポートアイランド博覧会公式記録」，神戸ポートアイランド博覧会協会．

[47]
産業経済新聞，1990.4.2. による．

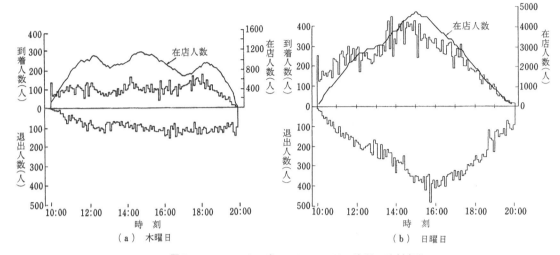

図5・14 ショッピングセンターにおける客数の時刻変動.
（Nショッピング デパートにおける斉藤有弘氏の調査による．1974.9.22.日，9.26.木）．

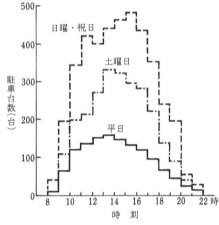

図5・15 ショッピングセンターにおける駐車台数の時刻変動（泉ケ丘第3駐車場，1979.10.1～10.14）[48].

[48] 上田正人・岡田光正・柏原士郎・辻 正：ニュータウンの地区センターにおける駐車場の利用実態について，日本建築学会近畿支部研究報告集，1980.6.

[49] 戸沼幸市：人間尺度論，彰国社，1978.

ある程度の集中は避けることはできない．これは多人数のインフォーマルな行動における法則性の一つであり，この理由としては次のようなことが考えられる．

まず第一は，生活時間の一致である．多くの人びとが似たような時刻に起き，食事をし，仕事を始めるため，結果として同じ時間帯に出掛けるからである．

第二は，何時から何時までという利用可能な時間幅の規定があるために，無意識のうちに両端の限界に近いところを避けようとし，結果的に中央部に集中する．

図5・14，図5・15はショッピングセンターにおける集中のパターンである．

自由時間型の行動については，大都市を中心として今後，いわゆる「24時間都市」が増えるという説がある．これは，夜間に仕事をする人が多くなるとともに，コンビニエンス ストアなどのような終夜営業の店舗も増加しているからだ．

だが，都市の24時間化を放任すると，公害や地価高騰などと同様に，新しい社会問題を引き起こす可能性がある．「街にとって夜の休息や休日はよほど大事で，自己回復に必要なときである．……空間の中にある時間を使い切ってしまおうとするのは具体的に危険なことで」（戸沼幸市）[49] 省エネルギーにも逆行し，地球環境の点からも重大な問題である．また，昼夜逆転の生活を続ける従業員にとって，健康管理は容易ではないだろう．

24時間都市については慎重でなければならない．

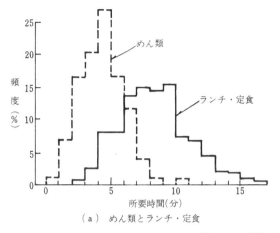
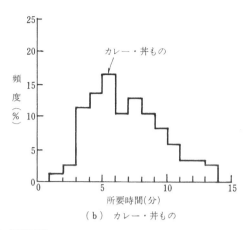

（a） めん類とランチ・定食　　　　（b） カレー・丼もの

図 5・16　食事に要する時間[51].

3. 行動の所要時間

（1） 食事のための時間

ナポレオンは早食いで有名だった．兵隊のときは5分，将軍になってからは10分，大統領（皇帝）になってやっと，15分をかけたという．

ある会社が社員240名を対象に調査した結果によれば，朝食にかける時間は10分未満が54％，20分未満まで広げると，ようやく91％になる[50]．

食堂における食事の所要時間は，食堂の種類や献立などによって，かなりの差があるが，大衆的なレベルの食堂では平均的には5分から15分のあいだにある．図5・16は学生食堂の例だが，めん類が最も短く，ランチや定食などは長く，カレーライスや丼物は両者の中間である[51]．駅の構内における立食いそばの所要時間は，男子が2分10秒〜2分30秒，女子が2分50秒〜3分30秒と短く，最短はわずか1分である[52]．

一方，レストランでは，高級になるほど食事の所要時間は長くなる．いわゆるフルコースならば，1時間以上かかるだろう．結婚披露宴は最低2時間で，3時間以上かかることも珍しくない．

喫茶店における客の在店時間は，店の性格によって若干の差があるが，回転の早い店で15分〜40分，一般には20分〜70分程度とされる．

（2） 会議の所要時間

どこでも会議は増える傾向にあり，会議室はいくらあっても足りないという状況だが，会議が多くても，所要時間が短ければ，会議室の回転が早くなる．ある市役所で議会会議室の使用時間を調べた結果は，平均127分で，ほぼ2時間単位で会議が行なわれていることがわかった．

（3） 自動券売機のサービス時間

大都市近郊では，鉄道や地下鉄などの普通乗車券の95％以上が，自動券売機

[50] 毎日新聞，1991.5.9.

[51] 木村輝久：大学食堂の規模算定について，大阪大学工学部卒業論文，1966.

[52] 小森イノ氏による池袋駅構内での調査．計測数は延べ3541人．朝日新聞，1975.8.14.

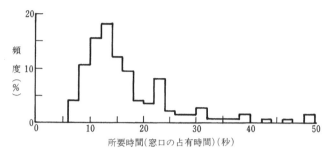

図5・17 乗車券購入所要時間（自動券売機による）*53.

で発売されている．だが，ときには待ち行列が長くなって，通行の邪魔になることもあるので，客数に応じた充分な台数がなければならない．そのためには，乗車券の購入に要する時間は重要である．調査によれば，1人当たりの券売機占有時間は平均16.5秒で，その分布は図5・17のとおりである*53.

*53 番匠谷 隆・小田博基：自動券売機利用時の旅客の行動とその改善について，近畿日本鉄道技術研究所技報，1986, Vol.17.

*54 辻 正・岡田光正：タクシー乗降場の利用状況とその計画について，日本建築学会近畿支部研究報告集, 1978.5.

（4）タクシー乗り場において乗込みに要する時間

大きな駅や空港のタクシー乗り場では，タクシーと乗客の両方が待ち行列をつくっていることが多い．これは，主として乗り場のバース数が少ないこと，および出口に交通信号があって連続的に出発できないことによるが，公共交通機関としてのタクシー乗り場を合理的に設計するためには，まず1台当たりの客の乗込みに要する時間を知らねばならない．調査の結果は，図5・18のとおりで，1台当たりの客の人数にもよるが，荷物をほとんど持たないサラリーマンが主体の通勤駅では，平均14秒程度であった．一方，空港の国際線では，大きな

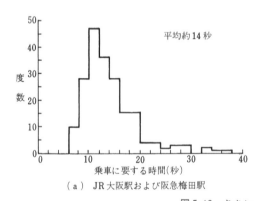
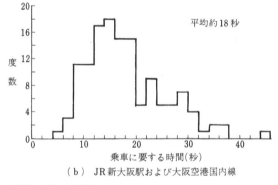

(a) JR大阪駅および阪急梅田駅　　(b) JR新大阪駅および大阪空港国内線

図5・18 タクシーの乗車に要する時間*54.

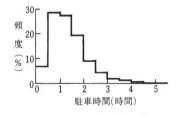

図5・19 駐車時間の長さ*55.
（神戸市Bショッピングセンターにおける事例．1988.8.14～20．一定額の買物で2時間までは無料サービス）

荷物を持つ客が多いために，平均値は30秒ほどになる．新幹線の駅や国内線の空港では両者の中間で，平均約18秒であった*54.

（5）駐車時間と出入口ゲートでのサービス時間

ショッピングセンターにおける駐車時間の長さは，ふつうは，図5・19に示すように2時間以内に集中する．これは，一定額以上の買物をすれば2時間までは駐車料はサービスというところが多いからであろう．

大規模な有料駐車場においては，出入口の車線数が少ないと円滑な運営ができない．とくに出口ゲートでは，料金を支払うのに多少

の時間がかかるので，ゲート数も入口の2倍程度は必要になる．図5・20の例では，1台当たり平均約20秒かかっている．

内部での駐車ロットへの車庫入れにも，図5・21にみるように，平均約25秒かかる．駐車ロットの幅や通路幅にもよるが，あまり寸法を切りつめると，かえって時間がかかり，駐車場内部における渋滞の原因になる．

(6) 美術館における観客の滞在時間

われわれの調査では平均75分であった．30分から80分のあいだに60〜70％がはいるという調査例もあるが[56]，美術館や展示の規模によって変わることはいうまでもない．

(7) デパートなどにおける客の在店時間

百貨店では，曜日や男女によって平均在店時間に差がある．日曜日の女子が最も長くて約1時間15分，平日の男子は約40分というデータがある[57]．大規模店では，滞留時間も長い．駐車時間の調査例が示すように，大型のショッピングセンターに自動車で来店する客は，平均的には2時間近く在店する．

量販店などでは，店の規模によって幅があるが，平均的には10〜20分程度であろう．当然のことながら，買回品[58]では長く，最寄り品[59]では短い．

4. 滞留人員の時刻変動

建物の中には，1日の総利用人員だけでなく，滞留人員の時刻変動，とくに最大滞留人員が，規模計画上，重要な意味をもつことが少なくない．たとえば，飲食店や商店，遊園地やレジャー関係の施設，および図書館，美術館，博覧会場などがこのタイプに属する．

滞留人員の大きさを決めるものは，1日の総利用人員と到着数の時刻変動および滞留時間の長さとその分布の形であり，とくに到着数と滞留時間の長さが支配的である．なお，ここに滞留時間とは，建築施設の中に人や車がはいってから，出ていくまでの時間であり，使用時間あるいは待ち行列論でいうところのサービス時間を意味する場合もある．

ここで，最大滞留人員を近似的に算定する方法を示しておこう．

一つは，到着人員の時刻変動パターンを描き，図5・22のようにピーク時を中心として，平均滞留時間幅で切り取る方法である．そこに含まれる人数を読めば，それが最大滞留人員を与える．

いま一つは「滞留率」という概念を導入する方法である．ここに滞留率とは

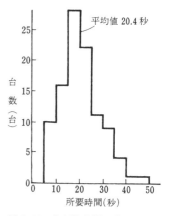

図5・20 有料駐車場の出口ゲートにおける所要時間[55].

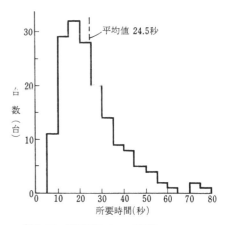

図5・21 駐車場において所定のロットに駐車するのに要する時間（車庫入れに要する時間）[55].

[55]
山口 太：大規模駐車場の利用実態に関する研究，大阪大学工学部卒業論文，1988 による．

[56]
川崎 清ほか：美術館における観客動態に関する研究（その1），日本建築学会近畿支部研究報告集，1969.5.

[57]
朝日新聞社による．

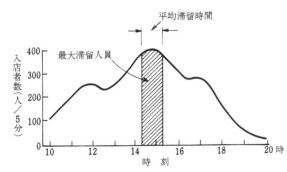

図5·22 最大滞留人員の算定法（時刻変動のパターンは N ショッピングセンターにおける実測値）．（図5·14参照）

*58
shopping goods, 最寄り品のような実用性はなく，商品の質，デザイン，流行などにウェイトをおき，多くの類似品の中から，好みによって選択されるもので，高級衣料服飾品などが，これに該当する．その店舗は商店街を形成し，利用圏は広い．建築大辞典（彰国社）による．

*59
convenience goods, 生鮮食料品のような日常生活における必需品で，購買頻度は高いが，商圏は狭く，主として半径 0.5〜1 km 圏内の人口で支えられている．必ずしも商店街を形成する必要はない．建築大辞典（彰国社）による．

*60
旧約聖書「創世紀」第20章

*61
旧約聖書「出エジプト記」第35章

滞留率＝最大滞留人員／総利用人員

で定義される比率である．したがって，滞留率がわかれば

最大滞留人員＝総利用人員×滞留率

によって滞留人員を求めることができる．

この場合，滞留率を求めるには，二つの方法がある．

第一は，各種の施設について調査を行なった結果から滞留率を計算しておく方法であり，第二は，到着の集中率から滞留率を推定する方法である．たとえば，1時間集中率が s ％で，平均滞留時間が a 時間であるとすれば，sa をもって滞留率とする方法である．この場合，最大滞留人員は次式で算定される．

最大滞留人員＝総利用人員×集中率×平均滞留時間

ただし，平均滞留時間は，集中率と同じ単位時間で表わしたものでなければならない．

5·4 曜日変動と休日の制度 ── 7日を周期とするリズム ──

1. 曜日制の起源

「六日の間はたらきて汝の一切の業を為すべし．七日は汝の神エホバの安息なれば何の業務をも為すべからず．汝も汝の息子息女も汝の僕婢も汝の家畜も汝の門の中におる他国の人も然り．そはエホバ六日のうちに天と地と海と其等のうちの一切の物を作りて第七日に息みたればなり．」*60

「凡てこの日に動作をなす者は殺さるべし」*61

これは，曜日制の起源だとされる「旧約聖書」の一節である．この厳しい掟は，指導者モーゼが，それまで年中無休だった使用人にも一定の休日を与えるために，神の名によって定めたもので，当時としては画期的なルールであった．この「七」という数字は，太陰暦の1か月に当たる28日の4分の1で，ユダヤ教では神聖な数とされていた．現在，ユダヤ教の安息日（Shabath）は土曜日である．したがって，イスラエルでは休日は土曜日で，金曜日の日没から土曜日の日没までいっさいの業務を停止するという．

一方，キリスト教の安息日は日曜日である．これは，イエスが日曜日の朝，復活したことによるものだという．初期の信者たちは異教の地で，厳しい迫害に耐えながら「主の日」つまり礼拝の日を守ったが，やがてキリスト教を公認したローマ皇帝が，この聖なる日（holy day）を法律によって保証し，日曜日を休日（holiday）としたのは3世紀のことであった．その後，欧米では日曜に

は裁判や市場を開かず，労働もしないことを教会法で決めたのである．したがって，日曜日は一斉に休むのが西欧社会のルールだったが，近年，一部に変化が現われた．たとえば英国では「商店法」によって日曜日の営業は禁止されているが，最近，大型の店舗では消費者の要望に支えられて，日曜営業を始めるところが多くなったという．

わが国では，1876年（明治9年）の太政官達（第27号）
「来タル4月ヨリ日曜日ヲ以ッテ休暇ト定メラレ候條　此旨相達候事
　　但土曜日ハ　正午12時ヨリ　休暇タルヘキ事」
により，曜日制とともに日曜休日と土曜日の半ドン制が導入された．この半ドンとは，半ドンタクのことで，ドンタクはオランダ語のZontag（日曜日）であり，転じて休日を意味する．だが週休制は，官庁，銀行，一部の会社などがこれに従っただけで，第二次世界大戦後，労働基準法が制定されるまでは，一般の労働者の休日は月に1～2日が通例であり，なかには無休の業種すらあった．とくに建設工事の現場では，1955年（昭和30年）頃まで，主要な業種の作業員は毎月，1日と16日が定休日であって，日曜だから休むということはなかった．

とはいえ曜日制は，今では日常的なものとして広く浸透し，曜日変動つまり，週7日を周期とする生活パターンの変動が行動特性として定型化されている．

施設計画の上で曜日変動が大きな意味をもつのは，ショッピングセンターやレクリエーション施設である．このような施設では，週末や休日には平日の数倍もの客が押し掛けるが，ウイークデーは閑古鳥が鳴くという状態がふつうだから，このアンバランスにどのように対応するかが，施設計画でも最大のポイントになる．週休2日制が普及して，このようなアンバランスも少しは緩和されてきたが，そのかわり，都心の盛り場は金曜日の夜が最もにぎわうようになった．

「一年中が遊ぶ休日だったなら，遊ぶことは働くことと同様退屈」[62]になるかもしれない．今でも週休2日に祝祭日と年次休暇を加えると，1年365日のうち3分の1以上が休みである．休日の増加は，今後も続くのであろうか．

[62] シェイクスピア「ヘンリ4世」第一部，1幕2場における王子のセリフ．

2. 曜日変動のパターン

曜日変動のタイプを大きく分けると，次のような三つの種類になる．

第一は「仕事型」で，休日は利用者が極端に少ないというタイプである．これには大部分の業務施設，学校，外来診療施設などが含まれる．

第二のタイプは「余暇利用型」とでもいえるもので，週末または休日に利用が集中するスポーツ施設，ショッピング施設，観光施設などがこれに当たる．図5・23は，レストランにおける来客数の曜日変動の例である．日曜日はとくに多く，ウィークデーの2倍以上の利用要求があることがわかるであろう．

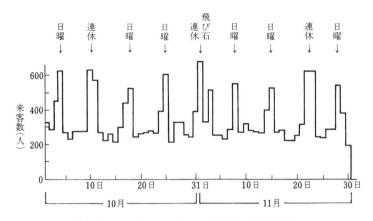

図5・23 レストランにおける来客数の曜日変動[*63].

[*63]
日本気象協会研究所の赤尾邦夫研究部長による．朝日新聞,1988.12.15.

余暇利用型の施設においては，日曜日は平日の2倍から3倍に達するものが多い．つまり，週間の入場者の約半数近くが日曜日に集中し，あとの半数がウィークデーに分散する．土曜日は日曜日と週日の中間値を示すことが多い．この場合，休日に殺到する客を無理なく収容する施設をつくろうとすれば，効率の低いものにならざるをえない．したがって，ショッピングセンターの駐車場なども，土曜・日曜はあふれても仕方がないだろう．

そのため，休日の利用者は，過密状態を我慢するか，利用をあきらめるか，どちらかしかない．利用者側には不満が残るし，施設側からすれば超過した客を失うことになる．規模計画のむずかしいタイプである．

第三のグループは，前二者の中間ともいえるタイプで，曜日にかかわらず，ほぼ定常的に利用されるものである．近隣型のショッピング施設などのように，日常の生活に密着した生活関連施設が，これに属すると考えてよい．

3. 大安・仏滅にはどういう意味があるか

これは「六曜」または「六輝」の中の一つで，昔，中国で使われたものが室町時代に日本にはいってきたものだという．六曜の名前はいろいろと変わってきたが，いまはほぼ

先勝（せんしょう）→ 友引（ともびき）→ 先負（せんぷ）→ 仏滅（ぶつめつ）→ 大安（たいあん）→ 赤口（しゃっく）

という順番になっている．大安，仏滅といっても，その言葉自体には，べつに意味はなく，たんなる名前にすぎないが，何となく吉日の感じがする大安には結婚式が集中する．とくに日曜日や祝日と大安が重なるとホテルなどの結婚式場は大混雑で，よい時間帯を確保するには半年前から予約しなければならないほどである．ある結婚式場では，大安の日には1日平均3.55件の結婚式があったが，仏滅には平均0.27件で，ほとんどゼロに近かった．某一流ホテルでも，10年間に仏滅の日に結婚式を挙げたのは，わずか2組だったという．仏滅を

定休日としている結婚式場もあるほどだ．

地鎮祭や上棟式や竣工式などは，ほとんど「大安」の日に決まっているので，建設会社の役員たちは，この日は手分けして全国の現場に顔を出さねばならない．

一方，友引には葬式ができない．参列者の気分を害してはいけないからである．そのため友引の日は葬儀屋の休日になるが，その前後はかえって忙しく，火葬場も混雑する．

大安や仏滅に根拠がないことは，北丹波大地震や二・二六事件，硫黄島の玉砕，日航機「木星号」の墜落，弥彦神社事件などが，大安の日に起こっていることからもわかる[*64]．

このほか，ときには「三隣亡（さんりんぼう）」などという日を気にする人がいるので注意しなければならない．この日に「建前（たてまえ）」「建方（たてかた）」「上棟（じょうとう）」などをすると，「向こう三軒両隣り」が亡びるということから，トラブルになった例がある．

根拠のないネーミングに振り回されるのはバカげている．だが，場合によっては建築計画や工事にも影響することもあるのだから，これも現代人の行動法則として一応は知っておかねばならない．

[*64] 花森安次氏による．

5・5　季節変動

1. 季節とは何か

「ただ過ぎに過ぐるもの，帆を上げたる舟，人のよわい，春夏秋冬……」

これはイザヤベンダサン氏[*65]が引用した枕草子の一節である．

「日本人は90日の民」であって，「90日（3か月）という，あっという間に過ぎる期間ごとに生活のしかたを変えてゆかねばならない．梅雨もあれば台風もくる」[*65]．生きていくためには，季節の移り変わりにも絶えず気を配っていなければならない．

「秋来ぬと　目にはさやかに見えねども　風の音にぞ驚かれぬる」[*66]というような季節のわずかな変化も見逃さない生活感覚は，ここから来たものであろう．

季語を入れることを必須の条件とする俳句が発達し，そのため季節を表わす言葉をまとめた「歳時記」が古くから出版された．たとえば，滝沢馬琴の「俳諧歳時記」（1803年）には，すでに2600以上の季題が収められていたが，いまの「歳時記」には，万単位の語数が収録され，そこでは生活から森羅万象のすべてが，新年と春，夏，秋，冬に分類されている．

季節に従って進行する年中行事という形で，われわれの行動パターンは季節に依存している．わが国では，手紙の書出しも時候の挨拶からである．欧米には，こうした習慣はなく，手紙は，いきなり用件にはいることが多い．

[*65] イザヤベンダサン：日本人とユダヤ人，山本書店，1970．

[*66] 古今和歌集，巻第4，藤原敏行朝臣．

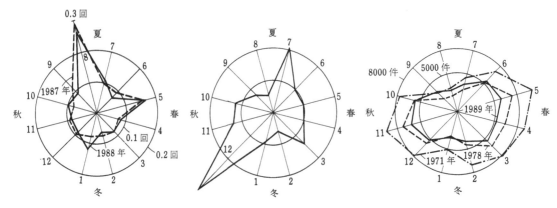

図5・24 月別宿泊観光レクリエーション回数（1人当たり平均）
（総理府内政審議室の推計による．大蔵省印刷局：平成元年版「観光白書」）

図5・25 百貨店における売上高の季節変動．
（日本百貨店協会による）

図5・26 婚姻件数の季節変動．

2. 季節変動のパターン

都市や建物では，利用人員や利用状況が1年を周期として季節的に変動するものが多い．このような季節変動には，次のようなタイプがある．

① 春秋型……動物園や遊園地など屋外型のレクリエーション施設に多い．
② 夏　型……海水浴場に代表されるが，旅行のシーズンでもある．
③ 冬　型……スキーやスケートを対象とする施設が典型である．
④ 年末型……デパートなどのショッピング施設に特徴的なタイプである．

ただし，このタイプ分けは，あくまで基本的なパターンであり，実際には重複して現われることも多い．

図5・27は，国民休暇村における宿泊者数の季節変動の例である．立地条件や気候の違いによって，夏型＋春秋型とか，冬型＋春秋型になることがわかる．

3. 季節変動の原因（要因）

季節変動の発生要因としては次のような条件がある．

① 気候の変化……気温，湿度，天候などの変化による．
② 生理的な変化……気候条件によって行動意欲や死亡率なども変化する．
③ 社会的な条件……盆，正月，年度末，ゴールデンウィークなどの存在．
④ 経済的な条件……上記の条件により，経済活動も変化する．

このうち「気候の変化」は，気象学的な本来の季節変動である．商品の中には気候によって需要が季節的に変動するものもある．

「社会的な条件」とは，夏休みなどのような各種の年中行事が社会的に定められていて，それが季節変動の原因になるという意味である．経済活動における季節変動にも，社会的条件によるものがあるだろう．

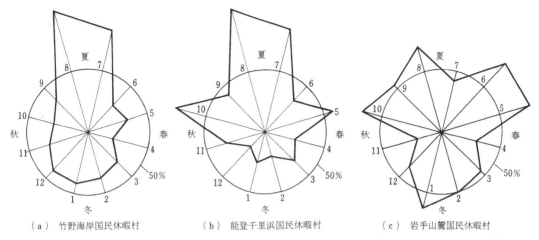

(a) 竹野海岸国民休暇村　　(b) 能登千里浜国民休暇村　　(c) 岩手山麓国民休暇村

図5・27　国民休暇村における宿泊者数の季節変動（国民休暇村協会：ガイドブック 1985, 1986 より作成）．

4. 社会的条件による季節変動

5月のゴールデンウィークや8月のお盆，年末から年始にかけての休みなど，わずか数日の連休に集中する日本人の行動パターンは異常である．どこへ行っても人とクルマの大群で，難行苦行が続くが，短期集中型では，施設側からいうと利用率が低くなり，高料金型にならざるをえない．

施設計画にとって社会的要因による季節変動は，週末に集中する曜日変動と共に，最も厳しい設計条件である．リゾート開発は，利用のピークを押えて繁忙期の幅を広げ，平均利用率を上げないと経営的に成立しない．

ヨーロッパでは，夏休みは平均1か月と長く長期滞在型で，しかも7月にとる人から9月にとる人まで，幅広く分布するので，混雑も少ないという．

5. 法的な条件による季節変動

わが国では年の初め，つまり元日については，グレゴリオ暦によることが法的に定められている．そのほか法律によるものとして，年度初め，年度末，学年末などがある．たとえば，「財政法」第11条には

「国の会計年度は毎年4月1日に始り，翌年3月31日に終るものとする」とあり，これが「年度」の根拠になる．

学校では「私立学校法」第48条に

「学校法人の会計年度は4月1日に始り翌年3月31日に終るものとする」とあり，これにもとづいて「学年暦」をつくるところが多い．外国にならって9月入学にするのがよいという意見もあるが，会計年度とずれてしまう．

このような社会的な行動パターンは暦（calendar）にもとづいて設定される．それでは暦は，どのようにしてつくられているのであろうか．

（1）暦法の根拠 —— 正月は何によって決まるか ——

キリスト教では，古く4世紀の宗教会議で「春分の日は3月21日」と定められていたが，閏年(うるうどし)の置き方が不完全だったため，16世紀には春分の日は繰り上がって3月11日になり，春分と関連する復活祭の日取りを決めるのに困るほどになった．そのため，教皇グレゴリオ13世は改暦を断行して，春分を3月21日に戻し，置閏法を改めたのが現行のグレゴリオ暦*67である．制定当時はカトリック教の国でのみ用いられたが，今では世界的に広く採用されている．

だが，このグレゴリオ暦には次のような欠点がある．

① 大小の月の配列がおかしい……2月はなぜ28日なのか．各月の日数があまりにも不均等だというのが最大の欠点である．2月の28日は統計や経済の面からも不便である．

② 年首（元日）に科学的な意味がない……上記のように，宗教会議で春分の日を3月21日*68と固定したことに由来するもので，年首そのものに科学的な意味は何もない．

東洋では立春を正月とする習慣であった．「立春正月」である．旧暦の正月は立春の前後に設定され，中国では今でも「春節」として，この日を祝っている．立春は冬至と春分の，ちょうど中間の日であり，節分は立春の前夜である．

これに対し，古く西洋では春分を年の初めとするのがふつうであった．フランス語では春をプランタン*69というが，これは「最初の時」という意味である．フランスで新年が1月1日になったのは16世紀からで，それまでは長いあいだ，1年は春から始まるとされていたという*70．

一方，北ヨーロッパでは冬至祭りの伝統があり，それがクリスマスと結びついたという説もある*71．つまり「冬至正月」である．要するに，正月を冬至にするか，立春にするか，春分にするかという問題である．

（2）季節と年中行事

季節は太陽の位置で決まるが，図5・28のように東洋と西洋では四季の分け方が違う．日本では，江戸時代になって初めて実測にもとづく暦*72をつくった．これを改良したのが天保暦（1843年）である．天保暦は太陰太陽暦としては歴史上もっとも精密なものといわれ，季節感にも合っていたので，1873年（明治6年），グレゴリオ暦（太陽暦）が公式に採用された後も，民間では旧暦として用いられた．

明治の改暦は，財政困難だった政府が次の年の暦に閏(うるう)6月があるのを見て，13か月分の給料を払わなくてもよいように，急いで決定したものだという．だが新暦では，潮の干満がわからないから漁業はできないし，お祭りも夜の行事には月の満ち欠けが重要で，盆踊りも月がなければできなかった．農家では麦蒔きがあるので，旧正月でないと，ゆっくりできない．運勢の占いにも旧暦は

---

*67 Gregoriann calendar

*68 3月20日の時もある．

*69 printemps, premier temps

*70 毎日新聞，1991.4.26．「余録」．

*71 植田重雄：ヨーロッパ歳時記，岩波書店，1983．

*72 渋川春海による貞享暦(1685年)

必要だった．明治の改暦から110年たち，旧暦は公式の行事からは消えたが，今でも運勢暦として書店には山積みされている*72．

グレゴリオ暦のいま一つの問題点は，古来の年中行事が本来の季節とずれてしまったことだ．たとえば，3月3日の「桃の節句」には桃の花は咲いていないし，5月5日の「端午の節句」にも菖蒲の花はない．花屋で売っているのは温室栽培であろう．7月7日の七夕にはまだ梅雨が明けず，星祭りといっても星は見えないことが多い．これは，すべて行事の日付けのみを従来のままとし，季節に比べて約1か月早い新暦を採用したからだ．これに対し，八十八夜，二百十日，二百二十日などは立春から数えるので，季節からはずれることはない．種蒔き時期などを知るのに必要な数え方であった．

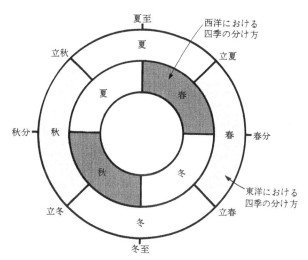

図5・28　四季の分け方―東洋と西洋の違い―．

*73
岡田芳明氏による．

5・6　長期的変動のパターン

1. 一過性のブームと尻上がり現象

周期的な変動ではないが，日時の経過とともに利用人員が増加するという「尻上がり現象」がある．図5・29は「明和神異記」に記録された伊勢神宮参拝者の人数をプロットしたもので，いわゆる「おかげまいり」の結果である*73．展覧会や博覧会でも評判がよいと，会期末に急激に観客が増加して大混雑になることが多いので，注意しなければならない．

図5・30は，かつて爆発的に流行したボーリング場の経年変化を示すものであ

*74
世界大百科事典3，平凡社，1966．所載の数値により作図したものである．

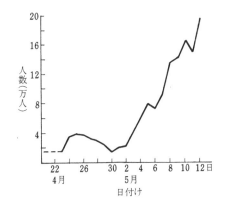

図5・29　おかげ参りの人数（1771年）*74．

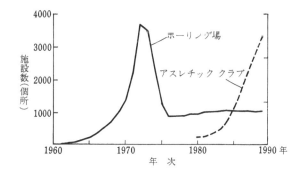

図5・30　ボーリング場とアスレチック クラブの経年変化．
（吉本佳代・柏原士郎・吉村英祐・横田隆司・李明権：施設数の経年変化の実態とそのパターン分類―各業種における施設数の経年変化とその要因に関する研究（その1）―，日本建築学会大会学術講演梗概集，1992）

る．ブームの頂点で新しく建てられたボーリング場も多かったが，そのほとんどは数年もたたぬうちに取り壊されてしまった．しかし，なかには転用に備えて当初から床荷重に余裕をもたせてあったため，ショッピングセンターなどに転用された例もある．企画と設計に先見の明があったというべきであろう．

2. 長期的変動——経年変化のパターン——

「たけき者もついにはほろびぬ，ひとえに風のまへのちりに同じ」

（平家物語）

平家物語は「滅びの美学」である．その栄華から壇の浦の滅亡まで，わずかに20年であった．これほど短い例は少ないとしても，「いちど栄えた国は二度と栄えることはない」とか「外国語を学ばなくなると，その国は衰退する」といわれる．あまりにも壮大な造営工事を行なったため，衰退した王朝は数えきれないほどだ．同様に，大きくて立派な本社ビルを建てたとたんに，下り坂になった企業もある．

日本産業の過去100年における上位100社のランキングが，どのように変化したかを調べた結果によると「"会社の寿命"は平均わずか30年にすぎない」[75]．「企業と同様，あらゆる組織は30年たつと古びてくる」のである[76]．

この30年という周期は人間の世代が交替するライフサイクルに一致する．これは偶然とは考えられない．わが国では，建物のライフサイクルもほぼ同じレベルにある．われわれの研究によると，K市の公共建物の平均寿命は，35〜38年と推定された[77]．建物の寿命もやはり，人間の世代交替のサイクルに深い関係があるといえるのではなかろうか．

パーキンソンの法則によれば，仕事の有無にかかわらず，公務員の数は年率5〜6％で増加するという[78]．これは，すべての組織についていえるのではないだろうか．とくに，年功序列を前提とするかぎり，昇進のポストとして管理職を増やしていく必要があり，そのためには業務を分割して部や課を新設するのが最も手っ取り早い方法だから，結果として人員も増加することになる．少なくとも，これまではそうであった．

経年変化のパターンをタイプ別に分けると，次のとおりである．

① 単純増加型（または単純減少型）……短期的にみた場合に多い．
② 成長曲線型……限界があり，S形のカーブを描く．
③ ライフサイクル型……山形の曲線を描き，周期的に変化することもある．
④ 不連続型……質的な変化であって，数量的には予測しにくい．

現実には，いくら増えるといっても無限に増加することはありえない．いつか必ず限界がやってくる．Sカーブ形の成長曲線は，文字どおり成長の限界を示すものであり，ロジスティック曲線はその一つである．

---

[75] 日経ビジネス編：会社の寿命—盛者必衰の理—，日本経済新聞社，1984．

[76] 向山洋一：日経新聞，1988.2.29.「日本の個性」による．

[77] 崔 埈栄・岡田光正・柏原士郎・吉村英祐・横田隆司：建物の寿命とその分布に関する研究—K市の公共建築を対象にした場合—，日本建築学会論文報告集，Vol. 1989.5.

[78] C.N.パーキンソン著，森永晴彦訳：パーキンソンの法則，至誠堂，1961．

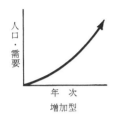
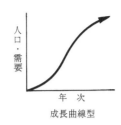
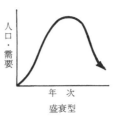

増加型　　　　　成長曲線型　　　　盛衰型

図5・31　経年変化のパターン．

（1）ロジスティック曲線[*79]

これは，成長曲線のモデルとして最も美しいものの一つで，その原理は「マルサスの人口論」にまでさかのぼるとされている．その骨子は「人口の増加速度は，そのときの人口の大きさに比例するが，同時にそのときの人口の大きさに関係する抵抗を受ける」ということである．

時点 t における人口を $P(t)$ とすれば，上記の原理から次式が誘導される[†]．

$$P(t) = \frac{N}{1 + k\exp(-\lambda t)}$$

これが，ロジスティック曲線の基本的な形である．ここに，N は，$t \to \infty$ に

[*79] ベルギー出身の数学者 Pierre-Francois Verhulst（ピエール＝フランソワ・フェルフルスト）が 1838 年に発表した個体群の成長に関する論文の中で提示．当初は無視されていたが，その後，再発見され，都市人口の予測だけでなく商品の普及予測などについても基本的な法則性の一つとみなされるようになった．Logistic の名前は当時，発案者が Logistics（兵站）を教えていたからだという．「兵站」は軍隊用語で後方支援とか補給を意味するが，最近「ロジスチック」は物品の輸送や保管に関するビジネス用語として使われることが多い．

[†] ロジスティック曲線の誘導

時点 t における人口を $P(t)$ とすれば，「マルサスの人口論」の原理は次式で表わされる．

$$\frac{d}{dt}P(t) = \lambda P(t) - f(P) \tag{5・1}$$

ここに，λ は定数であり，$f(P)$ は人口の関数で抵抗の大きさを表わす．

$f(P)$ の最も簡単な形として，抵抗が人口の 2 乗に比例すると仮定すれば

$$f(P) = nP^2(t) \tag{5・2}$$

よって，(5・1) 式の解として

$$P(t) = \frac{\lambda}{n} \frac{1}{1 + \exp(-\lambda t + C)} \tag{5・3}$$

が得られる．ここに，C は積分定数である．この式において

$$\frac{\lambda}{n} = N, \quad e^C = k$$

とおけば，(5・3) 式は次のようになる．

$$P(t) = \frac{N}{1 + k\exp(-\lambda t)} \tag{5・4}$$

ここに，N は $t \to \infty$ における人口の極限値を示す．k と λ は環境条件による定数である．増加率 S は

$$S = \frac{P(t')}{P(t)} = \frac{\lambda}{1 + k\exp(\lambda t)} \tag{5・5}$$

となるが，これは図 5・32 の破線のような $P(t)$ を裏返しにした減少関数である．

一方，ある環境のもとでは，人口の絶対的な大きさについて，当初から一定の極限値があると仮定してもよいだろう．つまり，土地の面積や食糧の生産力などの環境条件によって定まるところの，ある値以上に人口が増えることはないと考えるのである．この場合の極限値を N とすれば，人口の増加速度は，極限値 N に対する余地 $\{N-P(t)\}$ に比例すると仮定することができる．したがって，次のような微分方程式が成立する．

$$\frac{d}{dt}P(t) = \lambda P(t)\{N - P(t)\} \tag{5・6}$$

(5・6) 式の解は，さきの (5・4) 式に一致する．

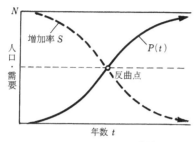

図5・32 ロジスティック曲線の基本的な形.

おける人口の極限値を示す．k と λ は環境条件による定数である．この曲線は，図5・32のような形をもち，反曲点を中心として逆対称である．

増加のスピードは最初のあいだは緩慢だが，その後ある段階までは急激に増加し，反曲点の前後では直線的な増加を示す．その後はしだいに増加率が低下して横ばいになり，ついには一定の限界値 N に近づく．増加率 S は，図5・32の破線のように $P(t)$ を裏返しにした減少関数である．

(2) 累積正規分布曲線

図5・33のような正規分布の累積曲線も S 形のカーブで，ロジスティック曲線と同じく，反曲点に対して逆対称である．これは，人が行動を起こす時点の分布は正規分布に従うとみなすことによって説明することができる．

しかし，現実には図のような単純な形になることは少なく，途中で環境条件が変化して，複雑なパターンを示すことが多い．

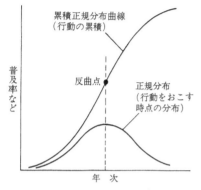

図5・33 累積正規分布曲線

(3) ライフサイクルとしての経年変化

成長曲線型のSカーブを描いて増加を続け，頭打ちになった後，そのまま横ばいで高原状に推移するかというと，そうはいかない．放置すれば，図5・34の(a)のように，やがては下降線をたどって減少していく．前記のボーリング場は，その例である．

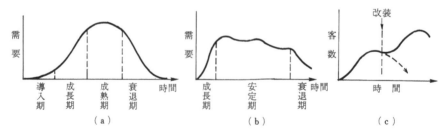

図5・34 ライフサイクル型の経年変化.

これは，いうなれば一つのライフサイクルであり，都市の人口でも，利用客数でも，商品の販売高でも基本的には同様である．そこで図(b)のように，安定期ができるだけ長くなるように工夫をこらし，手だてを講じなければならない．建物の場合は改装や増改築が必要になる．それがうまくいけば，図(c)のように，利用者数はふたたび増加することになるだろう．ただし，改装や増改築はタイミングが重要で，客数が下り坂になる前に実施しなければならない．

群集の行動法則 ─── 6

「蟻のごとくに集まりて，東西に急ぎ，南北に走る．
　　　高きあり，賤きあり，老いたるあり，若きあり」
これは「徒然草」第七十四段の書き出しである．芭蕉にも
　　「京は九万九千（貴賤）くんじゅ（群集）の花見かな」[*1]
という句がある．このように，古くは「群集」と書いて「くんじゅ」と読み，「多人数，群がり集まること，またはその人々」を指す言葉として使われていた[*2]．いずれにせよ，われわれ日本人は，昔から，何かといえば群れ集まり忙しく走りまわっていたのであろう．

だが，一人ひとりは善良であっても，それが集まって群集となると，ある条件のもとでは「人間の集団というよりは，無数の足を備えた凶暴な，巨大な怪物となって，予想もされないような強大な力を発揮する」[*3]のである．

コントロールを失った群集が，いかに危険なものであるかは，過去の群集事故をみればわかると思うので，まず，それを紹介することにしたい．

なお，群集は「群衆」と書くのが正しいという意見もあるが，上記のように古くから群集の文字が用いられているので，ここではそれに従う[*4]．

6・1　群集事故の系譜

（1）弥彦事件[*5] ── 124名が死亡 ──

正月の元日に124名の初詣で客が押し潰されて死んだという事件である．事件の発生は1956年（昭和31年）の元旦早朝のことであった．

新潟県の弥彦神社は越後の一の宮として格式を誇る神社である．ここでは，古くから正月には「二年参り」と称して大晦日に参拝した人たちが元日の早朝，もう一度お参りをするという慣習があり，この年も約3万人の参拝客があった．

神社側では，除夜の鐘に合わせて2千個の紅白の福餅を撒くことにしていたが，前年は拝殿の上から撒いたため，土足で拝殿に上がるような者もいたので，

[*1] 九万九千を貴賤くんじゅに言い掛けたもの．京都の家数は九万八千家といわれた．
大谷篤蔵・中村俊定校注：芭蕉句集，日本古典文学大系，岩波書店，1963．

[*2] 大槻文彦：大言海，および新村　出編：広辞苑，による．

[*3] K警察本部外勤課雑踏警備係「雑踏状況は握要領」より．

[*4] 群集は人や生物が多く集まることおよび集団をいう．群衆は群がり集まった人々の意味で，人以外には使わないし，動詞として用いることはない．
大野　晋・浜西正人：類語国語辞典，角川書店，1985．による．

[*5] 「弥彦事件裁判記録」および当時の新聞記事による．

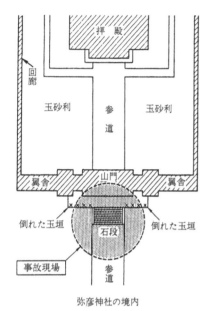

図6・1 弥彦事件

この年は山門（随神門）の屋根に仮設の櫓を設け，そこから拝殿側に向かって撒くように準備した．午前零時に餅撒きが始まると，櫓の下には群集が半円形に密集し，立錐の余地もないほどになった．

餅撒きは3分で終わったが，その集団が山門から出ようとしたときに，遅れて臨時列車やバスで到着した人びとが石段を上がってきた．二つの集団は石段の途中で衝突，大混乱になり，圧迫されて失神，転落する者が続出した．さらに門から出ようとする集団は，石段の上で左右にあふれて石造の玉垣を押し倒し，数百人が高さ2mほどのガケから雪崩のように落ちた．このため，ガケの下は人で埋まったという．こうして下敷きになった124人が死亡，177人が負傷した．現場にいた人の話によると「人間の山が2m以上の高さになり，底の方の人が死んだ」という．わずか5分間ほどのアッという間の出来事であった．

参拝客の整理誘導については，一方通行にしてはという案も事前に出たようだが，そこまでしなくてもということになったらしい．現場にいた整理の警官は，わずかに2人だけだったという．また，一杯機嫌の参拝客が多かったのも原因の一つとされている．

*6 吉田勝行氏が当時の新聞記事から，まとめたものである．

（2）京都駅事件[*6] ── ナダレ落ちる群集 ──

駅の陸橋（跨線橋）から群集が雪崩のようにくずれ落ちて77名が死亡，74名が負傷したという事件で，1934年（昭和9年）1月8日（月曜）のことであった．この日，呉の海兵団に入団する715名の人びとと，その付添い人約300名が，夜の10時過ぎに臨時列車で出発することになり，それを見送るため，数千人が京都駅につめかけた．軍歌も演奏され，熱狂的な騒ぎで，ホームは身動きできないほどの大混雑になった．

このままでは危いと判断した駅では，群集の一部を反対側の跨線橋からホー

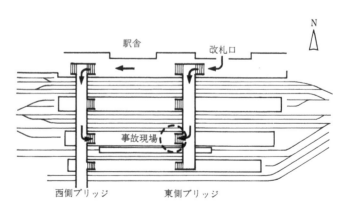

図6・2 京都駅事件

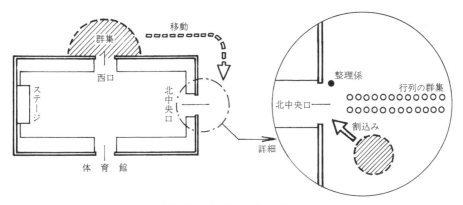

図6・3　フライヤージム事件

ムに降りるように誘導したが，そこもすでに人があふれており，降りようとする人びとは階段の中ほどで止まってしまい，激しい押合いになった．そのうちに誰かが転んで，その上に雪崩のように人波が折り重なり，100人以上が下敷きになったのである．

たんに見送りということだけで，どうしてこれほどの事故になったのであろうか．これについては，当時の「入営」には特別の意味があったことを理解しなければならない．入営者の家族に在郷軍人や青年団などが加わって旗やノボリ，提灯などを持ち，歓声をあげてホームを埋め尽くしたという．入場券の発売停止や改札制限をすると，改札口がこわされ，駅員が整理しようとすると「ケチをつける気か」と怒鳴り返されるような状況であった．そのうえ，列車の窓から車内にもぐり込んで，少しでもよい席を取ろうとするなど，その混乱ぶりは，とても駅員の手におえるものではなかった．死者77名という群集事故は，このように異常な雰囲気の中でおこったのである．

（3）　フライヤージム事件[*7]

1960年（昭和35年）3月2日，当時の人気タレント10人を集めたラジオの公開録音が，横浜公園体育館（通称フライヤージム，定員5500人）で行なわれたとき，群集の興奮と整理の不手際により，12名が死亡，14人が重軽傷を負ったという事件である．

主催者は，過去の経験から，発行した入場券の6割程度が来場すると予測して，約9千枚の無料入場券を配布，17時30分開場，18時開演を予定していた．当初，入場は「西口」からということだったが，すでに16時過ぎには，体育館と道路に挟まれた狭い場所に約5600人もの観客が集まったので，急遽，入口を「北中央口」に変更し，群集を移動させて2列に整理した．この変更に対しては不満の声が上がり，その上，入場券を持っていない者が100人ほども行列から離れて入口付近にたむろして何となく険悪な雰囲気になった．

定刻の17時30分，20〜30人ごとのグループに分けて順次，入場を開始した

[*7] 阪井由二郎氏が当時の新聞記事から，まとめたものである．
阪井由二郎・岡田光正：事例分析による群集事故防止対策の研究—その1・群集事故の実例について—，日本建築学会大会学術講演梗概集，1984．

が，はじめから行列を離れて，たむろしていた数10名は，整理員が止めるのを振り切って，強引に割り込んだ．これがきっかけになって行列は完全に乱れ，観客は入口に殺到，子供連れの女性が入口の沓摺の段差につまずいて転倒した．その上に折り重なるように高さ1.5mほどの人の山ができたが，興奮した群集は倒れた人を乗り越えていったという．

6・2 人はなぜ群れるか

E.T.ホールによれば，動物には接触型[*8]と非接触型[*9]があるという．セイウチやコウモリ，インコ，ヤマアラシなどは接触型であり，馬や犬，猫，ネズミ，タカなどは非接触型の動物である[*10]．また，アラブ人の世界では，住居は大部屋で仕切りがなく，ひとりになるのを嫌い，嗅覚を重んじ，人ごみの中にいるのは平気で，接触型の特徴があるという[*10]．

われわれ日本人も，ある状況のもとでは混んでいるのを好み，ひとりになるのを嫌う傾向がある．だが，日本人に限らず，ほとんどの民族は何らかの集団つまり群れをつくって生活している．

魚ヘンに弱いと書くと，鰯(イワシ)である．鰯は大群をつくって泳ぐ．人類の長い歴史を考えると，人間も相対的に弱い動物だった時代が圧倒的に長かったはずだ．

動物生態学の日高敏隆教授は，動物が群れをつくるのは，次のようなメリットがあるからだという[*11][*12]．その一つは「希釈効果」である．これは「n匹の群れの中にいれば，敵におそわれたとき，自分がやられる確率はn分の1になる」ということだ．第二の利点は，「警戒能力が増す」ことである．たとえばサバンナの草食動物たちは，餌を食いながらも，ときどき頭を上げてあたりを警戒している．1匹だけだったら，おちおち餌を食べてはいられない．群れが大きいほど，餌を食べることに専念できる時間は増える．

したがって，群れをつくれば，より安全であり，より効率よく餌を食べられるが，一方，個体間のいざこざも多くなり，争いのために時間とエネルギーをとられる．これは群れの増大につれて急激に増えていく．したがって，群れの大きさには最適規模がある[*11][*12]．

人間の集団にも適正規模がある．人が多すぎるのは確かに問題もあるが，都市の魅力は人ごみの魅力でもある．「かりに混雑のない都市がつくられたとしても，人間はそんな都市には背を向けて，新たな混雑を求める」[*13]であろう．建築においても，「インフォーマルな集団」を対象とするものが増えている．したがって，都市空間を適切にデザインするためには，不特定多人数の行動に関する法則性を知っておかねばならない．

なお，この章において「群集」とは，いわゆる「mob」(暴徒)ではなく，不特定多数の人びとの集団を指すものとする．

[*8] contact type

[*9] noncontact type

[*10] エドワード・ホール著，日高敏隆・佐藤信行訳：かくれた次元，みすず書房，1970．

[*11] 日高敏隆：群れとなわばりの経済学，岩波書店，1983．

[*12] 日高敏隆編：動物の行動，NHK市民大学，1984．

[*13] 池井 望氏による．

6・3 群集密度 ── 群集の数えかた ──

建物の内外を問わず，群集の集まるところではすべて，その場所の面積に応じた収容可能人数を考えておかねばならない[*14]．

[*14] K警察本部外勤課雑踏警備係「雑踏状況は握要領」より．

1. 群集密度の算定方法

群集について最も基本的な属性は群集密度であり，一般的には次のように定義される．

$$群集密度＝人数／群集の占有面積$$

群集密度はふつう，人／m^2 という単位で表わされるが，占有面積の取り方や人の数え方によって幅がある．また，人口密度と同じように「グロスの密度」と「ネットの密度」がある．たとえば，公園に人が集まっている場合を考えてみよう．植込みや花壇などの部分も含めて占有面積として密度を算定すれば，それは「グロスの密度」であり，通路や広場だけに限定してそれを占有面積とした場合には「ネットの密度」である．また，人数の数え方についても，抱かれている幼児を1人と数えるかどうかなどが問題になる．

なお，群集密度（人／m^2）の逆数，つまり1人当たりの面積[*15] を混雑度の評価尺度とすることもある．フルーインはこれを「歩行者空間モジュール」と名付けた[*16]．密度の逆数は，元来，交通工学において自動車の混雑度を表わすためのサービス水準として用いられていたもので，それを流用したのであろう．自動車は人間よりもはるかに大きいので，1 m^2 当たり何台ということでは，常識的にも不自然でイメージしにくい．どうしても1台当たり何 m^2 という単位，つまりスペーシング（密度の逆数）で表現したくなる．

[*15] 単位は m^2／人で，スペーシングともいわれる．

[*16] ジョン・J・フルーイン著，長島正充訳：歩行者空間の計画，鹿島出版会，1974．

だが人間の場合，群集整理が必要な状況では 1 m^2 に数人になることが多いので，密度の逆数ではコンマ以下の数字になって使いにくい．ただし，事務室などでは1人当たりの面積が 10 m^2／人くらいになるので，密度の方が小数点以下の数字になる．したがって，対象とする混雑度に応じて使い分けることも考えられる．

2. 群集のエレメントと占有面積

群集を構成するのは個々の人間であるから，群集の占める面積をとらえるためには，まず人間の寸法を知らねばならない．しかも，この場合の寸法は，日常的に衣服を着け，時には鞄やバッグなどを持った状態の寸法であることが望ましい．そこで，日常的な自然体の状態で成人男子の寸法を実測し，図上で並べてみたのが，図6・4である．

これによると，夏の下着を着た状態，つまりほとんど着衣のない状態で約10

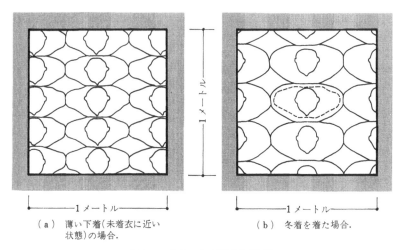

図6・4 着衣による群集密度[17].

[17] 森 裕史：都市空間における人間の占有寸法に関する研究，大阪大学修士論文，1987より．

[18] 日本車両工業協会によれば夏着と冬着の肩幅の違いは男性の場合，24〜44 mm女性では27〜39 mmであった．上限の数値は，いずれもオーバーコート着用時である．ただし流行などにより変化する．朝日新聞，1970.1.17.

[19] 主として，戸川喜久二：群衆と密度，都市計画No.73, p.17〜19およびK市警察本部「雑踏状況は握要領」による．

人/m²である．もとより，衣服の厚さは季節によって違うから，冬着ではどうなるかを試みて比較してみると，1人当たりの面積は冬着では40％増しとなり，夏の下着の場合，つまりハダカに近い場合と比べて，密度は70％にとどまる．寒くなると通勤電車の混雑がひどくなるのは，このためであろう[18]．

また，外部空間や交通機関の中では，バッグや紙袋などを持っている人が多いので，占有面積はさらに大きくなることは，人体寸法に関連して，すでに述べたとおりである．したがって，単位面積当たりの人数，つまり収容可能な群集密度はさらに小さくなる．

3. 群集密度のレベル[19]

静止状態の密度については次のとおりである．

1人/m²……雨の日に，群集の一人ひとりが傘をさしている状態だと思えばよい．傘の直径は，ほぼ800〜1000 mmである．京間の畳（1910×955 mm）1枚に2人座ると1.1人/m²，田舎間の畳では1.3人/m²で，約2割の差がある．JR新幹線の普通車で満席の場合は，タイプにもよるが約1.6人/m²，グリーン車で1人/m²となる．

2人/m²……京間の畳1枚に3人で1.64人/m²，これは集会の席などで，ゆったりと座った状態である．床座でも，少し詰めると2人/m²となる．椅子座でも，ゆったりした劇場の客席は，ほぼこのレベルである．

旧陸軍の兵員輸送船では，船倉1坪当たり7人の割合で詰め込まれたという．これを密度に直すと2.1人/m²で，ナチの強制収容所のうち，最もひどいケースと同じレベルであった．つまり，2人/m²は長期にわたって人間を収容する場合の限界と考えてよいであろう．

3人/m²……窮屈な映画館の座席に，人が詰まっている状態を想定すればよ

い．シートの幅を 420 mm，前後間隔を 800 mm とすれば，約 3 人／m² である．駅のホームなどで並んで待っている場合，図 6・5 のように人を 750 mm×330 mm とみなして，前後左右に 70 mm ずつの空きをみると，約 3 人／m² の密度となる．

4 人／m²……野球場のスタンドなどで，ベンチに並んで腰を降ろした状態である．床座の場合，正座すれば，この密度まで詰められるが，アグラでは無理だろう．通勤電車の定員は座席と吊り革の数から決まることが多いが，混雑度 150% は定員の 1.5 倍で，このときの密度が約 4 人／m² である．この程度ではまだ車内は通行可能だし，新聞も読める．

5〜6 人／m²……エレベーターが満員になったときの密度と思えばよい．エレベーターの最大定員は建築基準法に規定されているが，図 6・6 に示すように，その密度はほぼこの範囲にある．小型はカゴの床面積に対して 5.7 人／m² だが，カゴが大きくなるほど密度が高くなり，20 人乗り以上の大型になると約 7.5 人／m² という，かなりの高密度が許容される．一種の規模効果であろう．

5〜6 人では，前後に接触はなく，左右は袖が触れ合う程度である．通勤電車の混雑率 200% は，ほぼ 6 人／m² 程度で，週刊誌は読めるが，落としたものは拾いにくい．

7 人／m²……7 人／m² では，肩や肘に圧力を感ずるが，7.5 人／m² でも，人と人との間にかろうじて割り込むことができ，手の上げ下げもできる．

群集の収容力として「人ひとりの幅をおおむね 40〜45 cm，縦をおおむね 25〜30 cm として計算する」[20] こともあるが，この場合は，ほぼ 7.5 人／m² の密度に相当し，かなりの高密度である．ただし，これは静止している場合であり，行動しているときには「必要な横幅は 75 cm」[20] として計算しなければならない．この 75 cm という寸法は，3 章で述べた「単位幅」の 55〜60 cm よりも大きく，建築基準法における住宅の廊下幅の最小寸法と合致する．

9 人／m²……9 人／m² では，人と人との間に割り込むことは困難である．9.6 人／m² になると，手の上げ下げも不自由になる[20]．

10 人／m²……満員電車のドア近くでは，この程度になることは珍しくない．周囲からの体圧を感ずるのは，このレベルからである．

11〜12 人／m²……周囲からの体圧が強くなり，あちこちから悲鳴が出る．

13 人／m²……うめき声や悲鳴が急に多くなる．10 人／m² 以上は，計画密度として設定するようなレベルではない．

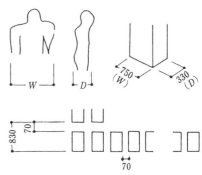

図 6・5 駅のホームにおける群集の寸法．

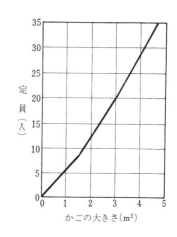

図 6・6 エレベーターの定員．

[20] K 警察本部外勤課雑踏警備係「雑踏状況は握要領」

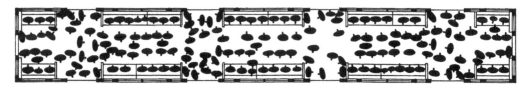

図 6・7 通勤電車の車両．
山手線内回り，池袋一目白間，1977.8.23．AM 10 時ごろ，乗客約 180 人，乗車率 125 ％．
（日本車輌工業会：旅客車サービス設備近代化の研究，報告書 5，アコモデーション，1978.3．による）

4. 込み合いの尺度としての「混雑率」の有効性

　鉄道においては「混雑率」という評価尺度が使われている．混雑率は乗客数と定員との比率であって，具体的には各線の最も込んでいる区間における輸送量と輸送力（＝定員×編成両数×列車本数）の比である．一般に朝のラッシュアワー 1 時間を対象とするが，大都市圏では 200 ％以上の路線も珍しくない．だが，混雑率の数値は混雑の実態を正確に表わしていないという批判がある[*21]．

　鉄道省令（昭和 4 年）によると，「客室の床面積は旅客 1 人当たり 0.3 平方米以上たることを要す」となっていた．これを密度に直せば 3.3 人／m² ということになる．しかし，最近の電車の定員は，これよりもゆったりしている．私鉄では，1 人当たりの客室面積を 0.35 m² として定員を算定する例があり，これを密度に直せば 2.86 人／m² である[*22]．

　だが，定員算定法の基本は，座席数に立席数を加えた数を定員とする方法であろう．図 6・7 は，JR の代表的な通勤用の車両であるが，床面積は約 50 m² で，定員は座席が 54 人，立席が 90 人で，合計 144 人になる．立席の 90 人は，吊り革の数にドア付近の若干名をプラスしたものだとされている．座席の幅は鉄道営業法で，1 人につき 40 cm 以上となっているが，これでは少し狭いので，1979 年（昭和 54 年）の JIS 規格では 43 cm になった[*23]．

　一般には 40〜45 cm の幅で定員を数えるようだが，余裕のある寸法ではないから，7 人掛けのところでも，6 人しか座らないということになりやすい[*24]．また，吊り革は約 30 cm 間隔だから，全員が窓の方を向いて立つと，吊り革が遊んでしまう．しかし，安全性の面からは吊り革は多い方がよいだろうし，それによって定員が増えるとすれば，結果として混雑率の数字も下がる．

　いずれにせよ，図 6・7 の車両に 144 人の定員いっぱい，つまり 100 ％乗車の場合，密度は 2.85 人／m² となる．この数値は上記の私鉄の定員とほとんど変わらない．

　一方，乗客数の算定については，交通量調査から推定する方法と，担当者が目で見て数字を出す方法がある．だが，乗客数は 1 時間の平均値だから，急行

[*21] 「首都圏における通勤事情とその見通し―痛勤改善への道を探る―」協和埼玉銀行調査月報，1992.8，No.17 による．

[*22] 私鉄では，地方鉄道建設規程（昭 39）により，座席数は車両定員の 1/3 以上で立席の面積は 0.14 m²／人以上（約 7 人／m² 以下）とすることになっている．
中村隆俊氏および国貞照明氏による．

[*23] 朝日新聞，1988．12．8．による．

[*24] 小原二郎：物から人への発想，玉川選書 117，玉川大学出版部，1960．

や快速と普通電車で混雑度に差がある場合，最も込んでいる電車の実態を表わすことはできない．また，1本の列車でも前の方と後ろの方では込み方が違い，さらに同じ車内でも，密度は一様ではなく，ドアの近くでは10人／m²以上の高密度になることも多い．だが，このような密度の偏りは，実態調査による適当な係数を乗じて補正することもできるだろうから，混雑率は平均的な尺度として有効であろう．

船舶や航空機では，定員以上に乗ることが認められていないから，「混雑率」という概念は存在しない．つまり，上記の定義による混雑率は，定員以上の超過収容が許される場合における群集密度の尺度である．したがって，鉄道だけでなく，超過収容が許されている百貨店や集会場などでも役に立つのではなかろうか．ただし，その場合，定員を決めておかねばならない．

5. 群集密度の限界

人は，いったいどれだけの密度に耐えられるものだろうか．これを調べるために，公衆電話のボックスに人間を詰め込む実験をしたことがある．電話器を外した状態でもボックスの内法面積は0.7 m²しかない．実験の結果は，男女いっしょの場合，合計9人くらいが一応の限界で，このときの密度は1 m²当り約13人である．女子学生だけだと最大11人，男子だけの場合は10人で，それぞれの密度は15.7人／m²，14.3人／m²という驚異的な数字になった．11人／m²以上で周囲から体圧が加わり，13人／m²になると急にうめき声や悲鳴が多くなる．

*25
戸川喜久二博士による．

*26
金尾正哉・森田孝夫：待ち行列の線密度と個体距離に関する研究，日本建築学会近畿支部研究報告集，1992．および，河原慎治：建築・都市空間における待ち行列の線密度に関する研究，大阪大学工学部卒業論文，1988による．

人体の断面積は，平均で男は640 cm²，女は600 cm²だが，人間の身体は弾力があって，押さえつけると450 cm²まで縮むという*25．ここで着衣による増加面積を50 cm²とすれば，1人当たり約500 cm²，これを密度に直せば20人／m²となる．だが，この状態で生きておられるかどうか，保証の限りではない．

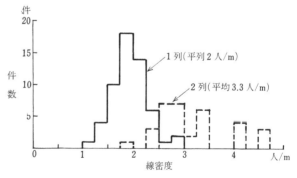

図6・9　行列の線密度*26．

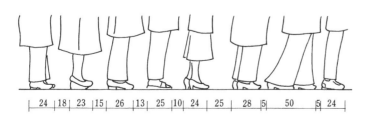

図6・8　乗車券売場の行列(単位cm，線密度2.5人／m)*27．

*27
阪急梅田駅，1975．12．3．水，18時の状況．
木坊子敬貢氏の調査による．

6. 行列と線密度

　線密度とは，切符売場やバス停などで行列をつくっている群集の1m当たりの人数で，もちろん長さ方向に測ったものである．

　図6・9に示すように，行列が1列の場合2.5人/m程度，2列では3.5～4.5人/m程度であるが，団子状になった行列では9人/mを超えることもある．

6・4　集団の圧力

　群集が統制を失って混乱するとき，大きな圧力が生じ，群集事故の原因となる．現実の群集について，この圧力を測定するのはむずかしいが，実験による測定結果から群集の圧力を推定することができる．

　宇野英隆氏らの実験[28]～[31]によれば，1人の人間が垂直な壁面に寄りかかった場合の壁面への圧力は平均8～12kg/人，おおよその限界は25kg/人である．垂直な壁に向かって押した場合は70～150kg/人，垂直に向かい合った壁の間で，背中を支えにして全面の壁を押した場合は，最高274kg/人の圧力が掛けられる．

　多人数が壁に寄りかかった場合には，平均圧力は10～12kg/人で，1人の場合の圧力とほぼ一致する．多人数が押した場合の平均圧力は約15kg/人で，1人の場合に比べてかなり小さい．これは次のような理由による．

① 人数が多くなって圧力が増すと，壁面近くの者は，たんに後からの力を壁面に伝えるだけになってしまう．

② 人数が多いと，各人が最高の力を発揮する時点にずれが生じて，群集内で互いの力が相殺される．

　掛け声をかけて一斉に押す場合には，こうした原因が取り除かれるため，上記の1.5～3倍の力を見込んでおかねばならない．したがって，バルコニーや階段の手摺などは，1m当たり300kgの力に耐えることを設計の目標にしておくべきである[31]．

　また，群集が移動しようとするときは，強大な力を生ずる．とくに密度の高い群集が，ある一定の方向に移動しようとする場合，その移動が外部から規制されると，規制の時間が長いほど，群集は「待つこと，待たされることによるいらだち」から，ついには予想もされない大きな力を発揮することになる[32]．

6・5　群集の歩行

1. 自由歩行速度

歩行速度は次のような条件によって大幅に変動する．

① 年齢，性別，体格などの身体的条件．

② 急いでいるかどうか，などの心理的条件．

---

[28] 宇野英隆：住まいの人間工学，鹿島出版会

[29] 宇野英隆・直井英雄：住まいの安全学，講談社，1976．

[30] 直井英雄・田中 研・岩井今朝典：建物に作用する人の力のばらつきを把握するための実験，日本建築学会大会学術講演梗概集，1992．

[31] 松下清夫・和泉正哲：建築物に加わる外力及び荷重に関する資料（その6～7），日本建築学会論文報告集56号，57号，1957．

[32] K警察本部外勤課雑踏警備係「雑踏状況は握要領」．

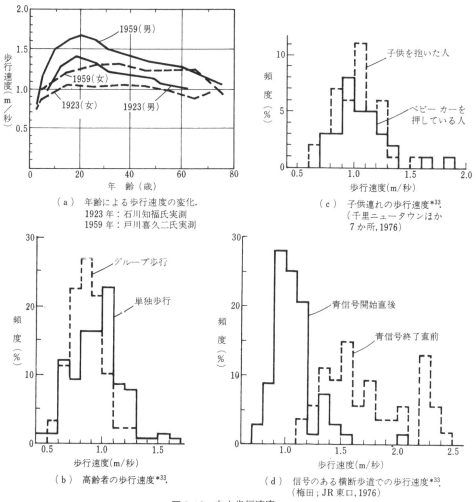

図6・10 自由歩行速度

③ 天候や通路の勾配，歩きやすさなどの環境的条件．
④ グループ歩行かどうか．

また，図6・10にも示すように，昔に比べると，一般に歩くのが速くなっている．とくに若い層において速度のアップが著しい．

また，出勤時の青年男子では1.5m/秒から2m/秒近くの速度になることもあるが，老人は0.9～1.1m/秒と遅い．一般に，午後は少しのんびりして遅くなり，夕方はまた家に向かって足早に歩くという傾向がある．したがって，これを一定の値で代表させることはむずかしいが，あえて平均値を求めるとすれば，1.3m/秒とみなしてよいであろう．

*33 俵 元吉：子供づれ，老人等の自由歩行速度に関する調査，大阪大学工学部卒業論文，1977による．

2. 群集密度と歩行速度

単独歩行の場合における自由歩行速度については前項で述べたとおりだが，

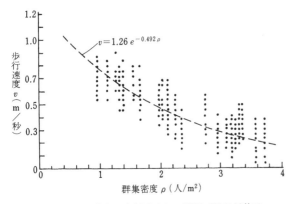

図 6・11 群集密度と歩行速度との関係（祭り見物の群集；指数モデルの例）.
斉藤有弘氏らの実測による.

これが群集の状態になると，群集の密度が歩行速度を厳しく制約することになる．というのは，密度が 0.5〜1 人/m² 程度以下ならば，追越しも自由で，各自好むところの自由な速度で歩けるが，密度が 1.2 人/m² 以上になると，追越しも困難になり，速度は急激に低下し始めるからである．

密度が 2 人/m² を超えると，速度はさらに遅くなる．これは，前方の通路が狭くなっているとか，階段などがある場合に多い．前進をはばまれた群集は順番待ちの状態になるため，密度はさらに高くなり，4 人/m² 程度以上になると，ついに止まってしまう．つまり，群集の歩行速度と密度は逆相関の関係にある．

これをモデルによって示すと，基本的には図 6・12 のようになる．このような

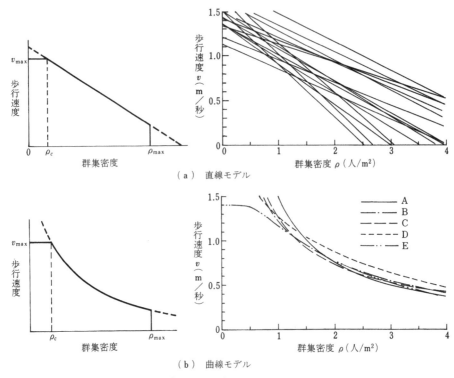

〔注〕（b）図における各モデルは，つぎのとおりである．
A：反比例モデル　　　$v = 1.5/\rho$
B：安全間隔モデル　　$v = -0.26 + \sqrt{(2.36/\rho) - 0.13}$
C：指数モデル　　　　$v = 1.272 \cdot \rho^{-0.7954}$
D：対数モデル　　　　$v = 1.32 \log_{10}(9.16/\rho)$
E：密度の逆数による指数モデル　$v = 1.4 - 1.7\, e^{-2/\rho}$

図 6・12 群集歩行のモデル（詳しくは*35 の文献参照）.

関係を表わす数学モデルは，図中に示すように，直線モデル，反比例モデル，ベキ乗モデル，対数モデル，二次曲線モデル，指数モデルなど数多く提案されている[34][35][36].

3. 群集流動係数

群集流動係数とは，出入口などの幅員1m当たり毎秒，何人通過するかという数値（人／m・秒）であって，計画上，重要な指標である．通勤群集は毎日，通い慣れているので，流動係数は大きく，バラツキも少ないが，一般の群集では流動係数は小さい．図6・13に，その概略を示す．

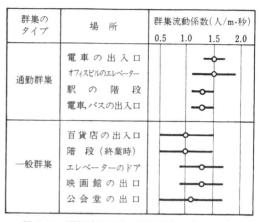

図6・13 群集流動係数（戸川喜久二氏による）

なお駅の通路などにおける幅員の算定は，1m当たり1時間に3000人というのが，一つの標準とされている．したがって，通行量がこれ以上になると，拡幅が必要である．これは

$$3000 \text{人}/60 \text{分・m} = 50 \text{人}/\text{分・m}$$
$$≒ 0.8 \text{人}/\text{秒・m}$$

であるから，群集流動係数は約0.8人／秒・mで，余裕があるようにみえるが，次項のプラトゥーン効果を考えると混雑感の限界である．

4. プラトゥーン効果[37]

歩道を通る人びとの流れを観察すると，一つの集団のようなかたまりが通ったかと思うと，しばらくとぎれたりして一様ではない．このような流動のプラトゥーン（隊列）化は歩行者だけでなく，自動車交通にも広く見られる現象である．

歩行者がプラトゥーン化する原因としては，次の三つが考えられる．

第一は，歩行速度の遅い人が先頭にいて追越しができない場合には，その後に歩行者がたまってしまう．これを戸川喜久二博士は「彗星状集団」と名付けた[38]．

第二は，地下鉄やバスなどが一定の間隔で群集をはき出す．

第三の理由としては，交差点の信号によって，歩行者の流れが周期的に断続する．

流動がプラトゥーン化すると，部分的に密度が高いところがあっても，流動量の平均値は低くなる．これを「プラトゥーン効果」[39]という．これは要するに「平均値では評価できない」ということであり，混雑感の問題にかぎらず，広く人間の感覚に関する一般的な法則性として成立すると考えられる．

[34] 岡田光正・吉田勝行・柏原士郎・辻 正矩：建築と都市の人間工学，鹿島出版会，1977．

[35] 岡田光正・髙橋鷹司：建築規模論，新建築学大系13，彰国社，1988．

[36] 岡田光正・吉村英祐：群集歩行モデル，一建築・都市計画のためのモデル分析の手法一，井上書院，1992．

[37] Boris Pushkarev with Jefrey M. Zupan "Urban Space for Pedestrian", MIT Press, 1975.
月尾嘉男訳：歩行者のための都市空間，鹿島出版会，1977．による．

[38] 戸川喜久二：群集流の観測に基く避難施設の研究，学位論文，1963．

[39] Platoon effect

5. 望ましい群集密度のレベル

歩行空間の設計にあたっては，どの程度の群集密度が望ましいかを，あらかじめ考えておかねばならない．設計の対象が地下道，連絡通路，建物内の廊下，ショッピング アーケードなどのうち，いずれであるかによって，また通勤，買物，余暇活動などのうち，何を目的とするかによって，歩行空間に求められる機能は異なり，それに応じて適当な群集密度のレベルも違ってくる．

群集密度と歩行の快適さとの関係については，各自が他人の制約を受けずに自由歩行速度で歩くことができれば一応，快適であり，逆に歩行に制約が多くなるほど，快適性は低下する．これを評価する尺度の一つは，追越しができるかどうかである．これについて戸川博士は 1.2〜1.5 人／m^2 を限界としたが，これは，あくまでも限界であって，自由歩行速度が確保されるのは，もう少し低い 0.8 人／m^2 以下である．かなり自由に追越しをするためには，0.4 人／m^2 以下でなければならない．

快適な歩行が保証されるのは，おおよそ 1 人／m^2 以下と考えてよい．したがって公共空間では，混雑が予想される場合であっても，計画目標としては，このあたりを想定するのが望ましい．

6・6 群集の行動パターン

1. 日常的に現われる行動のパターン

(1) 左側通行

各地の商店街や地下街など，込み合った通りを歩く群集は，申し合わせたように左側通行である．京都の祇園祭り宵山には，数 10 万の見物人が幅 20 m ほどの四条通りを埋め尽すが，人の流れは見事に左側通行になる．まれに見る壮大な群集の流れといえよう．この場合なぜ左側通行になるかというと，警察の規制もあるが，われわれ日本人にとって何よりも，それが自然の行動パターンだからであろう．

心斎橋筋の商店街では，かつては図 6・14 に示すようにショーウインドーを配置した老舗があった．これは左側通行する人にウインドーの陳列がよく見え，さらに店内にはいりやすいように工夫されたものだが，最近は業種の交替が激しく，ほとんど見かけなくなった．

この街は大阪を代表する商店街だが，通行量に比べて道幅が狭く，その分，アメニティはあるものの，休日の午後には自由に歩けないほどになる．午前 10 時頃までは人もかなりまばらで，好むところを自由な速度で歩くことができるから，とくに左右どちらを通るということも

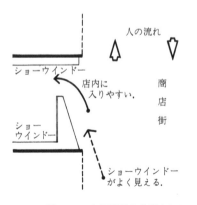

図 6・14 左側通行を前提としたショーウインドー．

ないが，群集密度があるレベルを超えると突然，左側通行になる．

　ラッシュ時の駅の地下道や階段でも同様で，戸川博士によれば，歩行者の密度が0.3人／m²を超えると，自然発生的に左側通行になるという．その方が抵抗が少なく，歩きやすいからだろう．だが，それならば右側通行でもよいはずだ．では，どうして左側通行になるのだろうか．

　この理由としては，心臓が左にあるので，左の方から攻撃されないようにという人体構造説とか，武士は腰の左側に刀を差していたので，狭い道で右側を歩くと鞘当てが頻繁に起こり，そのたびに果たし合いになるから，それを避けるために左側を歩くのだとか，逆に，左側からの方が刀を抜きやすいからだという説まで，いろいろある．わが国では左側通行だから上記の説が成立するとしても，それならば欧米では，なぜ右側通行なのか．

　これについて映画評論家の水野晴郎氏によれば，開拓期のアメリカでは拳銃を撃ちやすいように道の右側を歩いたという[40]．わが国の鞘当て説によく似た話だが，左右反対になるところが面白い．またフランスでは，ナポレオン時代から車は右側を走ったという．なぜかというと，ナポレオンの軍隊は当時，新しく開発した大砲を先頭にして進んだが，砲身の左側に砲手の座席が飛び出すように付いていたので，左側通行では，その座席が道路脇の人や建物に引っ掛かる．そこで，右側を通ることにしたという．そのため，ナポレオンの軍隊が走った範囲つまりヨーロッパ大陸では，右側通行が定着したが，英国へは行かなかったので，いまでも左側通行だというのは，いささかでき過ぎた話かもしれない[40]．

[40] 水野晴郎氏および岡部冬彦氏による．サンケイ新聞，1980.7.27．

（2）　近道行動の法則

　芝生などの中に踏み跡ができて，それが道になっているのを見かけることが

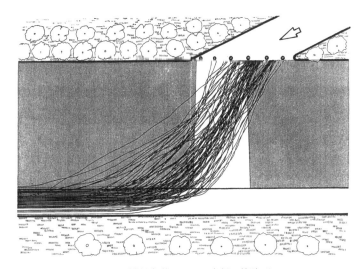

図6・15　横断歩道における歩行の軌跡[41]．

[41] 阪野正幸：歩行者の行動軌跡に関する二・三の考察，大阪大学工学部建築工学科卒業論文，1981による．

ある[*42]．道路を横断するときには，図6・15のように横断歩道からはみ出して斜めに歩く人が多い[*41]．歩道橋があっても，下に横断歩道があると歩道橋を昇る人は非常に少なくなる．

歩行者はエネルギーと時間の消費をできるだけ少なくしようとする習性があり，それに反する経路は結局は使われない．たとえ非合法でも，多少歩きにくくても，物理的に可能であれば，考えられる限りの最短コースをとる[*43]．したがって，団地やニュータウンなどで歩行者専用の緑道を計画するときには，このことを考慮し，さらに夜間の安全性にも配慮しなければならない．

一方，車は遠回りでも，道路としてのグレードの高い走りやすいルートを選ぶ傾向がある[*43]．

(3) スローム行動の法則

人は自然に歩くとき，その軌跡は直線とはならない．左右に大きなカーブを描いて曲がる．岸塚・後藤両氏は，平坦な海岸の砂浜の上の足跡を調べて，歩行の軌跡はサインカーブのように蛇行することを見出した．その波長は約48m，振幅は約4mであった[*44]．これは，目標のないところで，真っすぐに歩くのはむずかしいので自然に曲がってしまうが，そのうちに気がついて方向を修正するからであろう．

周囲の見えない吹雪の中では知らないうちに曲がって歩き，自分の足跡を安全な踏み跡と錯覚して，円を描くように同じところをグルグル回ることもあるのではないか．ありようは，直線よりも，ゆるいカーブの方が歩きやすいということだ．これは緑道や公園の園路などのデザインに応用することができる．

2. 非常のさいにおける行動パターン

火災のさいなどには，次のように日常とはまったく違う行動パターンが現われるから，それを考えて避難計画を立てなければならない．

① いつも使う出入口や階段に向かう —— 日常的潜在行動 ——

千日デパートの火災[*45]では，5か所の階段のうち，最後まで安全に使用できた階段は1か所しかなかった．いいかえれば，階段の一つは最後まで利用できたのである．しかし，7階のキャバレーからその非常階段を降りて助かった人は，わずかに2人だけであった．その1人はホステスで，彼女は帰るとき，いつもこの階段を使っていたという．他の従業員もこの階段のことは知ってはいたが，日常使っていなかったため，とっさの場合には頭に浮かばなかったのであろう．非常のさいには，正常な判断力や記憶が失われてしまうのである．

あるビルで爆破事件が起こったとき，訓練ではエレベーターは使わないことになっていたにもかかわらず，エレベーターで避難した人が26％もいたという．火災などのさいは，エレベーターは途中で止まって閉じ込められるおそれ

[*42] これについては，下記に詳しい．紙野桂人：人のうごきと街のデザイン，彰国社，1980．

[*43] 安達哲郎氏による．

[*44] 岸塚正昭・後藤友彦：園路の曲率に関する研究—特に歩行時の軌跡・スローム形について—，造園雑誌，Vol.33, No.4, pp.2〜6, 1970．

[*45] 千日デパート火災
　所在地：大阪市
　出火日：1972年5月13日
　死亡者数：118名
単体の建物としては，わが国では最大の死亡者を出した火災である．デパートといっても，これは雑居ビルで，夜間工事中のデパートから出火．テナント間の連絡網がなく，上階で営業中のキャバレーには情報が伝わらず，大惨事になった．

があるので非常に危険だが，日頃はエレベーターしか使ったことがないから，自然に足が向くのであろう．

②　もと来た道を引き返す ── 逆戻り行動（いのしし口）──

動物は危険を感ずると，もと来た道を引き返すというが，人間にもこの習性がある．迷わないためには最も安全で確実な方法だが，この行動パターンは災害のときには問題になる．というのは，もと来た道は必ずしも安全ではなく，また最短コースでもないからである．

③　人のあとを追っかける ── 先導効果 ──

非常のさいは自主的な判断がうすれて，目の前の人を自動的にまねることが多くなる．したがって，誰かが間違った方向に走れば，それにつられてみんなが付いていく．冷静な判断のできるリーダーが必要なわけである．

④　明るい方に向かう ── 走光性 ──

大洋デパートの火災[*46]では，あるフロアの売場の隅の方で多くの人がかたまって死んでいた．真っ暗になった店内で，ここだけは窓があって明るかったからだ．危険が迫ると，本能的に明るい方に向かうのである．たとえば，旅館やホテルで，部屋を出ると，すでに廊下に煙が漂っていたとする．このとき，一方が暗く，反対側が明るければ，明るい方に向かって避難するのがふつうである．したがって，迷路のような薄暗い廊下の突当たりに，非常口や非常階段があるというようなプランでは，追い詰められた人間の行動を助けることはできない．誘導効果の面からいえば，避難経路は明るくなければならない．

⑤　狭いところに逃げ込む

火災のさい，便所や浴室にうずくまり，あるいはロッカーなどに頭を突っ込んだ状態で死んでいる例がしばしばある．本能的な行動パターンであろう．

⑥　思いもよらない力が発揮される

いわゆる火事場のバカ力で，日常ではとうてい考えられないような，とんでもなく重いものを運び出したりすることがある．

3. パニックにならないための条件

「パニック」という言葉は安易に使われすぎている．ちょっとした混乱が生じただけで「もうパニック状態で……」というように使われることが多いが，厳密にいえば，たんに大騒ぎになっただけではパニックとはいえない．ほんとうのパニックというのは，いくつかの条件が揃った場合にしか起こらないのである．

パニックとは，たんに心理的な恐怖や不安を表現する言葉ではなく，本来の意味は，「不特定多数の人びとの非合理的な逃走行動」であって，日常的に起こるものではない[*47]．

[*46]
大洋デパート火災
　所在地　：熊本市
　出火日　：1973年11月
　　　　　　29日
　死亡者数：103名
昼過ぎ，営業中のデパートで出火して初期消火に失敗，防火区画も不完全で全館に延焼し，純然たる百貨店としては，わが国最大の死亡者を出した火災である．
火災事例については，
岡田光正：火災安全学入門，学芸出版社，1986 参照．

[*47]
安倍北夫：パニックの心理
―群集の恐怖と狂気―，
講談社，1974．

ほんとうのパニックが起こるための条件は，研究者によって多少の違いがあるが，ここでは次のような三つの条件に要約しておく．
　① 「危険」が突発的に発生し，あるいは「危険」が身近に迫っていることを多くの人が知る．ここで，「危険」の代わりに「大きな利益」と置き換えてもよい．
　② 「危険」から逃れる方法があるが，手段，容量ともに限られており，助かるのはごく一部だけで，全員はとても無理である．
　③ 助かるためには，早く行動を起こす必要がある．

　以上の条件が揃ったときでないとパニックにはならない．したがって，脱出口のない航空機事故では本来の意味でのパニックは起こらない[*47]．だが，入場者数の限られたイベントとか，人気の高い商品の売出しなどにさいしては，対応を誤るとパニックによる群集事故が起こるかもしれない．また，デパートや大規模高層建築，大きな地下街などで火災が発生すると，脱出の可能性はあるが，非常口も限られているから，パニックになる可能性はかなり大きい．

　パニックを防止するためには，上記の三つの条件のうち，一つでも成立しないようにすればよい．だが，それは必ずしも容易ではない．たとえば，火災の場合には，通常，上記の①と③は成立することが多い．そこで，問題は②である．つまり，全員が安全に避難できるような条件を整え，そのことを周知徹底すればよいのである．そうすればパニックにならない．

　では，地震の場合はどうであろうか．予知されなかった地震ではパニックになることは少ないといわれているが，大都市で地震が発生したとき，ほんとうに大丈夫だろうか．

　地震のさい，パニックの発生が考えられる状況としては，次のようなケースがある．
　ⓐ 地震が予知され，それが発表された場合には地震から逃れようとする．しかし，全員は無理であって，一部の人だけしか逃れられないことがわかると，パニックになる．
　ⓑ 地震の後，都市大火や住宅の崩壊により，公園などに避難しようとしても，避難地の収容人員が限られているため，先を争ってパニックになる．
　ⓒ 運よく避難地にはいれたとしても，大勢の人びとが集まるから，飲料水や食料，寝具，便所などは当然，不足するので，限られたものを求めて殺到し，パニックになる．
　ⓓ 単体の建物でも，内部に多勢の人がいた場合，情報の不足や出口が狭いことなどにより，パニックが発生することもありうる．

　地震に対して構造的には，地下は地上よりも安全だといわれるが，地下街には飲食店が多く，そこでは常に火を使っている．地震で揺れたときに，地下街

から出火し,しかも停電と断水により,スプリンクラーは作動しないかもしれない.

また,高層や超高層のビルでは数千人が働いているが,地震や火災発生の場合には,エレベーターが使えないだろうから,脱出するには階段しかない.全階同時避難は通常,予定されていないので,全員が避難するには10分から20分以上も掛かることがある.そのような場合,一度に階段に集中するとパニック発生のおそれがある.

6・7 群集整理の手法

首都圏におけるラッシュアワーの各駅での群集のコントロールは見事である.その事例から多くの教訓をくみ取ることができる.

1. ラッシュアワーの駅における群集のコントロール
(1) 動線を分離し遠まわりさせる

駅の地下道からホームへの階段上り口では,放置すれば,図6・16(a)のような乗車客の「近道行動」によって階段は閉塞し,群集の流れは止まってしまう.そこで,地下道から階段にかけて固定柵を設け,ロープを張り,必要に応じて係員が立って乗車客を遠回りさせ,降車客がスムーズに流れるようにする.

階段を昇りきったところ,つまりホームからの降り口でも,降車客の「近道行動」で階段がふさがってしまう可能性がある.それを防止するため,同様の手法によって動線分離を行なう.

階段を昇る人と降りる人を分離するため,独立した手摺を設けるが,その場

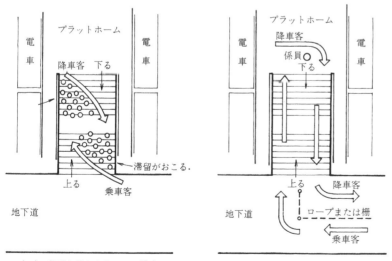

(a) 整理を行なわなかった場合.　　(b) 整理が正しく行なわれた場合.

図6・16 駅の地下道における群集整理.

図6・17 乗客誘導のための固定柵（駅の地下道における事例）．

図6・18 ４列乗車の表示（東京・営団地下鉄における事例）．

合，センターではなく一方に片寄せて設ける．これは，列車が到着するたびにプラトゥーン化した降車客が，階段いっぱいに広がって，反対方向の乗客が通れなくなることを防ぐためである．

(2) 行列の位置を指定する

東京の地下鉄などでは，よく行なわれていることだが，要するに，ドアの位置ごとに２種類の行列をつくるのである．まずはじめに，次の電車に乗る人びとの行列ができるが，その行列が長くなると，その横に次の次の電車に乗るための別の行列ができ始める．電車がはいってくると，初めの長い方の行列が整然と乗車し，その電車が出るとアナウンスがあって，横の行列がドアの位置へ整然と横に１ｍほど移動する．その行列が長くなると，また次の次の電車のための行列ができ始める．このサイクルが正確に繰り返される．乗客の熟練と協力は見事なものである．

2. 群集整理のためのハードとソフト

群集を扱うのは駅だけではない．一般に群集を対象とする施設の計画と運営にあたって重要なポイントをまとめると，次のとおりである．

① 動線を分離する

方向や属性の違う群集が交差したり接触したりするのは事故の原因になるから，柵やロープを効果的に使って，分離しなければならない．

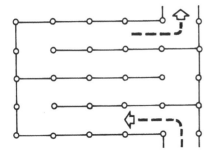

図6・19 群集を蛇行させる．

② 動線を長くする

一般に動線は短い方がよいが，群集整理のためには長くした方がよい場合が多い．群集のかたまりが大きくなると，背後からの圧力も強くなって危ないからだ．群集はできるだけ細く長くなるようにしておくのがよいのである．また動線が長いと，歩行速度の個人差によって流れの帯が長くなり，到着のピークが緩和される．乗換え駅などでも，連絡通路が短すぎると，改

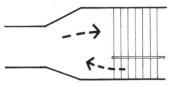

図6・20 歩行速度が下がる部分は通路幅を広くする．

札口などの混雑はかえってひどくなる．イベントなどのさいには，観客の入口に柵を設けて行列を蛇行させたり，遠回りさせることも必要である．

③ ネックをつくらない

出入口，改札口，階段などは，群集の歩行速度が低下する場所だから，通路と同じ幅では，結果として流れをしぼったのと同じことになる．したがって，そういったところでは幅員を広げておかねばならない．

図6・21 駅のホームにおける行列の位置指定（旧北千住駅における事例）．

④ ランプウェーを使う

寸法的におさまる限り，階段をやめて斜路にするべきである．とくに1段や2段の階段は，その存在に気づかないことも多く，事故のもとになる．

⑤ 行列の位置を指定する

床や壁のマークとか柵などで行列の位置を明示するのは，きわめて有効である．場合によっては行先別に行列の位置を換える．

⑥ 近道行動を避ける

駅での事例として紹介したように，多少，遠回りになっても，通路がふさがることのないように工夫しなければならない．

⑦ 係員による整理と誘導

固定的な柵だけでなく，可動式の柵や，係員がロープを持つなどして誘導するのがよい．群集の圧力にさからわず，しかも臨機応変の処置ができる．

⑧ 情報を伝える

当初に決めた入場の時間や入口を途中で変更してはならない．フライヤージム事件のように，大混乱になることがある．現在，何が起こっているか，どういう状況にあるかを，整理担当者の全員が常に知っていなければならない．観客にも状況をこまめに利用者に伝えることも必要である．

⑨ 弓取り方式を用いる

催しが終ったところで，急に閉幕にしないで，軽い出し物を続けるようにすれば，群集の流出ピークが緩和される．大相撲の弓取り式は，この例と考えてよいが，時間が短い．もう少し時間が長ければ，なお効果があるだろう．

⑩ よく慣れた乗客とダイヤの正確さ

通勤駅に特有の問題だが，条件の厳しい駅ほど乗客は整然と行動している．毎日同じことを繰り返しているせいか，よく訓練された軍隊のようにみえる．また，2分30秒間隔は列車運行の限界と考えられるが，発着のタイミングは正確で，誤差は数10秒の範囲内にある．驚くべき精度だが，これにより，ホーム上の群集は定期的にクリヤランスされるので，乗客は一電車おくれてもわず

か数分の差だから，無理な押合いをする必要はないのであろう．

過密都市の交通システムは鉄道と乗客の協力に支えられて，何とかしのいではいるが，一種の離れわざで，ある日突然，歯車が狂うことがある．たとえば大災害の場合である．2011 年の東日本大震災では，公共交通機関がストップして，内閣府の推定では，都内で 352 万人の帰宅困難者が発生，都内の主要駅でも数十万人が行き場をなくしたという．また，首都直下型地震が起こった場合，帰宅困難者は 520 万人に上り[*48]，都心部の火災延焼地域では，群集密度 6 人／m² 以上の大混雑になると想定されている[*49]．6 人／m² 以上は群集事故発生が予想される密度である．

[*48] 東京都の発表(2012.4.18.).

[*49] 中央防災会議専門調査会のシミュレーション(2005 年).

6・8 群集の輸送

機械によって群集を輸送する手段として，ここでは，エスカレーターと「動く歩道」について計画上のポイントを述べておくことにしよう．

(1) エスカレーター

エスカレーターの公称輸送能力は，踏面(ふみづら)（406 mm）のすべてのステップに 1 人ずつ乗るという条件で計算しているから，速度を 30 m／分とすると，幅員 600 mm のタイプで 4500 人／時，1200 mm のタイプでは 2 倍の 9000 人／時となる．しかし，実際の利用状況をみると，公称能力算定の仮定どおり，すべてのステップに透き間なく乗ることはない．実測によると，最も込み合った状態でも，公称能力の約 80% にすぎない．これは，踏面の 406 mm が，人間の前後間の心心寸法としては，不充分だからであろう．

したがって，エスカレーターによる輸送計画にあたっては，公称能力の 70% 程度に抑えておくのがよい．

(2) 動く歩道

ベルト式とパレット式があるが，パレット式の場合，公称輸送能力は，エスカレーターと同じように，各パレットにフルに人が乗っているものとして算定するので，1200 型の場合，12000 人／時となっている．しかし，エスカレーターと同様，この数字を輸送計画に使うのは適当ではない．実測によると，最高でも公称能力の 62%，平均では 58% であった．これは，エスカレーターと同様に，パレットの 400 mm という奥行寸法が，人間の前後間隔としては短すぎるし，乗り口でも，あるていど間隔をあけないと，スムーズに乗れないからである．

(3) 安全対策

エスカレーターおよび「動く歩道」は，故障で止まることもあるし，誰かが降り口で転んだ場合には，とくに危ない．したがって，緊急避難ができるように，階段または通路を横に並行して設けることを原則にしなければならない．

建築と都市における人口と密度 7
── ミクロの人口学 ──

7・1 人口をどうとらえるか

「いやで今宵は帰すじゃないが，国勢調査が気にかかる」

この都々逸は，1920（大正9）年10月1日，初めての国勢調査が行なわれたときのものである[*1]．今と違って当時の調査は「現在地主義」で，当日の午前零時にいた場所で申告することになっていたから，遊郭などは休業したり，早仕舞いするところが多かったであろう．このときは初めての国勢調査だということで，国家的大事業として映画，浪花節から旗行列，花電車まで動員された．当日は午前零時にサイレンが鳴り，寺や神社では鐘や太鼓を打って，文字どおり鳴物入りのお祭り騒ぎだったという．この調査は，1902（明治35）年に公布された「国勢調査ニ関スル法律」にもとづくものだったが，さまざまな理由により，実施までに18年もかかったのである．

人口調査のことをセンサス（census）というのは，古代ローマにおいて市民の登録や徴税などを担当した役人センソール（Censor）の行なった人口調査に由来する．

国勢調査は5年ごとに行なわれるが，集計されるのは，いわば「マクロの人口」であって，地域施設計画や防災計画に必要な地下街や団地などにおける人口ではない．そのため以下は，設計情報として重要な建物内の人口や地域人口の年齢構造などを取り上げたもので，いうなれば「ミクロの人口学」である．

[*1] 総理府統計局「国勢調査のはなし」1975年．

1. 人口調査の方法
（1） アンケート法
① **留め置き法**……これは国勢調査などのように，調査用紙を各戸に配布しておき，あとで回収するものである．全数調査とサンプル調査がある．
② **ヒヤリング法**……調査員が訪問して，その場で答えてもらう方法である．

(2) 実測法

① **標本密度測定法**……大きな建物では館内人口の全数を実測するのは容易ではない．そこで代表的な一画，たとえば，一つのフロアとか，ある部屋とか，4本の柱で囲まれた区画について人数を計測し，面積で割って人口密度を算定する．それをできれば数か所で行ない，平均的な密度を算出して全体の面積を乗ずると，その時点の滞留人員を推定することができる．対象が街区や街路などの場合でも，方法としては本質的には変わらない．

② **出入り調査法**……建物の出入口で終日にわたって到着人数と退出人数の時刻変動をカウントし，それぞれの累積値の差を取れば，各時刻の滞留人員を求めることができる．

③ **交通量と歩行速度から測定する方法**……街路人口や街路上の人口密度を求める場合に有効な方法である．単位時間における交通量とそのときの歩行速度および通路の幅員から，群集密度を算定することができる．

2. 人口密度にはネットとグロスがある

群集密度に関してすでに述べたように，密度にはネット密度とグロス密度の2種類がある．人口を面積で割ったものが人口密度であるとしても，面積の取り方によって数値が違ってくるからである．

ネットの密度は，実際に住宅が建っている住宅用地の面積に対する密度であり，グロスの密度とは，道路や学校や公園なども含む面積に対する密度である．ただしネットの場合に，問題になるのは住宅用地の範囲である．とくに団地やニュータウンでは，住宅用地と，そうでない所との区別がむずかしい．一般にはアプローチ道路，駐車場，プレイロットなどは住宅用地に含め，それ以外の幼稚園，学校，公園，店舗，業務施設などは非住宅用地とすることが多い．

全面積に対して住宅用地の面積が占める割合を住宅用地率というが，この比率とネット，グロス両密度の間には次のような関係がある．

$$\text{グロス密度} = \text{住宅用地率} \times \text{ネット密度}$$
または
$$\text{グロス密度} \div \text{ネット密度} = \text{住宅用地率}$$

住宅用地率は団地やニュータウンの規模とか環境条件によって異なるが，おおむね40〜80％である．一般に人口規模が大きくなると，小・中学校だけでなく高等学校とか，幹線道路や都市公園などの大規模な施設も必要になるので，住宅用地率は低くなる．

7・2 建物内の人口と密度

火災や地震のさい，安全に避難できるように計画するためには，建物内の人口は最も重要な設計条件であり，エレベーターの台数や衛生器具数の算定にお

いても，建物人口から利用人員を予測することが前提となる．学校や劇場などのように定員がある場合はよいが，オフィスビルや百貨店などでは，床面積から人員を予測しなければならない．

1. 建物の種類による利用の特性

建物の種類によって定員が決まっているものと，そうでないものとがあり，一応，次のような3種類にタイプ分けすることができる．

① **定員型**……学校や劇場，図書館，病院の病棟，ホテルの客室などでは座席やベッド数によって，定員または利用人員の上限が，ほぼ決まっている．しかし，定員の決まっている建物でも，常にそれが守られているとは限らない．たとえば，小・中学校では，ほぼ定員どおりとみなしてよいが，大学では，定員は必ずしもあてにならない．

② **準定員型**……オフィスビルや工場などでは，床面積に応じてほぼ人員が決まってくるが，従業員の出入りや外来者も多く，定員という考え方は馴じまない．準定員型というべきであろう．また，会議室やホテルのロビー，宴会場なども，このタイプである．

③ **不定型**……百貨店，量販店，ショッピングセンター，美術館，見本市会館などには，とくに定員は定められていない．したがって，客は無制限に入ることになるが，現実には床面積から限界があることはいうまでもない．

2. 建物人口と人口密度の変化

建物の中に何人いるかということは，防災上重要である．とくに多人数の場合には，一定の時間以内に避難できるかどうかは，もっとも大事な問題だから，消防法などによって収容人員の算定規準が定められている．

表7・1は，建物の種類別に各種の規準や既往の調査資料による人口密度を一覧表にしたものである．

客数については，座席数やベッド数などから求めるものと，人口密度または客1人当たりの所要面積から算定するものとがある．

人口密度がわかっていれば，それに床面積をかけて人口を推定することができる．建物内の人口密度にも，在籍数や定員などのようなタテマエ上の人口（登録人口）による密度と，ある時刻に実際にいる人口（実在人口）による密度とがある．避難計算用として重要なのは実在人口の方である．実在人口による密度は，時刻や曜日などによって変動するので，安全側をとって，密度の高い方を採用しなければならない．

法令などの規準値は避難計算用のものが多いが，用途別の分類に若干のずれがあり，数値にも多少の差がある．これは，もともと変動の幅が大きいものを，

表7・1 建物人口の算定規準（単位は床面積×人/m²）．

建物種別	消防法施行規則	防災計画指針	実測調査による資料および提案値	NFPA Life Safety Code	JIS 浄化槽処理対象人員
事務所	従業者数＋(その他の者が使用する部分の床面積×0.33)	0.25	レンタブル面積×0.23	0.11	事務室 0.1 外来者の多い事務室 0.2
百貨店 小売店舗	従業者数＋(客が飲食・休憩する部分の床面積×0.33)＋(客用のその他の部分の床面積×0.33)	一般店舗および一般売り場 0.5 特売場 1.0 混合売場 0.75	小売店舗 0.23 百貨店 通常月 0.34 12月 0.69 特売場 1.2	デパート・スーパー 1階 0.36 2階以上 0.22 地階 0.54	百貨店 営業部分 0.3 マーケット 営業部分 0.1
喫茶店 飲食店	従業者数＋固定椅子席数＋(その他の部分の床面積×0.33)	大衆食堂 1.0 レストラン 0.75	客用面積×0.6 料理店 0.38 喫茶店 0.51 飲食店 0.42	0.72	飲食店・喫茶店 営業部分 0.3 料亭・貸席 居室 0.1
キャバレー・ダンスホールなど	従業者数＋固定椅子席数＋(その他の部分の床面積×0.33)	キャバレー 1.0	キャバレー 0.3 ダンスホール 1.35 スタンドバー 0.8 酒場 0.4 パブ・バー 0.4 ディスコ 0.65	ダンスホール 1.54	キャバレー・バー・ビヤホール 営業部分 0.3
遊技施設	従業者数＋遊技具使用者数＋固定椅子席数	1.0	パチンコ 1.0 〃 0.84 ゲームセンター 0.62	―	玉突場・卓球場 営業部分 0.3 パチンコ・マージャンなど 営業部分 0.6
劇場 映画館	従業者数＋固定椅子席数＋(立見席部分の床面積×5)＋(その他の部分の床面積×2)	客席部分 2.0	客席部分 1.6	講堂 1.54 立ち席 3.58 待合いスペース 3.58	劇場・映画館・演芸場 定員×3/4 公会堂・集会場 定員×1/2

（次ページに続く）

〔注〕
人員の算定にあたっては，次のようなことに留意しなければならない．
① 延べ利用人員つまり1日の入場者数と，ある時点の滞留人員とはまったく違う数字である．
② 建物の立地条件や性格などに応じて適当に修正し，加減する必要がある．
③ 複合用途の建物にあっては，フロアごとに，あるいは部分ごとに積算する．
④ フロアに2か所以上の洗面所，便所がある場合には，利用圏，つまりテリトリーをいくぶんオーバーラップさせて人員算定を行なう．
⑤ 必要に応じて時間的変動のパターンを考慮する．
⑥ 良好なサービスが必要な場合には，男女比の設定にさいしても適宜，オーバーラップさせる．
⑦ 床面積については，いわゆるネットとグロスを混同してはならない．

なお，上表の出典は次のとおりである．
1. 消防法による収容人員の算定基準．この場合の収容人員とは，従業員の数と客数の合計である．

建物種別	消防法施行規則	防災計画指針	実測調査による資料および提案値	NFPA Life Safety Code	JIS 浄化槽処理対象人員
集会室 会議室	—	集会室・宴会場 1.5 会議室 0.75	—	0.72	—
図書館 美術館	従業者数＋(閲覧室・展示室・会議室・休憩室の床面積の合計×0.33)	図書室 0.5	会場延べ床面積×0.2	—	図書館 定員×1/2～1/4
学校	教職員数＋児童・生徒・学生数	教室 0.75	—	教室 0.54 工作室 0.22 保育室 0.31	定員×1/2～1/4
医療施設	従業者数＋病床数＋(待合室の床面積×0.33)	大病室 0.25 小病室 0.1 診療所 0.1	一般病院患者数 延べ床面積×0.03(入院患者) ＋延べ床面積×0.05(外来患者)	病棟 0.09 治療棟 0.04	病院 病床数×1.5 診療所 居室床面積×1.5
ホテル・ 旅館など	従業者数＋ベッド数 (和式では客室床面積×0.17) ＋集会・飲食・休憩部分の椅子席数＋(同上部分の床面積×0.33)	ホテル客室 0.1 旅館 0.25 一般ロビーなど 0.25	コマーシャルホテル 宿泊部分×0.05 リゾートホテル 宿泊部分×0.02 都市旅館 宿泊部分×0.1 景勝地旅館 宿泊部分×0.05 団体旅館 宿泊部分×0.6	ホテル 0.05	旅館・ホテル・モーテル 居室床面積×0.1 簡易宿泊所・合宿所 居室床面積×0.3 ユースホステル・青年の家 定員×1
寄宿舎	居住者数	0.25	—	0.05	寄宿舎・下宿 居室床面積×0.2 学校寄宿舎・老人ホームなど 定員×1
地下道	—	0.5	—	—	—

2. 戸川喜久二氏による避難計算用の人口密度．
3. 建築防災指針（日本建築センター）による避難計算用の密度．
4. 日本建築センター：防災計画指針，1975．
5. 戸川喜久二：群衆と密度，都市計画73号，1972．
6. 小林正美：米国における建築安全と法，建築と社会，62，1981．
7. 日本工業規格：建物物の用途別による屎尿浄化槽の処理対象人員算定規準．
8. 辻正矩：小売店舗と飲食店の建物内人口密度について，日本建築学会大会学術講演梗概集，1981.9．
9. 日本ビルディング協会連合会調査，1980．
10. 朝日新聞社広告部調査，1976．
11. 岡田光正：衛生器具の適正個数算定法・1，空気調和・衛生工学，Vol.58，No.6，1984.6．
12. 稲垣利泰氏ほかの実測調査．稲垣利泰：商業施設における建物内人口密度について，大阪大学工学部建築学科卒業論文，1981.3．
13. 上田光雄：百貨店における人員密度―多層建築物における同時流出・第7報―，日本建築学会近畿支部研究報告集，1961.4．

一つの数字で代表させようとするからで，この中のいずれかが正しくて，他は間違っているといえるわけではない．一般に避難計算用の数値は，その目的からピーク時の値に近い．一方，JISの規準は汚水浄化槽の容量算定のための数値であり，滞留時間が短いものは低い値になっている．つまり，時間的に平均した値を示すと考えてよいであろう．

(1) オフィスビルの人口

① オフィスビルでは，登録人口としての館内人口は経年的に変化する．当初は，テナントが将来の人員増を見込んで，1人当たりのスペースを多めに確保するため，人口密度は低いが，年とともに密度は高くなる．過密状態になると，テナントの一部は別の建物に移転し，残ったテナントがそのあとを借りて面積を増やすから，再び密度が低くなる．これを繰り返すパターンが多い．

② 館内登録人口の延べ床面積に対する1人当たりの面積は，標準値としては $11 m^2/$人といわれているが，大きなビルほどその値が大きい．また，OA化が進むと，さらに大きくなるものと予想される．密度に換算すると，平均 0.08 人$/m^2$ である．

③ 廊下，階段，便所，機械室などを除いた執務空間を有効面積として計算すると，1人当たりの床面積は，平均 $7.8 m^2$ 程度である．密度でいえば約 0.13 人$/m^2$ となる．

④ 出勤人数は登録人数の85～95％で，平均値は90％である．

⑤ 10～16時の間の在館人員は，ほぼ90～95％のレベルを保つことが多い．

(2) 店舗内の人口

都心のデパートでは，ふつうの月の休日はピーク時で 0.2～0.3 人$/m^2$，平日は半分程度で 0.1～0.2 人$/m^2$ だが，歳末のボーナス日直後の日曜日が年間で最も多く，全店平均 1 人$/m^2$ 以上の密度になることがある．

(3) 地下街の人口

地下街は多数の人びとを収容し，しかも迷路的な構造から，その危険性が指摘されるが，それでは，どれくらいの人数がいるかについては，正確な調査は容易ではない．地下街の管理会社などが公表するのは，1日の通行量の総数だけということが多く，ピーク時にどれくらいの人口が滞留しているかについては，よくわからないことが多いのである．

大阪市内および名古屋市内の地下街について，辻 正矩氏らが調査した結果によれば，滞留人口の時刻変動のパターンから，地下街は次のような三つのタイプに分けられる[*2][*3]．

① 通路型

このタイプは駅と駅との連絡通路としての機能が主で，店舗は付属的で

[*2] 辻 正矩・谷口嘉彦：地下街の防災・避難計画に関する研究(その4)―地下街の類型化―，日本建築学会大会学術講演会梗概集，1989．

[*3] 辻 正矩・谷口嘉彦：地下街の防災・避難計画に関する研究(その5)―地下街滞留人口の推計―，日本建築学会大会学術講演会梗概集，1989．

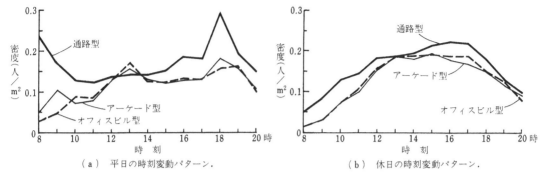

(a) 平日の時刻変動パターン．　　　　(b) 休日の時刻変動パターン．
図7・1　地下街における滞留人口密度の時刻変動パターン．
大阪梅田地下街における 1988年10月31日(月)，11月6日(日)，12月11日(日)の調査．
(辻　正矩・谷口嘉彦：地下街の防災・避難計画に関する研究（その4）―地下街の類型化―，
日本建築学会大会学術講演梗概集，1989)

ある．したがって，平日は朝と夕刻のラッシュアワーにピークがあり，朝は通路の密度が 1.1人/m² と，かなりの高密度になる場所もある．

② 商店街型

最も多いのがこのタイプである．店舗の割合が高いため，全体の傾向は店舗内人口のパターンに類似する．平日は午後と夕刻6時頃にピークがあるが，夕刻のピークが大きい．休日は多いところでは平日の2倍くらいになるが，午後3時を中心とするヤマだけでなく飲食店の多いところでは，午後から夕刻にかけて高原状のヤマが続く．

③ オフィスビル型

地下鉄の駅の通路とオフィスビルの地下階を結んでできた地下街で，一般に規模は小さい．周辺のオフィスで働く人のための食堂やレストラン，洋品・雑貨などの店が多い．人口密度は低く，平日は 0.3〜0.4人/m² 程度である．日曜は休業する店が多く，最近は土曜日も休むところがかなりある．

なお，以上のような人口の時間的変動のパターンは，繁華街や商店街などの界隈人口についても，ほぼ同様である．

3. 建物人口の男女比

大阪のK劇場では，改装にあたって面積比7対3だった男子用と女子用の便所をそっくり入れ替えた．改装に先立って他の劇場を調べたところ，どこも女性客が多く，休憩時間には女子便所から人があふれていたからである．改造後のK劇場では，やはり客の7割以上が女性であった．S劇場も利用度の高いフロアの男子用を女子用に変更している．昭和33年にオープンして後，しばらくは男性の客も4割ほどいたが，昭和40年代以降は女性客が急増し，最近は9割を占めるという．また，B劇場でも女性客が 84.3% で，出し物によっては女性

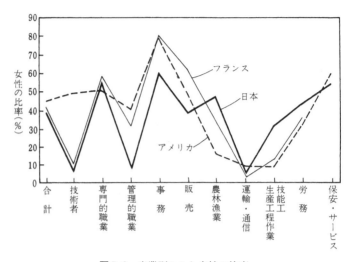

図7・2　産業別にみた女性の比率．
（坂東真理子編著：日本の女性データバンク，大蔵省印刷局，1992による）

が9割以上であった．そのため，男子便所3か所のうち，一つを女性用に開放している．

女性上位の傾向は映画でも同じで，いわゆる女性ものでなくても9割が女性という例がある．コンサートでも，文化教室でも，女性が圧倒的に多い．東京のG美術館で「源氏物語絵巻」の特別展があったときには，やはり90％以上が女性で，女子便所の前は長蛇の列であった．

現象面では女性のカルチャー指向が目立っている[*4]．

建物人口が予測されたとしても，男女比が不明では，ロッカールームや便所，洗面所などを的確に設計することはできないであろう．そのため，まず利用者の男女比によって建物を分類すると，次のように三つのタイプになる．

① 男性優位型……パチンコ店，競馬場，ゴルフ場など．
② 女性優位型……百貨店，量販店，ショッピングセンター，美術館，博物館，劇場，コンサートホール，映画館など．
③ 不　定　型……オフィスビル，食堂，喫茶店．

ただし，不定型というのは，平均的にはどちらが多いともいえないタイプで，業種や時間帯などによってかなり変動する．

なお，職業別にみた男女比は図7・2のとおりである．業種によってかなり違うが，総じて製造業では男子の比率が高く，80％以上と多い．ただし，これは従業員全数の比率だから，本社や支店などの管理部門では，もっと女子が多くなるだろう．

商業関係全体では男子が多いが，百貨店や量販店になると約4：6で女子が多い．売り場だけに限れば，女子の比率はさらに高くなる．銀行などの金融関係も女子が多い．多くの職場において，今後さらに女性の比率が増加すると考

[*4] 朝日新聞，1985.11.12，および海老坂武氏，日本経済新聞，1988.6.30．

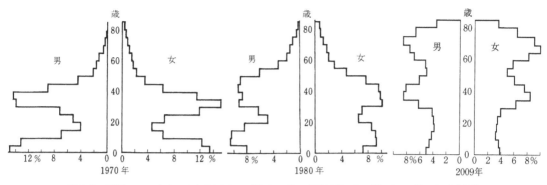

図7・3 千里ニュータウンにおける人口ピラミッドの経年変化（いずれも10月1日現在）[5]

7・3 地域人口と年齢構造の経年変化

1. ニュータウンの人口

日本最初の本格的ニュータウンとして1962（昭和37）年に入居が始まった千里ニュータウンは1975（昭和50）年には人口約13万人に達したが、それ以後は年々減少して2005（平成17）年の国勢調査では、9万人を割るまでになった。

当初、14校あった小学校ではピーク時の児童数17,700人に対応するため、プレハブ校舎で急場をしのいだ時期もあったが、オープンから約50年経過した1989（平成元）年には、児童数もピーク時の44％に低下、これにともない、ニュータウン内の小中学校では、全教室の40％以上が空き教室になった。

こうした現象は団地やニュータウンだけではない。全国的な問題である。大都市では都心の空洞化つまり夜間人口の減少により、明治初年から100年以上の歴史をもつ名門の小学校が廃校になっている。

出生率の低下により産婦人科や小児科の診療所は立ち行かなくなり、保育園や幼稚園でも空き部屋が増えた。これは人口の年齢構造が大きく変わったからだ。年齢構造を示す人口ピラミッドは過去から将来にかけての出生、死亡の累積的結果を示し、人口構造の特徴を視覚的に理解するのに役立つ。

図7・3は千里ニュータウンの人口ピラミッドである。いちばん左側の1970年のピラミッドは極端な星形（都市型）で、男女とも二つのピークが際立っている。上のピークがいわゆる「団塊の世代」で、アメリカでは「ベビーブーマー」という。第二次世界大戦が終わった後の数年間に生まれた世代で、この頃は年間の出生数は250万人を超えていた。ちなみに現在は年間100万人程度にまで落ち込んでいる。人口ピラミッドの下のピークが第二次ベビーブームで生まれた「団塊ジュニア」といわれる世代である。

[5]
たとえば、栗原嘉一郎ほか：住宅地における人口構成の経年変化、日本建築学会論文報告集、No.123、1966.

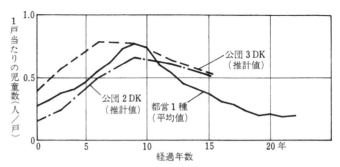

図7・4 公的集合住宅における児童数の経年変化
（*8の文献より作成）．

ここで驚くのは，「団塊」と「団塊ジュニア」という二つのピークが約40年後の2009年のピラミッドにも明瞭に残っていることだ．これは転居による住民の入れ替わりが少なかったことを意味する．

交通至便で，しかも環境がよいという千里ニュータウンの恵まれた条件から，いちど入居すると転出する人は少なく，したがって転入も少なかったからであろう．その後の年齢構成の変化を予測して，施設計画を立てておかねばならない[*6]．

2．転居率と児童率

転居率が高いと，子供が小さい若い家族に更新されるため，児童率は比較的高いところで安定するが，転居率が低いと家族の高齢化が進むので，児童率は低いレベルに収束する傾向がある[*7]．

上野 淳氏によれば，団地の建設当初は，児童数0.1〜0.3人／戸という比較的小さい値から出発するが，9〜12年目までは急速に増加し，ピーク時には0.6〜0.8人／戸に達する．それ以後は減少して，20年目には0.2〜0.3人／戸で定常状態になるという[*8]．この値はピーク値の2分の1以下で，本節の冒頭に紹介した千里ニュータウンの状況にもよく合う数字である．ピークに合わせて学校の規模，つまりクラス数を決めたのでは，空き教室が多くなるのは当然であろう．

児童数がピーク時の2分の1以下になるというのは，大変なことだ．そこで必要になるのが，空き教室の転用である．集会室，資料室，低学年向けの第二図書室に転用するケースが多いが，間仕切り壁を撤去して多目的ホールやランチルームに改造した例もある．だが，全部は使いきれないので，結局は，かなりの教室が物置になってしまう[*9]．

したがって，当初から次のような方法を考えておかねばならない．

① 学校側で転用を積極的に考える．団地やニュータウンでは，空き教室の

[*6] 黄大田：地域社会成熟化にともなう新住宅市街地の計画・整備課題に関する研究，大阪大学工学部学位論文，1991，ほかによる．

[*7] 谷村秀彦：地域施設計画モデル，新建築学大系29，地域施設計画，彰国社，1983．

[*8] 上野 淳ほか：学校の設計，新建築学大系29，地域施設計画，彰国社，1983．

[*9] 朝日新聞，1990.3.3．

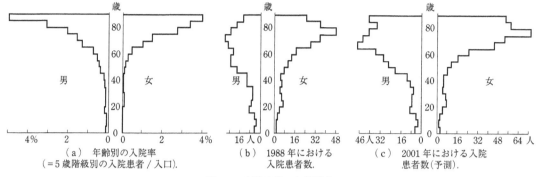

図7・5 入院患者の年齢構造
（K市における中小規模の一般病院の例）[11][12]

(a) 年齢別の入院率
（＝5歳階級別の入院患者／人口）．
(b) 1988年における入院患者数．
(c) 2001年における入院患者数（予測）．

発生は避けられないことだから，むしろ当初から，転用を前提とした建築計画を行なう必要がある．

② 規模や経営主体の異なる住宅を混在させた混合開発とし，さらに長期に分割して開発することなどにより，児童率などのピークを緩和する．

家族数が増えるのに合わせて大きな住宅に移っていけば，空いたところに次つぎと若い家族が入居してくるので，年齢構造の偏りは少なくなるはずであるが，そのためには，同じ地域に規模の異なる各種の住宅が準備されていて，しかも一定の空家率がなければならない．だが，このような条件が揃うことは少ない．

とくに，交通至便で環境がよいところほど転居率は低く，当初の入居者がそのまま高齢化していく傾向が強い．逆に，遠くて，不便で，立地条件の悪い団地では，入居者も頻繁に入れかわるから，児童率も高いレベルのままで推移する．つまり，条件のよい理想的な住宅地ほど転居率が低いために，年齢構造の面で問題が出やすいという皮肉な結果になる．

児童率の低下は何も大都市や新住宅地だけの問題ではない．最近における出生率の低下を考えると，やがては全国的な問題になるのではないだろうか．

3．病院における入院患者数の将来予測

図7・5(a)は，K市の一般病院[10]における入院患者の受療率と年齢の関係を示すものである．入院患者の受療率が急激に高くなる状況がよくわかるであろう[11][12]．

これに将来の人口ピラミッドを重ねて，入院患者の年齢構造を予測すると，図7・5(b)，(c)のように，病院のベッドは，ほとんど高齢者によって占有されてしまう．同じような結果が谷村秀彦氏らによっても報告されている[13]．高齢化社会を象徴する現象といえよう．

そのうえに，慢性病による長期入院患者が加わるので，病床の回転率はさら

---

[10] ここで一般病院とは，産婦人科，精神科，伝染病などの単科専門病院および特殊な数病院を除いた99ヶ所の病院である．

[11] 中村三智之・岡田光正・柏原士郎・吉村英祐・横田隆司・金漢洙：病院の類型化と入院患者数の将来予測について，日本建築学会近畿支部研究報告集，1988.5．

[12] 横田隆司：一般病院の適正配置計画への多目的計画法の適用性について（その1）—K市の一般病院を対象として—，日本建築学会論文報告集 Vol.411，1990.5．

[13] 谷村秀彦・広川協一・歳森敦：年齢別推計人口による老齢入院患者将来予測，日本建築学会大会学術講演梗概集，1991．

に低下し，放置すれば，緊急患者のための空きベッドは，ほとんどなくなってしまう．その対策として重要なことは，高齢者や長期入院患者のための専門病院を数多く設置することであろう．

7・4 都市の人口密度

都市の歴史は古代メソポタミアに始まる．チグリス・ユーフラテス川の流域，バビロニア地方にシュメール人の都市国家ウルやウルクができたのは紀元前3000年ころであった．このシュメール人の都市文化を受け継いだのが，聖書で名高いバベル，つまりバビロンである．バビロンは4重の城壁に囲まれ，最盛期の人口は30～40万人に達したという[14]．

[14] ウォルフ・シュナイダー著，志鎌一之訳：ウルからユートピアまで，時事通信社．

同じころ，ヨーロッパではギリシアのポリスが全盛であった．スパルタ訓練で有名なスパルタでは，5千人の特権階級が5万人の農民や奴隷を支配したという．また，アテネの人口密度は200人／haだったと推定されている[15]．

[15] ルイス・マンフォード著，生田 勉訳：歴史の都市，明日の都市，新潮社，1969．

ローマ帝国の首都ローマは，紀元前2世紀のころ，すでに100万人以上の人口を持ち，市域の面積は13.7 km²だったというから，800人／haという信じられないほどの密度である．ローマ市内には6階から12階程度の高層長屋が目立ち，しかも，住民の半数以上は都市域の3分の1以下の狭い面積にひしめき合っていた．人口だけでなく車も増えて交通難がひどく，ユリウス・カエサルは昼間，車を市内から追放したが，その結果，夜になって舗石の上を金具を付けた車輪がガタガタと走り，その騒音で眠ることもできなかったという．

中世の14世紀初頭，パリでは550人／ha，17世紀のロンドンの中心部でも550人／haという高密度であったが，産業革命による工業都市が出現し，住民はかつてない高密度で生活せざるをえなくなった．たとえば，19世紀半ばのロンドン中心部では770人／ha，パリの中心では700人／haに達したという[15][16]．

[16] Colin Clerk 著，杉崎真一訳：人口増加と土地利用，大明堂，1969による．

現在，世界で最も高密度の都市といえば，おそらく香港であろう．九竜半島では840 haの土地に200万人が住み，その人口密度は2400人／haに達する．東京や大阪の区単位では，高いところで220～240人／haだから，その10倍という密度は想像を絶する．

1. 人口密度分布のモデル化

都市の人口密度が都心から遠ざかるにつれて低下するという傾向を数式モデルで表現したのは，イギリスの経済学者コーリン・クラークである．彼はロンドンやシカゴなどを例にとり，都心からの距離と人口密度との間に次のような関係があることを示した．いわゆるコーリン・クラークの法則である[16]．

$$y = Ae^{-bx}$$

ここに，y はヘクタール(ha)当たりのグロス人口密度，x は都心部からの距離を表わす．これは人口密度が都心からの距離に応じて，負の指数関数的に低下することを示し，片対数方眼紙にプロットすると右下がりの直線になる．係数 b は都市の拡がりの程度を示すもので，b の大きい都市は，人口密度が低下する割合が大きく，都心に人口が集中していることを意味する．

上式が常に現実を正しく表現するというわけではないが，都心から遠くなるほど，人口密度は低下するという基本的なパターンを最も単純なかたちで表わした美しいモ

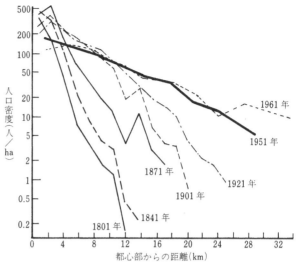

図 7・6　ロンドンにおける人口密度分布の経年変化,人口*16.

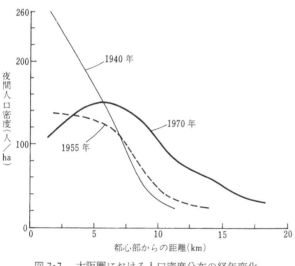

図 7・7　大阪圏における人口密度分布の経年変化
（辻 正矩氏による）．

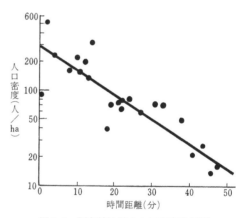

図 7・8　阪和線沿線の人口密度分布*17.
（●は地域を示す）．

デルとして評価される．図7・6〜7・8は，このモデルを当てはめた例である．首都圏でも，鉄道沿線の人口密度は，ほぼ指数分布に従うことが報告されている*18．

*17
吉田勝行・金沢進次・岡田光正・柏原士郎：人間の密度分布について—プラットホームの乗降者客分布から都市人口密度分布まで—，日本建築学会近畿支部研究報告集，1971 による．

*18
奥平耕造：通勤輸送からみた住宅地の人口密度分布と発達に関する研究，日本建築学会論文報告集，No. 145，1968.3.

2. 住宅地の形態と人口密度
――住宅の形式が違えば人口密度も大幅に変化する――

住宅地といっても，ヘクタール当たりの人口密度が50人程度の住宅地から，1000人以上の高層高密度団地まで，いろいろあるが，図7・9に示すように，住宅地の空間構成と人口密度の間には，かなりはっきりした関係がある．

人口密度(人/ha)

10　　　　　　　　100　　　　　　　　200　　　　　　　　300

六麓荘(芦屋市)
17人/ha, 5.6戸/ha.
六甲山麓の傾斜地に開発された低密度の高級住宅地である．背後に山，前に海を眺めるという良い環境で，大邸宅が多く，1戸の敷地の大きさは1000 m² 以上，中には3000 m² をこえるものもある．

帝塚山(大阪市住吉区)
84人/ha, 28戸/ha.
大阪市南部の阿倍野台地にある．明治・大正の頃から，都心部の環境悪化を嫌って富裕階級が転居した住宅地で，良好な環境が保たれている．1戸の敷地面積は400 m² ていど，建ぺい率は26%，容積率は36%というレベルである．

万　代(大阪市住吉区)
285人/ha, 95戸/ha.
戦前からの長屋地区である木造平屋建てと2階建てとが混在し，4軒から6軒の長屋が多い．空地はほとんどないが，環境が悪いという印象ではない．

田園調布(東京都)
42人/ha, 14戸/ha.
駅からのびる放射状の街路が有名である．東急の前身，田園都市㈱が46万坪を買収し大正11年から分譲したもので，1区画は100〜500坪，建ぺい率は5割以下，建物の高さは3階以下とすることなど，環境を維持するための規定があった．

タウンハウス永山-5
(多摩ニュータウン)
166人/ha, 55.4戸/ha. 共用庭を囲み，専用庭をもつ2階建て接地型の集合住宅である．コーナー部分のプランを工夫して，囲み配置を完全なものにしている．各クラスターは12〜20戸からなり，六つのクラスターがループ状に配置されている．

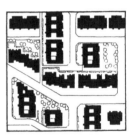

タウンハウス西神 I-I 団地
(神戸市西区)
189人/ha, 63戸/ha.
事業主体は神戸市住宅供給公社．敷地面積1.53 ha，戸数97戸の小規模団地である．容積率と建ぺい率は，それぞれ57%，34%で，余裕がある．1戸当たりの床面積は91 m²/戸である．

図7・9　住宅地の

7・4 都市の人口密度　　　183

人口密度(人／ha)

500　　　　　　　　700　　　　　　　　900　　　　　　　　1100

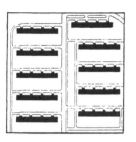

府中団地（府中市）
378人／ha，126戸／ha．
4階建てのフラットからなる戸数696戸の中層団地である．
初期の団地に多かった典型的な東西軸，南面平行配置のレイアウトで，容積率は53％と低い．

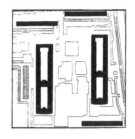

大島4丁目団地
（東京都江東区）
工場跡地を再開発した団地で，面開発とよばれたタイプである．14階建ての南北軸ツインコリドール型3棟と8～9階建ての東西軸片廊下型4棟からなる．戸数は約2500戸で，建ぺい率は低く，それによって，広いオープンスペースを確保している．

大川端リバーシティ
（東京都中央区）
1163人／ha，388戸／ha．事業主体は，西ブロックが三井不動産，東ブロックが東京都，公社，公団で，40階建ての超高層住宅が並ぶ大規模団地である．全体の敷地面積は6.45ha，戸数は2500戸で，西ブロックでは1戸当たり1284m²／戸と大きい．

淀川リバーサイドタウン
（大阪市中央区）
591人／ha，107戸／ha．
淀川沿いの工場跡地を再開発した高層の大規模団地である．
都心に近く，環境，交通条件ともに良好である．

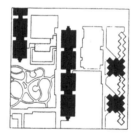

住吉団地
（大阪市住之江区）
744人／ha，248戸／ha．
東西軸片廊下型，南北軸中廊下型およびポイント型が混在する11階建ての再開発団地である．
建ぺい率は19％，容積率は150％となっている．

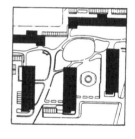

森之宮団地
（大阪市城東区）
1149人／ha，383戸／ha．広島基町と並んで最も密度の高い団地の一つである．11階建てと14階建ての高層住宅で，大島4丁目団地などと同様に東西軸と南北軸を組み合わせた配置である．東西軸は片廊下型，南北軸は中廊下型で，建ぺい率は19％，容積率は244％．

〔注〕 1. 森 英彦：住宅地における戸数密度に関する研究，大阪大学工学部卒業論文，1991，および，日本建築学会編：建築設計資料集成，丸善，ほかによる．
　　　2. 人口密度は，図7・14に示す平成4年版「国民生活白書」の平均所帯規模により，1戸当たり3人として，戸数密度から推定した数値である．

人口密度．

① **100人／ha以下**……戦前にできた郊外や山の手の高級住宅地が，このレベルである．東京では，田園調布や成城などの邸宅地がこれにあたり，1戸当たりの敷地面積は500 m² を超えることもある．関西では，芦屋，御影の山の手などが代表的なところである．

② **100〜200人／ha**……1戸建ての住宅からなる中流の住宅地で，1戸当たりの敷地面積は250 m² 程度が多く，住宅地として良好な環境を保っている．

③ **200〜300人／ha**……かなり密度の高い住宅地で，1戸当たりの敷地面積は100 m² から200 m² 程度になる．密集した新しい郊外の住宅地や1戸建ての住宅地に2階建ての長屋やアパートなどが混在する場合である．

④ **300人／ha以上**……このレベルを超えると，居住地としての環境は悪くなる．主として長屋やアパートなど，低層の共同住宅からなる住宅地で，いわゆるミニ開発による建売住宅の地域も，この程度の密度になることが多い．

京都の中京を中心とする地域は300人／ha前後だが，伝統的な町家住宅は高密度にしては例外的に良好な居住環境をつくりだしている．4〜5階建ての中層の集合住宅団地もこのレベルだが，この場合はオープン・スペースも広く，比較的ゆとりがある．

⑤ **500〜600人／ha**……都心の周辺部や下町の密集地域で，木造の低層住宅地としては最も高い密度である．細い路地に面して2階建ての長屋，木賃アパートなどが建ち，日照などの環境条件は悪く，防災上にも問題が多い．江戸の町人地の平均密度は670人／haだったというから，このレベルである．なお，集合住宅の団地としては，高層東西軸，南面配置タイプの密度である．

⑥ **800人／ha**……江戸や大阪の裏長屋や戦前にあったスラム地区の密度である．もう今はないが，大阪の名護町の場合，ネットで1600人／ha，グロスでは900人／haという驚異的なものであった．

⑦ **1000人／ha**……超高層住宅の団地および南北軸中廊下タイプの高層団地である．ただし，南北軸中廊下の高層住宅は方位や日照条件などに問題があるので，最近は少ない．

図7・10に団地・ニュータウンの開発規模と人口密度の関係をプロットした結果を示す．住宅地の規模が大きくなるほど，人口密度は低くなっていることがわかるであろう．

以上はわが国の実例だが，外国にはさらに高密度な例がある．たとえば香港では，市街地全体が高密度だが，なかでも九竜半島のジョーダン・ロード地区の人口密度は，ネットで13000人／haという驚異的なものである．中流階級のための住宅を供給しているHousing Authorityの団地は，質の高いものとされているが，それでも密度は4600人／haで，これはわが国の高層高密度団

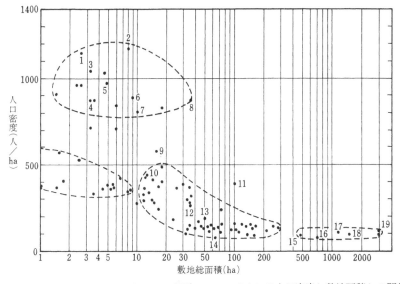

図7・10 団地・ニュータウンの人口密度と敷地面積との関係．

地の4倍以上である．配置図でみると，それほどの高密度感はなさそうだが，それにもかかわらず人口密度が高いのは，1戸当たりの床面積が小さいからであろう．谷口汎邦氏の調査によると，台所，浴室，バルコニーを別にして1人当たりの占有面積は3.15 m²，6人用の住戸では，ネット約30 m²で1人当たり約5 m²ということになる．わが国の集合住宅の場合，2DKでも1戸当たり平均約45 m²，1人当たり13 m²だから，4倍以上の密度である．

この例からもわかるように，居住人口密度が異常に高いのは，1戸当たりの床面積が狭いことが大きな要因になる．

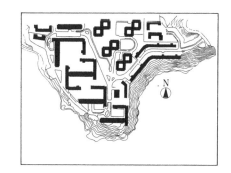

図7・11 香港における高層高密度団地（ワーフ団地）．

7・5 日本の人口——その過去と未来——

1. 人口の経年変化

縄文時代，わが国は，すでに当時としては極めて人口密度の高い地域だったという．この時代の遺跡は1万か所以上もあり，遺跡からの推定によると，人口は全国で20万人程度だったとされる[19][20]．稲作文化の始まった弥生時代には人口も1けた増え，紀元1世紀頃には，西日本を中心として100万人前後の人が住むようになった．しかし，

「国内に疫病多くして，民死亡るひと有りて，なかばにすぎなむとす．」[21]

ということもあり，なお人口は不安定であった．それでも奈良時代には600万人以上，14世紀の太平記の頃には800万人以上になったと推定される[22]．

戦国時代になると，大名は新田開発や治山，治水，農業技術の改良につとめ

[19] 同志社大学森 浩一教授による．日本経済新聞，1988. 4.3.

[20] 村田文夫：縄文集落，考古学ライブラリー36，ニューサイエンス社，1995．

[21] 日本書紀，崇徳天皇5年

[22] 国土庁「国土レポート'91」大蔵省印刷局，1991年，および朝日新聞，1987.2.11.による．

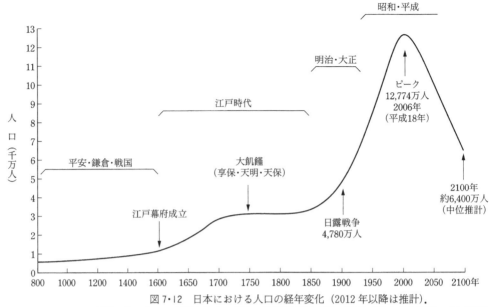

図7・12 日本における人口の経年変化（2012年以降は推計）．
鬼頭　宏：人口から読む日本の歴史, 講談社学術文庫, 2000（国立社会保障・人口問題研究所：日本の推計人口, 2012および国土交通省資料により作成）．

た結果，食糧生産は増加し，17世紀には人口も2千万人台に急増した[*22]．

全国的な人口調査の数字が残っているのは，徳川幕府が諸大名に命じて人口を報告させたときからである[*23]．その結果によると，約2600万人を中心として，完全な横ばいであった[*24]．ただし，この人口は武士階級を含まず，子供の扱いも藩によって違っていたので，現在のセンサス（人口調査）と同じ意味の数字ではない．

しかし，江戸時代の125年間を通じて，人口は多めにみても約3千万人に抑えられ，それ以上には成長しなかったと考えられる．これは，間引き，捨て子などが常に行なわれ，飢饉なども人口増加に対する抵抗として強力に作用したからであろう．

明治以降の人口については，1872（明治5）年の総人口は琉球藩や樺太を含めて約3311万人であった[*25]．これは新戸籍法[*26]にもとづく本邦最初の全国的な統計で「明治5年人口」とよばれ，とくに重視されている．しかし，これは戸籍人口であって，現在の国勢調査でいう人口ではない[*27]．

その後，富国強兵の政策などによって人口は増加し，1920（大正9）年の第1回国勢調査における内地人口は約5596万人であった．第二次世界大戦後も人口は増えつづけたが，とくに終戦直後の数年間における出生数は膨大であり，1949（昭和24）年には，1年間の出生270万人という史上空前の数に達した．明治以後の150年間で人口は約4倍になった．日本における近代化の歴史は人口爆発の歴史だったといえよう．

[*23] 徳川8代将軍 吉宗は，1721（享保6）年各藩に人口を報告させた．

[*24] 本庄栄治郎氏の研究による．世界大百科事典，平凡社．

[*25] 「日本全国戸籍表」（内閣文庫蔵）による[*7]．

[*26] 1871（明治4）年制定．

[*27] 三潴信邦：図書，岩波書店，1980.11.

だが，ほとんど山ばかりの国で1億人以上が生きている現状は異常だ．「山や森林が多いため，国土に占める可住地面積の割合は33.4％しかない．この値は人口2千万人以上の33か国の中では最低．可住地面積の人口密度は全国平均で約1000人／km²で，この人口密度が1000人を超える国は日本のほかはバングラデシュと韓国だけだ．」[28]

ヨーロッパ諸国の可住地人口密度，イギリス154人／km²，フランス302人／km²，ドイツ347人／km²に比べると，わが国の人口密度は先進国の中でも格段に高く，実質的には過剰人口だといえよう．

ちなみに動物の世界では，このような過剰人口を避けるためのしくみを遺伝的にもっている例がある．たとえば，レミング（タビネズミ）は大移動することで有名だ．スカンジナビアでは古くから知られていたというが，何年かおきに爆発的に繁殖して大集団が移動しはじめ，海岸に行きつくと，そのまま海中に突入して何万という個体が溺れ死ぬこともあるといわれている[29]．だが，集団自殺があったとしても，それでレミングが絶滅するわけではない．相当数が生き残るので，日高敏隆氏によれば「それは，多くの"個体"を捨てさることによって"過剰人口"を避け，"種"の存続を保証する大切なしくみなのである．」[30]

当初，レミングの奇妙な行動の原因は，個体数が増加して食料不足になったからで，彼らは食料を求めて移動を開始し，ついには集団自殺に等しい結果をひきおこすものと解釈された．レミングの行動は人口と食糧供給の関係を論じたマルサス理論の例証として，引合いに出されることが多かったのである．

しかし最近では，この異常な行動は食料不足が原因ではなく，集団の密度が高くなったためのストレスと，それによる生理的な変調のせいではないかと考えられている[31][32][33]．

また次のように，結果として過剰人口の状態が解消された例もある．米国東海岸ワシントンDCに近いチェサピーク湾（Chesapeake Bay）のジェームス島（James Island）という無人島に1916年，4～5頭のシカが放された．シカは現地の草を食べて50年後の1956年には300頭まで増えたが，これが限界で1958年には3か月の間に73％にあたる220頭が死んだ．残りは80頭になって，そこで安定した．死んだ個体を解剖した結果，死因は病原菌の感染などによるものではなく，副腎が異常に肥大して46～80％も重くなっていた．

副腎は成長，生殖，生命の維持などに重要な役割を果たす臓器で，強いストレスがかかると肥大してホルモンを大量に分泌して体を守ろうとするが，その状態が長く続くと疲弊して正常な働きができなくなるという．ジェームス島は小豆島ぐらいの面積で，シカの生息密度は最大250頭／km²だったというから，シカの大量死は個体数の多さによるストレスが原因と考えられている[34]．

[28] 藤正 巖：人口減少の時代，真に求められる政策（政策研究大学院大学ホームページ，法律文化2005年9月）．

[29] レミング（lemming）はロシア，北欧から北アメリカ，北極地方に住んでいる．そのうち，集団移動するのはノルウェーのレミングだけという人もいるが，北アメリカのレミングも集団移動することが知られている．レミングが集団自殺するということは，ストラスブールの地質学者ツァイグラーが1532年に言い出したものだという．それ以来，動物の集団自殺といえばレミングということになったが，観察によれば，大発生したレミングが必ず海に飛び込むとは限らないということもわかってきた[14][15][16]

[30] 日高敏隆：動物にとって社会とはなにか，講談社，1977年．

[31] 藤原英司：動物の行動から何を学ぶか，講談社，1974．

[32] 藤田 清，ブリタニカ国際大百科事典，Vol.20，1975．

[33] 今泉忠明，世界大百科事典，平凡社，1988．

[34] エドワード・ホール：かくれた次元，みすず書房．立花 隆：文明の逆説，講談社文庫．清久幸恵ほか：阿久島大島におけるマゲシカの群れの構成と分布様式，Kyushu J. For Res. No. 58, 2005.3．

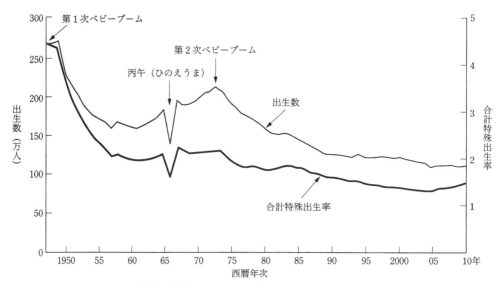

図7・13 合計特殊出生率（TFR）と出生数の推移（厚生労働省：人口動態統計による）[*35].

*35
合計特殊出生率（total fertility rate）」とは，女性の年齢別出生数を合計したもので，一人の女性が一生の間に産む子供の人数に相当する．人口が一定に保たれる場合の合計特殊出生率を「人口置換水準」といい，わが国では2.07となっている．2.0より大きいのは，死亡率を考慮するからである．

大量死したレミングを調べると，やはり副腎が疲弊していたという．レミングと同じようにジェームス島のシカたちも，かなり手荒い方法だが過剰人口を解決することに成功したのである．

2. 少子化と高齢化

第二次大戦の前と後では，何もかも様がわりしたが，最も変わったことの一つは子供の数が減ったことだ．戦後，優生保護法などが制定されて人工中絶が増えたこともあって，第1次ベビーブームが終わった1950（昭和25）年前後から出生率は急激に減少し始めた．

図7・13は第二次大戦後のわが国におけるTFRと出生数の推移を示すもので，1950（昭和25）年には約4.5だったTFRが，急激に低下して3分の1以下に，出生数は約2分の1になったことがわかる．しかし，1960年代（昭和40年前後）までは人口過剰という認識が強かったためか，当初は出生率の低下が問題とされることはなく，「少子化」という言葉が，よく使われるようになったのは1992（平成4）年ごろからである．

この点，すでに19世紀には人口停滞に気づき，1930年代から少子化対策に取り組んできたフランスとは大違いだ．わが国の出生率低下のスピードが速く，少子化問題への対応が議論される間に，合計特殊出生率が1.4まで下がってしまった[*36].

*36
縄田康光：少子化を克服したフランス，立法と調査 '09.10.

ヨーロッパ諸国でもフランスやスウェーデンなど以外は，人口の自然増加率は低下傾向にある．たとえば日本と同様に出生率が下がったまま低水準が続くイタリアやドイツでは，子供向けよりも高齢者向けの福祉が手厚いこともあっ

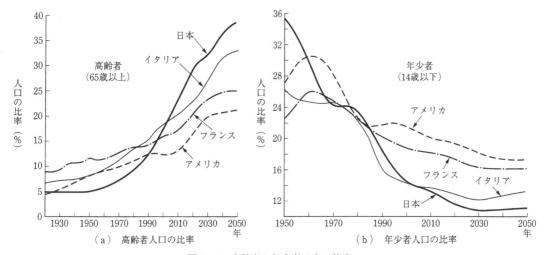

図 7・14 高齢者と年少者の人口比率．
国立社会保障・人口問題研究所の資料による（2005年以降は推計）．

て，子供を産み育てないほうが豊かな生活を送ることができるという事情もあるらしい．

わが国でも大学への進学率が 50 ％を超えるなど，教育費も高くなって子供にかかる費用を考えると，その分を老後の生活のためにという人も多いのではないか．

一方，少子化と同時進行しているのが，高齢化である．高齢化社会とは国連の定義によれば，65歳以上の比率が 7 ％を超えて高齢化が進展する状態にある社会だという．図 7・14 からもわかるように，日本における高齢者の比率は 1970（昭和 45）年に 7 ％を超え，1995 年には 15 ％となった．その年，高齢化対策基本法が成立したが，それで高齢化が止まるはずもなく，2015 年には 26 ％前後になり，2050 年には約 40 ％が 65 歳以上の高齢者になると予想され，社会福祉や年金などの負担が増えるのではないかと懸念されている．

これまでに例を見ないスピードで少子高齢化が進行する日本の問題は「ジャパン・シンドローム」と名付けられた[37]．

3. 人口減少社会への対応

図 7・12 に示したように，日本の人口は 2006（平成 18）年の 1 億 2774 万人をピークとして，ようやく減り始めた．これまでの増え方も劇的だったが，予想では減り方も過激で，2040 年代には毎年 100 万人以上のペースで人口が減少し，100 年後の人口は現在の半分程度になると推計されている[38]．

図 7・15 は 1930 年，1995 年，2050 年という三つの時期の人口ピラミッドである．1930（昭和 5）年は典型的な富士山型だが，1995（平成 7）年は星形（都市型）で，第 1 次と第 2 次のベビーブームの山が残っているが，2050 年に

[37] 「ジャパン・シンドローム」は日本の人口減少と高齢化問題を指す言葉として英国の経済誌「エコノミスト」で取り上げられ，その後，NHK が特集番組のタイトルに用いた．シンドローム (syndrome) とは「症候群」という医学用語で「同時に現れる一連の症状」をいうが，転じて「一連のよくない事態」を表す場合にも用いられる．

[38] 国立社会保障人口問題研究所

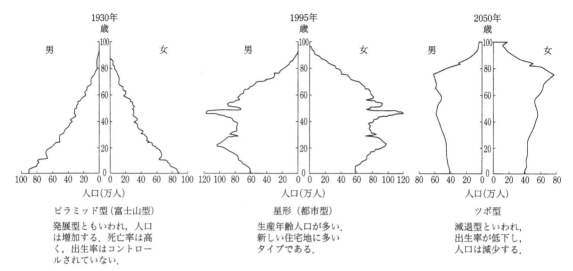

図7・15 わが国における人口ピラミッドの経年変化.
国勢調査および「日本の将来推計人口（平成24年1月推計）」国立社会保障・人口問題研究所による.

なると，その痕跡はなくなっている．アメリカでは，第3次ベビーブームがあったが，日本では第3次は現われなかったからだ．

2050年の人口ピラミッドは「つぼ型」というよりも逆ピラミッドに近い．「ジリ貧型」といってもよい．このまま進行すると「そして誰もいなくなった」ということになりそうなパターンで，まさに人口減少時代を象徴する人口ピラミッドといえよう．

人口減少のマイナス面として，つぎのようなことがいわれている．

「2050年までに現在の居住地域の2割が無居住化するおそれがあり，人がいなくなれば，自治体も税収が苦しくなり，最低限のインフラもメンテナンスできなくなり，ますます地域の荒廃が進む．」[39]「地域人口がスカスカになると，電気，水，ガス，公共交通機関などのインフラの維持管理ができなくなって，生活が成り立たなくなり，無人地帯が増える．」[40]

[39] 国土交通省の「国土の長期展望」

[40] 鬼頭 宏氏

日本の人口が半減すれば，欧州の主要先進国並みの人口規模になる．人口が2分の1になると消費市場も2分の1になり，年金制度や社会保障，医療制度も存続できるかどうかわからない．ヨーロッパ各国は日本より早くに人口爆発を終了し，人口減少社会にはいったが，ほとんどの国は何とかバランスを取って社会を維持している．たとえば，19世紀から低出生率に悩まされていたフランスでは，子供の数に応じて年金額を加算するなど，考えられる限りの対策を講じて，ある程度まで出生率を回復させることに成功した．

人口の減少は，食糧，資源，エネルギーの消費を抑制する方向に働くので，その面からいえば，好ましい現象といえる．人口が少なければ土地も安く買えるし，エネルギーの消費も少なくてすむので原子力発電所も要らない．都市の

環境も自然環境もよくなるはずだから，少子化対策に税金をつぎ込むのは反対だという考え方もある．

いずれにせよ人口減少の流れを止めることは不可能であろう[*41]．少子化対策の優等生とされるフランス，イギリス，スウェーデンでも合計特殊出生率は人口置換水準には届いていない．もはや，かつてのような成長を期待すべきではない．経済学でいうところの縮小均衡[*42]を目指すべきだ．今後は長期にわたって人口減少社会に向き合っていくしかないだろう．

7・6 世界の人口──その過去と未来──

「神その像の如くに人を創造り給えり．神かれらを祝し，神かれらに言給ひけるは，生めよ繁殖よ，地に満てよ，これを服従せよ，また海の魚と天空の鳥と地に動くところの諸の生き物を治めよ」[*43]

これは，神の姿を描くためのよりどころにもなった「旧約聖書」冒頭の有名な記述である．偶像崇拝を禁じたユダヤ教では神の姿が描かれることはなかったが，キリスト教では中世以後，神を描くようになった．そのさい，「神は自分の姿に似せて人間をつくった」という聖書の記述から，逆に神を人間の姿で表現してもよいと考えたのである．

ところで，問題は「生めよ繁殖よ，地に満てよ」という部分である．おそらく旧約聖書が成立したころには，これが実現するとは考えられなかったであろう．実際，人類史の99％は，人口はゼロ成長の時代だった．長い間，狩猟中心の暮らしをしていた人類も，農業や工業という物づくりの手段を得て，19世紀の初めには世界の人口は10億人の大台に乗った．

しかし，この頃になっても人口が一本調子で増加することはなかった．伝染病や戦争が人びとの命を奪ったからである．とくに伝染病は大都市に多かったが，人口のほぼ3分の1が死ぬころには病気の流行は，ほぼ終わるのがふつうであった．また，戦争も人口過剰のときに起こりやすく，結果として人口が削減された[*44]．戦争は繰り返されたが，飢えや病気が克服されると共に，世界人口は20世紀初頭には20億人に増加し，1987年には50億人に達した．40年足らずで倍増したのである．

世界の人口は今や1秒間に3人，1日に20万人という猛烈な勢いで増え続けている．先進国では出生率が低下しているが，発展途上国の人口がそれをはるかに上回るペースで増加しているからで，2009年には68億人になった．

現在の進歩した構造技術と環境設備技術をもってすれば，地球上の可能なところ全てに高層集合住宅を建て，増大する人口を収容するのは，さしてむずかしいことではないだろう．だが，それには必要な資源とエネルギーの使用が可能であればという前提条件がつく．そのうえ，人間が長期にわたって過密居住

[*41] 松谷明彦・藤正巌：人口減少社会の設計，中公新書，2002年6月．藤正巌・古川俊之：ウエルカム人口減少社会，文芸春秋，2000年10月．

[*42] 縮小均衡とは事業などの安定を維持しながら規模を縮小することで，たとえば需要が縮小する局面では，供給を抑制して均衡をはかることである（三省堂，大辞林ほか）．

[*43] 創世紀，第一章

[*44] 日高敏隆：動物にとって社会とはなにか，講談社，1977．

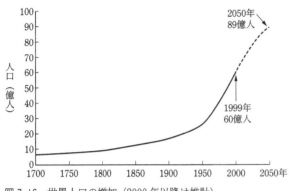

図7・16 世界人口の増加（2000年以降は推計）
国立社会保障・人口問題研究所「人口統計資料集1999」および文部科学省の資料より作成.

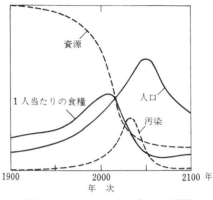

図7・17 ローマ・クラブによる世界モデル[46].

に耐えられるかどうかという問題もある．つまり，人口密度の限界は建築技術以外のところで決まるのである．

また，世界人口の急増は食糧や資源の消費量を増やし，環境の破壊を進行させる．図7・16はローマ・クラブ[45]がシミュレーションを行なって予測したもので，資源の枯渇や環境の悪化と食糧の減少により，21世紀の前半には地球人口が劇的に減少することを警告し，人びとに大きな衝撃を与えた[46][47]．

古代における人間の平均寿命は，ミイラや発掘された骨などから，4000年前には約18歳だったと推定される．2000年前のローマ時代になっても平均寿命はようやく22歳ていどであり，中世から18世紀までは30歳台を続けていた[48]．乳幼児の死亡率が高く，疫病や戦争も多かったからだ．それをカバーして種の生存を維持するために，人類は高い出生率をもつようにデザインされているのである．死亡率が低下した現在では，高い出生率を保つ必要はなくなったが，数十万年もかかって刷り込まれた遺伝情報を簡単に書き換えることはできない．

今後は，これまでのように戦争という手荒な方法で人口を調節することは許されない．残された手段は，出生率を下げるしかないであろう．そのためには，途上国の人口を抑制する必要があるが，最も貧しい20％の人びとは世界の富の4％しか消費していないのに対して，最も豊かな20％の人が58％の富を使っているという．このため，「いまになって途上国の人口を抑制しろというのは，先進国のエゴだ」という意見もある[49]．

「生めよ繁殖よ，地に満てよ」という旧約聖書の言葉は実現された．だが，大発生した生物は，遠からず滅亡するというのが，過去の教訓である．大発生してしまった人類に未来はあるのだろうか．

[45] ローマ・クラブとは，1968年，ローマで会合を開いたスイス法人の民間組織で，Volkswagen財団の協力により，「人類の危機に関するプロジェクト」をMITのグループに研究を依頼した．そのモデルは世界モデルとかUrban Dynamicsとよばれることもある．

[46] D.H.メドウズほか著，大来佐武郎監訳：成長の限界，ダイヤモンド社，1972．

[47] 同上ほか著，茅 陽一監訳：限界を超えて，ダイヤモンド社，1992．

[48] 渡辺 定氏による．

[49] 日本経済新聞，1990.10.7.

索　　引

〔あ 行〕

アイ ストップ …………… 16
アイソメトリック ………… 22
アウグスティヌス ………… 68
アオリ ……………………… 27
アクセント カラー ………… 36
アクソノメトリック ……… 23
アクロポリス ……………… 13
アコーディオン カーテン … 46
アトリウム ………………… 16
あひるの足 ………………… 9, 93
アポイントメント
　システム ………………… 122, 127
アルベルティ ……………… 4, 11, 69
アンケート法 ……………… 169
暗順応 ……………………… 17
案内板 ……………………… 19
案内標識 …………………… 18, 19
椅子座 ……………………… 152
イスラム …………………… 92
田舎間 ……………………… 74, 152
衣服による増加寸法 ……… 66
色順応 ……………………… 32
ヴィスタ …………………… 14
ウィトルーウィウス ……… 68
ウェーバーの法則 ………… 28, 46
ウェーバー・フェヒナー
　の法則 …………………… 46
鶯張り ……………………… 41
薄紫 ………………………… 29
内ころび …………………… 26
内法制 ……………………… 75
内法高 ……………………… 78, 79
鬱 …………………………… 60
駅間距離 …………………… 109
エスカレーター …………… 168
江戸間 ……………………… 76
絵巻物 ……………………… 24
エレベーター … 119, 120, 121, 153

遠近感 ……………………… 21
エンタシス ………………… 26
遠近法 ……………………… 3, 21
黄金比 ……………………… 69
黄金分割 …………………… 69
オーディトリアム ………… 79
オーバー モデュール ……… 71
オフィスビル ……………… 174
オフィスビル型 …………… 174
オリエンテーション ……… 91
温度感覚 …………………… 54, 55

〔か 行〕

階段 ………………………… 81
カガミ ……………………… 6
拡散型 ……………………… 126
拡散法 ……………………… 53
額縁効果 …………………… 16
隔離法 ……………………… 54
火災 ………………………… 162, 163, 164
カバリエ投影法 …………… 22
歌舞伎 ……………………… 21
カミロ・ジッテ …………… 27
関西間 ……………………… 76
感情効果 …………………… 32, 35
関東間 ……………………… 76
館内人口 …………………… 174
カンピドリオ ……………… 3
規格寸法 …………………… 72
帰宅困難者 ………………… 168
基調色 ……………………… 36
汽笛 ………………………… 42
機能 ………………………… 76
キブラ ……………………… 92
逆遠近法 …………………… 24
キュービット ……………… 63
球面透視図法 ……………… 22
強迫神経症 ………………… 62
京間 ………………………… 74, 152
行列 ………………………… 121, 156, 166, 167

距離感	96, 108	軸測投影法	22
距離減衰	47	時刻変動	174
木割り法	68, 71, 78	自己顕示型	57, 59, 62
空間距離	105, 111	ししおどし	40
空間知覚	20	地震	164
グリッド パターン	93, 96	実距離	105
グリッド プランニング	71	実在人口	171
車椅子	81, 82	室礼	16
クレッチュマー	58	自動火災報知設備	43
グロス	170	児童数	178
グロスの密度	151	児童率	178
黒田正巳	3	視認距離	18
群集事故	164	視野	9
群集密度	151, 157, 160	ジャパン・シンドローム	189
群集流動係数	159	斜路	82
継時対比	32	住宅地	181
携帯品による増加寸法	66	住宅用地率	170
刑務所	13	集中率	127, 129, 131
劇場	20, 175	縮小均衡	191
劇場の客席	12	受動的性格	57
工業標準数	73	寿命	57, 144
合計特殊出生率	188	聚楽	29
恒常現象	28, 32	順序効果	32, 52
恒常性	28	準定員型	171
高所恐怖症	62	少子化	188
高層	103	商店街	160
行動圏	110, 111, 112	商店街型	175
コーリン・クラークの法則	180	照度効果	32
高齢化	188	視力	8
高齢者	34, 79, 180	神経質	59, 61
コミュニケーション	98, 100, 103	人口の経年変化	185
コミュニティ	115	人口ピラミッド	189
混雑率	154	人口密度	171, 180, 181

〔さ 行〕

		心心制	75
サービス水準	151	人体寸法	65, 68, 69, 76
彩度	30, 31	振動	56
サイン効果	33	シンボル効果	33
先細り	26	シンボル性	33
錯視	24	心理的距離	105, 106, 107
ささやきの回廊	39	心理的効果	32
差尺	83	心理的時間	120
座席の幅	80	スカーラ・レッジア	1, 2
サンピエトロ	1, 3	スタディアム	63
時間距離	105, 106, 111	スタディオン	63
色彩調節	35	スパーダ宮	2
色彩治療	33	スペーシング	52, 102
色相	30	生活圏	115
軸線	85, 93	設計寸法	76
		接触型	150

占有面積	151
躁	60
躁鬱気質	59
騒音	44
そうず	40
孫子	4, 5, 31

〔た 行〕

体育館	79
対数圧縮効果	51
対比効果	32
耐用年数	58
滞留時間	174
滞留人員	135
滞留人口	174
滞留率	135
畳	74
脱臭法	53
タテ縞	25
建物人口	171, 175
棚の高さ	79
騙し絵	2
だましの手法	3, 5, 14
多目的ホール	45
単位幅	80
団塊ジュニア	177
団魂の世代	177
男女比	175
地域人口	177
地下街	94, 101, 160, 164, 174
地下道	165
近道行動	165, 167
中京間	75
駐車場	83
超音波	47
超高層	56, 103, 165
超低周波	47
直線距離	105
通勤電車	152, 153
通路型	174
定員	154
定員型	171
出入り調査法	170
テクスチュア	36, 55
デザイン	76
手摺	79, 81
テリトリー	102, 103, 112
転居率	178
展示室	10

天井	6, 77
天井高	78, 79
転置型	126
店舗	174
展望台効果	16
等角投影法	22
東西軸	88, 92, 94
等測投影法	22
透視図	21
同時対比	32
同調行動	57
同調性気質	59, 60
登録人口	171
道路騒音	47
ドキシアデス	13
徒歩圏	109, 115
留め置き法	169

〔な 行〕

ナイチンゲール病棟	99
内閉性気質	59
奈落	41
なわばり	101, 110
なわばり行動	50
南北軸	88, 92, 94
二元論	59
入院患者	179
ネット	170
ネットの密度	151
粘着気質	59, 61
年齢構造	177
ノイフェルト	12
濃度効果	51
能舞台	40
乗物恐怖症	62

〔は 行〕

パースペクティブ	1, 14, 21
パーソナル スペース	97
排出法	53
パニック	163
パリ	93
バルコニー	79
パルテノン神殿	26
パンフォーカス	27
BGM	43
ヒエラルキー	100
美術館	10, 176
非常ベル	43

非接触型 …………… 150
ピタゴラス …………… 68
左側通行 …………… 160
人ごみ恐怖症 ………… 62
避難計画 …………… 80
避難計算 …………… 171
避難誘導 ………… 20, 56
ヒポクラテス ………… 59
百貨店 ……………… 176
ヒヤリング法 ………… 169
病院 ………………… 179
標識 ……………… 18, 19
標準色 ……………… 37
標本密度測定法 ……… 170
比例 ……………… 68, 69
疲労現象 …………… 51
広場 …………… 94, 101
広場恐怖症 …………… 62
広場のデザイン ……… 27
フィボナッチの数列 … 69, 73
フェヒナーの法則 …… 46
吹き抜け屋台 ………… 24
部材寸法 …………… 72
不定型 ……………… 171
物品寸法 …………… 76
物理的距離 ………… 105
物理的時間 ………… 120
不等角投影法 ………… 22
プライバシー …… 98, 101, 103
プラトゥーン効果 …… 159
プロポーション …… 68, 69, 71
分裂気質 …………… 59
平行投影法 …………… 22
ベーシック モデュール … 71, 74
閉所恐怖症 …………… 62
ベビーブーマー ……… 177
ベルサイユ …………… 15
ヘルムホルツ ……… 25, 31
ベルニーニ ………… 1, 3
ベルリン …………… 93
弁別閾 ……………… 28
方位 ………………… 85
歩行距離 ………… 108, 110
歩行速度
　… 156, 158, 159, 160, 166, 167
ホテル ……………… 46
ボロノイ線図 ……… 113

ボロミーニ …………… 2

〔ま 行〕

マーキング …………… 50
マスキング ……… 44, 46, 53
待ち時間 ……… 120, 121, 123
窓台の高さ …………… 80
マンセル記号 ………… 30
見え隠れ ……………… 4
右側通行 …………… 161
ミケランジェロ ……… 3
密度 …………… 151, 159
密封法 ……………… 54
ミフラーブ …………… 92
ミラーガラス ………… 8
ミリタリ投影法 ……… 22
紫 ………………… 33
明度 ……………… 30, 31
メッカ ……………… 92
面格子 ……………… 81
面積効果 ………… 31, 37
モスク ……………… 92
モデュール ……… 71, 73, 74
モデュラー
　コーディネーション …… 72
モデュロール ………… 69
モドゥルス ……… 68, 71

〔や 行〕

ヤング ……………… 31
床座 ………………… 152
ヨコ縞 ……………… 25

〔ら 行〕

ライフサイクル …… 144, 146
ランドマーク …… 15, 94, 95, 104
立体感 ……………… 24
流行 ……………… 34, 57
利用圏 ……………… 112
量販店 ……………… 176
ル・コルビュジェ ……… 69
ル・モデュロール ……… 73
ルナール数 …………… 73
廊下 ………………… 80
ローマ ……………… 93
6月17日通り ………… 93
ロジスティック曲線 …… 145

<著者略歴>

岡田 光正（おかだ こうせい）

1952年	京都大学工学部建築学科卒業
	工学博士
	京都工芸繊維大学助教授，大阪大学教授を経て
現　在	大阪大学名誉教授
受　賞	日本建築学会 大賞
	空気調和衛生工学会 学会賞
著　書	建築と都市の人間工学（鹿島出版会）
	群集安全工学（同上）
	火災安全学入門（学芸出版社）
	施設規模（丸善）
	建築規模論（彰国社）
	建築計画決定法（朝倉書店）
	建築計画・1（鹿島出版会）
	建築計画・2（同上）
	住宅の計画学入門（同上），その他

本書籍は，理工学社から発行されていた『建築人間工学 空間デザインの原点（第2版）』（ISBN978-4-8445-3129-6）を，オーム社から再発行するものです．オーム社からの再発行にあたっては，理工学社の版数，刷数を継承して書籍に記載しています．

- 本書の内容に関する質問は，オーム社書籍編集局「（書名を明記）」係宛に，書状またはFAX（03-3293-2824），E-mail（shoseki@ohmsha.co.jp）にてお願いします．お受けできる質問は本書で紹介した内容に限らせていただきます．なお，電話での質問にはお答えできませんので，あらかじめご了承ください．
- 万一，落丁・乱丁の場合は，送料当社負担でお取替えいたします．当社販売課宛にお送りください．
- 本書の一部の複写複製を希望される場合は，本書扉裏を参照してください．
JCOPY <（社）出版者著作権管理機構 委託出版物>

建築人間工学 空間デザインの原点（第2版）

平成 5 年11月25日	第1版第1刷発行	
平成24年 9 月 1 日	第2版第1刷発行	
平成30年 8 月10日	第2版第3刷発行	

著　者　岡田光正
発行者　村上和夫
発行所　株式会社 オーム社
　　　　郵便番号　101-8460
　　　　東京都千代田区神田錦町 3-1
　　　　電話　03(3233)0641(代表)
　　　　URL　https://www.ohmsha.co.jp/

© 岡田光正 2012

印刷・製本　小野高速印刷
ISBN978-4-274-05047-3　Printed in Japan

■ 好評既刊 ■

群像としての丹下研究室
戦後日本建築・都市史のメインストリーム

A5判　402頁　本体4000円【税別】

豊川斎赫 著

戦後，国家的プロジェクトを一手に手がけた東大・丹下健三研究室．
本書は，丹下と丹下研究室OB，その周辺人物との関係を追い，膨大なリサーチや理論研究を精緻に分析，それらと実作・計画案といかなる緊張関係にあったかを鮮やかに描き出す．

現代都市理論講義

A5判　288頁　本体2600円【税別】

今村創平 著

1960-70年代の建築都市理論とプロジェクトを再考する．
メタボリズムやアーキグラム，シチュアシオニストからレム・コールハースまで，近代都市計画を乗り越えるために果敢に提唱した都市論から現代都市を読み解くためのヒントを探る．

図解 建築用語辞典（第2版）

B6判　440頁　本体3200円【税別】

建築用語辞典編集委員会 編

本辞典は，建築全般にわたり，高校教科書に出てくる基本的な用語を中心に約6300語を収録し，わかりやすい表現で解説するとともに，図・写真・表など1100余点を駆使して視覚的に把握できるように配慮した．第2版では，最新の法規改正にもとづいて全面改訂し，新しい用語を追加．

新 建築土木 構造マニュアル

A5判　424頁　本体4200円【税別】

工博　鈴木悦郎 監修　清田清司・高須治男 共著

骨組みの応力解析，変形計算，断面設計計算など，土木・建築技術者が簡単に手計算でできるよう編集した構造力学公式集．構造設計に必要なあらゆる実用公式をはじめ，計算図表，諸数値を系統的に整理集録．改訂版ではSI単位化を図るとともに，新規準対応の実用構造設計法について設計計算例を解説．

初心者のための 鉄筋コンクリート建築の構造計算（改訂版）

A5判　240頁　本体2600円【税別】

佐藤 哲 著

構造計算に必要な力学的知識から実際の進め方までを，初心者にもわかるように，図・表を多用して平明に解説した．また主要な項目には適切な例題を掲げ，懇切な解答を付した．改訂版では，SI単位化とそれにともなう建築基準法の改正，構造計算基準の改定に準拠して全面的に改訂を行った．

おさまり詳細図集 ①～③

B5判　各巻176～200頁　各巻本体2600円【税別】

① 木造編　② コンクリート造・鉄骨造の仕上編　③ 配筋要領編

①・② 筋野三郎・畑中和穂 共著　③ 筋野三郎 著

木造建築各部の詳細，RC造・鉄骨造の内外仕上げの詳細，RC造の軀体各部の配筋詳細について，伝統的工法や最も多用されている工法，あるいは正しいおさめ方を，明解な姿図などを使って徹底的に図解説明．設計や施工に携わる方々の常備書として，また学生諸君の勉学の伴侶として絶好．

◎本体価格の変更，品切れが生じる場合もございますので，ご了承ください．
◎書店に商品がない場合または直接ご注文の場合は下記宛にご連絡ください．
TEL.03-3233-0643　FAX.03-3233-3440　http://www.ohmsha.co.jp/